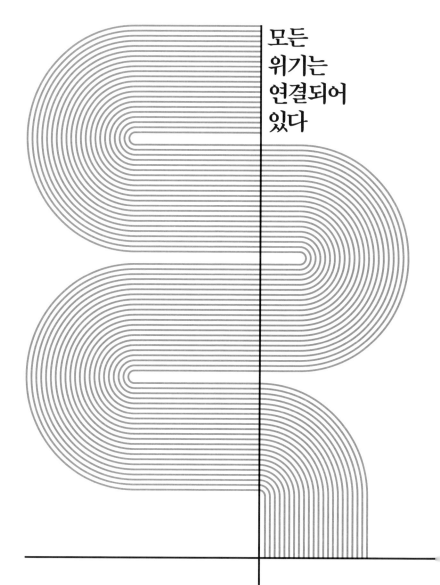

모든
위기는
연결되어
있다

조현철 지음

파람북

추천의 글

인류 공동의 집인 지구의 생태계가 벼랑 끝으로 치닫고 있습니다. 이로 인해 빚어질 모든 비극은 우리 자신과 아이들의 몫으로 다가올 것입니다. 그런데 시민들 대부분이 이를 실감하거나 곧이듣지 못하고 남의 이야기로 외면해 버립니다. 조현철 신부의 예언자적인 글을 읽으며 그릇된 욕망의 바이러스에 감염되고 성장 이데올로기에 중독된 현대사회의 오만과 무신경을 새삼 안타깝게 느낍니다. 생명의 존엄과 사랑의 정신을 회복하는 길만이 유일한 대안임을 깨닫습니다. 우리가 모두 가슴에 새겨야 할 책입니다.

강우일 주교 | 천주교 전 제주교구장

코로나와 기후변화라는 자연의 준엄한 경고에도 인류의 회심은 여전히 기약이 없다. 모두 머리로는 알고 있으면서 가슴으로는 실천하지 못하는 시대이기에, 조현철 신부의 산문집 『모든 위기는 연결되어 있다』가 큰 울림으로 다가오는 것이리라. 세상을 읽는 예리한 공적 시선에 개인적 경험과 관찰이 어우러져 신선한 사회적 에세이가 탄생했다. 자연과 생태, 전쟁과 평화, 정치와 공동선,

앎과 실천의 지혜가 우리에게 주는 가르침의 깊이가 대단하다. 세상 형편이 어지럽고 사회생태 위기가 급박할수록 우리는 이 책의 문장들을 찬찬히 곱씹어 보아야 할 것이다.

조효제 | 성공회대 명예교수, 사회학

누구나 위기를 말하지만, 위기를 제대로 바라보는 일은 더 어렵게 된 시대다. 위기를 누구의 목소리로 말하는가는 어떤 자리에서 바라보느냐에 따라 다를 것이다. 조현철 프란치스코 신부님은 낮은 자리 아픈 곳을 먼저 살피고 돌아보며, 현장의 소리에 귀를 기울인다. 그 목소리를 통해, 각자가 겪는 고난이 모두 연결되어 있으며 그 뿌리에 자본주의가 있음을 드러내고, '성장의 위기'가 아니라 '성장이 만든 위기'를 볼 것을 요청한다. 동시에 이 책은 인간인 우리가 변화할 수 있는 존재임을 믿고, 자신을 바꾸고 세상을 바꿔나갈 수 있다고 믿는 사람의 목소리이기도 하다. '회심'을 기다리며, 포기하지 않고 꾸준히 세상을 향해 말을 건네 온 날들이 물결처럼 쌓여 책이 되었다. 그 물결이 더 많은 이들에게 닿아, 다르게 살기로 결심하는 계기가 되기를 바란다.

채효정 | 정치학자, 『오늘의 교육』 편집위원장

오늘 세상에서 느리고 소박한 삶을 꿈꾸는 당신에게

함께, 한 발 내딛자고 손 내밀며

글을 엮으며

너도나도 위기라고 말합니다. 갈수록 살기 힘들다고 푸념합니다. 우리나라는 출산율 세계 최저, 자살률 세계 최고입니다. 가장 빠르게 고령화되고 있습니다. 불평등이 갈수록 심해집니다. 기후위기는 우리 삶에 일상어로 자리를 잡았고 여름은 두려운 계절이 되었습니다. 그렇지 않아도 삶이 팍팍한 농민들은 이상기후로 허리가 더 휘게 생겼습니다. 노동은 여전히 불안정하고 위험합니다. 일하다 과로로 죽고, 사고로 죽습니다.

팔레스타인 가자지구는 분리장벽으로 봉쇄된 채 주민들이 학살당합니다. 세 명 중 하나는 어린이고 돌이 되지 않은 영아만 700명이 넘습니다. 한반도에 다시 전쟁 기운이 짙어지고 있습니다. 남과 북은 대화를 팽개치고 서로 자극하고 위협하기 바쁩니다. 대북전단, 오물풍선, 대북·대남확성기에 무인기까지 나왔습니다. 북한이 러시아에 파병했습니다. 이러다 정말 전쟁이라도 나면? 언뜻언뜻 스치는 불길함에 일상이 휘청입니다.

사람이 죽고, 죽고, 또 죽습니다. 위기의 시대, 너도나도 진단과 대책을 내놓습니다. 하지만 문제의 근원을 직시하는 사람은 많지 않습니다. 회피합니다. 우리의 진짜 위기는 문제의 근원을 보지 않으려는 데 있습니다. 출산과 자살, 불평등, 기후와 농사, 전쟁 모두 마찬가지입니다. 위기에 대처한다며 바삐 움직이지만, 사실은 아무것도 하지 않는 꼴입니다. 시간은 가고 상황은 나빠집니다.

문제의 뿌리는 자본주의 체제 자체라고 생각합니다. 이제 한물갔다고도 하지만 여전히 위세를 떨치며 수많은 삶을 위기로 몰고 있는 신자유주의 자본주의 말입니다. 현실 세계에서 자본주의는 건드릴 수 없는 전제입니다. 그래서 기후 대책은 공허하거나 부실합니다. 정의로운 전환도, 온실가스 감축도 성장 이데올로기 앞에서 맥을 추지 못합니다. 여타 현안에 대한 대책도 겉돌기는 마찬가지입니다.

이렇게 말하면 주위의 시선이 싸늘해집니다. 비현실적인 진단이라고, 대안은 있냐고 추궁합니다. 하지만 그들이 현실적이라고 주장하는 진단과 대책이야말로 비현실적입니다. 현실적인 진단과 대안은 정직하게 문제의 근원을 대면하는 것에서 시작합니다.

그동안 여기저기 실었던 글을 모아서 책을 엮게 되었습니다. '나는 왜 쓰는가?' 썼던 글을 보며 떠오른 물음입니다. '그냥 있을 수 없어서 쓴다.' 글을 정리하며 나온 대답입니다. 세상이 돌아가는 걸 보면서 무엇이라도 해야겠다는 마음이 들었습니다. 그중 하나가 글쓰기였던 것 같습니다.

내가 글을 쓴다고 무슨 소용이 있을까? 이런 의문이 들었을 때 구약성서의 예언자가 생각났습니다. 아모스 예언자는 '가축을 치고 돌무화과나무를 가꾸는 사람'이었습니다. 이사야, 예레미야, 에제키엘 예언자, 모두 평범하고 이름 없는 사람이었습니다. 누군가에 붙들려서, 그들은 세상이 이래서는 안 된다고 외쳤습니다. 옛길을 버리고 새길로 나서라고 호소했습니다. 그동안 쓴 글을 모아놓고 보니 가톨릭 수도자이자 사제로서, 무엇보다 한 인간으로서 세상이 이래서는 안 된다고, 지금까지 가던 막다른 길이 아니라 다른 길로 가야 한다고 외치고 호소했던 기억들, 함께 희망을 길어내려 했던 순간들이 떠오릅니다.

이 책 1부와 2부는 지난 8년가량 『경향신문』에 기고했던 글을 골라서 수정 보완한 것입니다. 3부는 『녹색평론』 등에 실었던 좀 더 긴 글을 그 앞의 글과 균형을 맞춰 나누고 수정 보완한 것입니다. 꽤 긴 기간에 걸쳐 쓴 글이라 주제와 내용이 겹치는 부분도 있지만, 그때 제 마음이 어디에 있었나 알려주는 표지로 생각하고 그대로 두었습니다.

제가 쓴 글이 세상과 만날 수 있게 소중한 지면을 내어주신 분들, 특히 『녹색평론』 고 김종철 선생님, 『경향신문』 김후남 님과 조운찬 님께 감사드립니다. 덕분에, 계속해서 마음을 다잡고 글을 썼습니다. '파람북' 정해종 대표님께 감사드립니다. 덕분에, 흩어져 있던 글이 보기 좋게 거듭났습니다. 흔쾌히 추천 글을 써주신 강우일 주교님, 조효제 교수님, 채효정 선생님께 감사드립니다. 덕분에, 제 글이 든든한 힘을 얻었습니다. 함께 걸으며 저를 격려해준 '예수회' 동료, '비정규노동자의집 꿀잠'과 '녹색연합' 활동가, 세상의 아픈 곳에서 만나 손잡았던 모든 분께 감사드립니다. 덕분에, 제 글과 삶이 크게 따로 놀지는 않았습니다.

밥을 아주 빨리 먹던 때가 있었습니다. 부모님과 함께 살던 10대 중후반 언저리였을 겁니다. 어머니가 저녁상을 차리시고 식구들이 둘러앉으면 자리가 하나 모자랄 때가 많았습니다. 그럴 때면 어머니는 언제나 밥상 뒤편에 서 계셨습니다. 그런 게 '엄마 마음'이지 하며 지나갈 수도 있었을 텐데, 식구들 밥 차리느라 애쓴 어머니가 뒤편에 서 계신 게 어린 마음에도 영 편치 않았나 봅니다. 그래서 밥상에서 일찍 일어나려고 밥을 빨리 먹었습니다. 아버지가 좀 천천히 먹으라고 하시면 맛있어서 그렇다고 둘러대었습니다. 물론, 맛도 있었습니다. 제가 밥 한 그릇 후딱 비우고 일어나면 그제야 어머니가 상에 오셨습니다. 그렇게 빨리 먹는 버릇이 생겼습니다. 식구를 위해 밥상 뒤편에 서 계셨던 어머니를 보며 뒤를 돌아보는 마음, 남을 돌보려는 마음이 싹텄고 그 마음이 차츰 사회적 관심과 생태적 감수성으로 넓어지고 깊어진 듯합니다. 병상에서 계신 어머니께 깊이 감사드립니다. 덕분에, 오늘 제가 있습니다. 사랑으로 이 책을 드립니다.

2024년 겨울 정릉에서

조현철

차례

1부

오늘날 세계는 속도와 양量의 신,

빠르고 손쉽게 얻을 수 있는 이윤이라는 신을 숭배한다.

이러한 우상숭배에서 끔찍한 악이 출현했다.

—레이첼 카슨

■

다시 돌아온 '침묵의 봄'

"새는 더 이상 노래하지 않고." 미국의 해양생물학자이자 생태주의자 레이첼 카슨Rachel Carson은 자신의 책 『침묵의 봄』에서 "봄을 알리는 철새들의 소리를 더 이상 들을 수 없는 지역이 점점 늘어나고" 있다고 경고했다. 1958년 일리노이주 힌스데일의 한 가정주부는 자기 고장에서 흔하게 보던 울새와 찌르레기, 홍관조와 박새가 사라졌다며 세계적인 조류학자이자 미국 자연사박물관 명예 조류 큐레이터 로버트 커시먼 머피Robert Cushman Murphy에게 편지를 보냈다. 얼마 후 미국 정부의 한 보고서는 미시시피, 루이지애나, 앨라배마에서 사실상 새가 사라진 '이상한 지역'이 나타났다고 전했다. 미국뿐 아니라 프랑스와 벨기에와 영국에서도 새들이 떼죽음을 당하는 일이 일어났다. "죽은 비둘기들이 갑자기 하늘에서 떨어졌습니다." 공중에 날아가던 비둘기들이 '죽어서 떨어졌다'는 이 이야기는 1961년 봄 영국 하원 특별위원회가 벌인 조사에서 나온 증언이다. 이 모든 사건은 DDT를 비롯한 살충제 살포로 빚어졌다.

우리나라에서 1994년부터 시판되었던 '가습기 살균제'를 사용한 수많은 사람이 큰 피해를 보았다. 그동안 신고된 사망자만 1,700여 명에 부상자는 5,900명에 이른다. 사실 얼마나 많은 사람이 죽고 피해를 보았는지 가늠하기 힘들다. 피해자 중에 영·유아가 많은 것은 분명하다. 2014년 봄 인천에서 제주로 가던 세월호의 승객 304명이 생명을 잃었다. 그 가운데 제주도로 수학여행에 나선 경기도 안산 단원고 학생이 250명이다. 시간이 흘러 2016년 봄에도 '가정의 달'이 돌아왔다. 오늘은 '어린이날'이고 사흘 후면 '어버이날'이다. 하지만 웃음소리가 사라지고 힘겹게 신음을 삼키며 '침묵의 봄'을 보내는 가정이 많아졌다.

가습기 살균제 참사와 세월호 참사는 발생한 모습은 판이하지만, 발생 후의 과정은 서로 빼닮았다. 책임 회피, 진상 은폐와 왜곡과 조작, 정부의 늦장 대응. 이러니 진상 규명이 제대로 될 리가 없다. 검찰이 가습기 살균제 사건을 본격적으로 조사하기 시작한 것은 2016년 4월로 피해가 발생한 지 5년 만이다. 정부와 정치권이 얼마나 안이하게, 소극적으로 가습기 참사를 다뤘는지 짐작할 수 있다. 정부의 노골적인 비협조와 방해를 무릅쓰고 겨우 출범한 '4·16 세월호참사 특별조사위원회'가 세월호 사건의 진상을 얼마나 파헤칠 수 있을지 걱정이다.

도대체 어떻게 하늘에서 죽은 새들이 떨어지고, 안방에서 사람들이 죽어 나가고, 바다에서 사람들이 수장될까. 기괴하지만 이런 일은 예전에도 일어났다. 성서는 증언한다. "정녕 이 땅에는 진실도 없고 신의도 없으며 하느님을 아는 예지도 없다. 저주와 속임수와 살인, 도둑질과 간음이 난무하고 유혈 참극이 그치지 않는다. 그러므로 이 땅은 통곡하고 온 주민은 생기를 잃어간다. 들짐승과 하늘의 새들, 바다의 물고기도 죽어간다." 아득한 구약성서 시대, 호세아 예언자는 사회의 참사와 자연의 이변을 이렇게 고발했다. 호세아의 고발은 이윤과 효율이 생명과 안전을 압도하는 우리 현실에도 정확하게 들어맞는다. 인간의 능력에 따라 참상의 규모만 달라졌을 뿐이다. 돈만 된다면, 편리해진다면 산을 파헤치고 강바닥을 긁어내고 바다를 메우는 일도 서슴지 않는다. 이제는 사람도 한번 쓰고 버리는 소모품으로 취급한다.

돈이 우리 사회에서 진실과 신의를 몰아냈다. 돈에 대한 욕망이 사람의 마음을 장악했다. 이윤을 최고 원리로 하는 시장이 사회를 지배하자 모든 것을 돈으로 환산하게 되었다. 돈벌이만 되면 무엇이든 밀어붙인다. 돈으로 처리하는 게 이익이라고 판단하면 예견되는 위험도 외면하고 사고를 감수한다. 이 지독한 물신사회에서 무엇을 어떻게 해야 할까? 참사의 철저한 진상 규명과 책임자 처벌은 이런 어처구니없는 참극의 재발을 막는데 필요한 최소한의 요구다. 가습기 살균제는 10년간 시판되었고, 그중에서 '옥시싹싹'은 450만 개나 팔렸다. 피해 신고자는 2016년 1월에

1,484명, 4월에는 1,528명으로 늘어났다. 사용자가 얼마나 되는지, 피해자가 얼마나 늘어날지, 아무도 예측할 수 없다. 세월호 진상 규명은 이제야 시작이다.

세상의 모든 것은 서로 밀접하게 연결되어 있다. 카슨이 지적했듯이 "자연을 구성하는 요소들은 그 어떤 것도 독자적으로 존재하지 않는다."(『침묵의 봄』) 자연만이 아니라 개인과 사회도 마찬가지다. 모든 것이 연결되어 서로 의존하는 세계에서 우리가 지켜야 할 삶의 원리는 존중과 배려다. 사람과 생명이 아니라 돈이 중심이 되면, 삶의 원리는 무너진다. 사람을 경시하고 자연을 파괴한다. 개인과 가정의 안녕이 위태로워진다. 가습기 살균제와 세월호 사건에서 배운 뼈아픈 가르침이다. 자연도 무사할 수 없다. 새만금 사업과 4대강 사업에서 얻은 뼈저린 교훈이다.

"우리는 환경 위기와 사회 위기라는 별도의 두 위기가 아니라, 사회적인 동시에 환경적인 하나의 복합적인 위기에 당면한 것입니다." 프란치스코 교종이 회칙 「찬미받으소서」에서 내린 오늘의 현실 진단이다. 정확한 현실 진단은 문제 해결에 중요하다. 하지만 아무리 보고 배운다 해도, 세상은 결국 우리가 행동할 때 변화한다. 변화를 위한 행동이 초래할 일상의 불편과 경제적 손해를 기꺼이 감수하면서 함께 대안을 마련해야 한다.

프란치스코 교종은 묻는다. "여러분은 어린이들에게 어떤 세상을 물려주고 싶습니까?"(「찬미받으소서」) 자기 마을에서 새들이 사라진 것을 알게 된 아이들이 엄마에게 묻는다. "새들이 다시 돌아올까요?"(『침묵의 봄』) 이 땅의 아이들에게 또다시 '침묵의 봄'을 물려줄 수는 없지 않은가. 하늘에서는 새들이 마냥 지저귀고 땅에서는 아이들이 마음껏 뛰노는 세상, 그 모습을 바라보며 엄마와 아빠가 환히 미소 짓는 세상, 그런 세상을 물려주고 싶다.

2016_05

없는 대로, 불편한 대로

성서에서 '40일'은 중대한 일을 앞두고 자신을 준비하는 기간을 상징한다. 교회는 부활절을 지내기 전 40일을 '사순四旬 시기'로 지낸다. 지금이 바로 그때다. 사순 시기는 회개의 때다. 여기서 회개는 특정한 행위를 뉘우친다기보다는 지금 내 삶의 태도를 반성하고 변화하는 것을 뜻한다. 한마디로 회개는 돌아섬이다. "나는 무엇에서 무엇으로 돌아서려고 하는가?" 매년 사순 시기에 되새기는 물음이다.

소비주의는 오늘 우리 사회를 규정하는 핵심어 가운데 하나다. 소비주의는 과도한 소비를 부추기는 경향만을 뜻하지 않는다. 물론 이것도 심각한 문제지만, 소비주의의 근본 문제는 우리를 '소비자'라는 특정 유형의 인간으로 만드는 데 있다. 미국의 시인이자 농부 웬델 베리Wendell Berry는 소비주의는 사람들이 무엇인가를 직접 "찾아내거나 만들거나 기르기보다는 사는 게 낫다고 여기게" 만든다고 지적한다(『온 삶을 먹다』). 소비주의가 강해질수록 직접 필요한 것을 찾아내고 만들고 길러내는 능력은 줄고, 사서 쓰고 버리는 소비 과정은 확대 재생산된다. 삶이 상품 소비에 잠식될수록 우리는 사서 쓰고 버리는 데 길든다. 수동적이고 무기력한 소비자가 된다. 소비자는 결국 '쓰레기를 만드는 사람'이라는 뜻이다.

소비주의는 대량생산과 대량소비로 작동하는 자본주의의 귀결이자 사회적 흐름이다. 미국의 예술가 바버라 크루거Barbara Kruger가 패러디한 문구 "나는 쇼핑한다. 그러므로 나는 존재한다I shop therefore I am"는 오늘 소비사회의 정곡을 찌른다. 폴란드의 사회학자 지그문트 바우만Zygmund Bauman은 오늘날 마트는 많은 사람에게 '순례' 장소로 등극했고, 쇼핑은 '예배'가 되었다고 말한다. 이제 우리는 얼마나 더 소유하고 소비해야 하는지 묻지 않는다. 경배 수준에 오른 소비는 많이 할수록 좋다. 소비주의는 심각한 사회적, 생태적 문제의 원인이지만, 근본적인 변화의 조짐은 보이지 않는다. '어떻게든 되겠지.' '이런다고 뭔 일이야 날까.' '다 그렇게 하는데 뭘.' 우리는 익숙해진 길을 좀처럼 포기하지 않는다. 소비 증가는 쓰레기 증가다. 쓰레기는 없어지지 않는다. 어딘가 다른 곳으로 이동할 뿐이다. 이제 바다에서도 거대한 쓰레기 더미가 여기저기서 발견된다. 프란치스코 교종이 한탄하듯이 "우리의 집인 지구가 점점 더 엄청난 쓰레기 더미"로 변하고 있다(「찬미받으소서」).

소비주의가 강박적이고 집착적으로 변하면서 소비의 자유를 누리는 한 자유롭다고 착각하는 사람이 많아졌다. 소유와 소비 능력을 성공과 동일시하며 더 많이 갖고 써야 한다는 강박에 시달린다. 경쟁이 치열해지고 불안과 위기의식이 고조된다. 기약 없는 내일에 오늘을 담보 잡힌 채 스스로 노예가 된다. 부정하기 힘든 암울한 전망이다. 누구나 행복하길 바란다. 행복해지리라 믿기에 소유와 소비에 매달리지만 그렇게 얻는 행복은 오래가지 못한다. 끝없이 '더 많은 것'을 얻으려고 질주하는 고단한 현실만이 기다리고 있을 뿐이다. 치열한 경쟁에서 이기려면 옆을 보는 건 금물이다. 앞만 보고 질주해야 한다. 뒤처지는 사람은 무시하고 자기만 바라봐야 한다. 대량생산과 대량소비로 자연생태계가 훼손되는 것도 모른 척해야 한다. 소비주의는 곳곳에 단절과 고립의 벽을 세운다.

일상의 체험은 우리가 언제 진정으로 행복한지 알려준다. 앞만 보며 질주할 때가 아니라 옆을 보며 함께 갈 때, 뒤처진 사람에게 함께 가자며 손을 내밀 때, 우리는 행복하다. 그런 행복은 오래간다. 인간은 자기를 비울수록 충만해지는 역설적인 존재이기 때문이다. 인간 실존_{existence}은 '자기 밖_{ex}'에 '서는 것_{sistere}'이다. 자기 몰입을 부추기는 소비주의는 '인간 됨'을 정면으로 거스른다. 소비에 집착할수록 점점 '인간'에서 멀어진다. 무엇인가 잘못되었다는 생각이 들기도 하지만, 매력적으로 치장한 소비주의는 우리를 끊임없이 유혹하고 회유하고 위협한다. 무한한 풍요와 편리의 환상에 빠져 있는 한, 우리는 자신과 세상이 황폐해지는 모습을 볼 수 없다. 본다고 해도 저항하기가 힘들다.

얼마 전, 강화에서 농사를 짓는 한 수녀원에서 묵은 적이 있다. 흙과 나무로 지은 아늑한 집에서 소박하지만 정갈한 밥상을 함께 했다. 수녀님이 상에 놓인 음식을 가리키며 먹을 것은 최대한 직접 길러서 마련한다고 알려주었다. 자랑으로 비칠까, 조금은 수줍은 표정에서 직접 '찾아내고 만들고 길러내는' 사람에게만 있는 건강한 자부심이 배어 나온다. 건강보다는 땅을 살리려고 유기농을 한다고 말하는 수녀님에게서 땅을 믿고 땅에 기대어 사는 사람의 겸손이 묻어나온다. 번거롭지만 오줌과 똥을 모아 거름을 만들어 땅에 힘을 북돋아 준다. 땅은 인간의 모태이니, 땅이 건강하면 사람도 건강하다. 최대한 기계 없이 하려다 보니, 농사를 너무 많이 짓지는 않는다. 대신, 조금 덜 쓰면서 산다. 그 덕분에 쓰레기도 덜 생기고 마음의 여유도 누린다. 어느 날 슬며시 찾아와 한 식구가 된 도도한 러시안 블루 '도도'는 그 여유로움 덕분에 수녀님들의 사랑을 듬뿍 받으며 지낸다. 따뜻한 관심과 환대의 물줄기가 단절과 고립의 벽을 허물고 흐른다.

　　어설픈 노동으로 밥값을 대신하고 소비가 일상인 서울로 돌아오면서 수녀님께 물었다. "그래도 이런저런 것들이 없어서 불편하지요?" 수녀원 부엌 입구에 걸려 있는 목판의 글귀가 대신 답해준다. "없는 대로, 불편한 대로." 오늘 우리에게 절실한 회개다.

2018_03

■

기후위기 시대, 공장식 축산을 생각한다

이번 겨울엔 좀 잠잠해서 피해가 별로 없는 줄 알았는데 그게 아니었다. 기사를 찾아보니 올겨울에도 조류 인플루엔자(AI)로 가금류 2,540만 마리가 예방적 '살처분'을 당했다. 천문학적 숫자의 닭과 오리가 죽임을 당했는데도 잠잠했던 건 코로나 탓일까? 아니면 살처분이 이미 일상이 되어서일까? AI 피해가 눈덩이처럼 불어나는 원인은 고도의 밀집·밀폐 사육방식인 공장식 축산에 있다. 하지만 AI가 발생해도 우리는 육류나 달걀 부족을 걱정하지 지금의 축산 시스템을 반성하지 않는다. 지금 같은 육류 수요를 감당하려면 공장식 축산의 대안은 없는 것 같기도 하다. 하지만 축산공장 내부의 사육 환경은 제대로 쳐다볼 수 없을 정도로 참혹하다. 이렇게 해서라도 고기를 먹겠다는 우리는 누구인가? 우리의 정신은 멀쩡한가? 우리는 공장식 축산 포기와 식습관 변화가 필요하다고 느끼면서도 이 변화가 비현실적이라고 생각한다. 진실은 외면되고, 문제는 계속된다.

    이제 우리는 가축을 '고기'로 접하지 동물, 곧 생명으로 만나지 않는다. 예전에는 가축을 고기로 만드는 과정을 집이나 시장에서 종종 볼 수 있었지만, 언제부턴가 정갈하게 포장된 상품으로 진열된 고기만 보게 되었다. 고기는 가축을 키워서 얻는 것이라기보다 돈으로 사는 상품이 되었다. 공장식 축산으로 고기는 쉽게 먹게 되었지만, 그 고기가 한때는 우리와 같은 '생명'이었음을 알기는 어려워졌다. 우리는 상품이 되어 식탁에 놓일 때까지 가축이 겪는 사육 과정, 그 일생에 대해서 무관심하거나 무지하다. 그래서인지 생명체가 분명한 가축에게 '공장'과 '살처분'이란 말을 무심히 사용한다. 하지만 공장은 물건을 생산하는 곳이지, 생명을 낳고 기르는 곳이 아니다. 처분하는 것은 물건이지 생명이 아니다.

내 생명을 유지하려고 다른 생명을 취하는 것이 철저하게 구매 행위, 돈 문제가 되어버렸다. 이제 생명의 가치도 암묵적으로 돈으로 환산된다. 가치는 화폐 가치를 뜻하게 되었다. 무엇이든 가격만큼만 가치가 인정된다. 조류 인플루엔자나 구제역 확산을 막으려고 시행하는 예방적 살처분은 대부분 생매장이다. 생매장은 동물보호법 위반이지만 현실에서 살처분은 제품 원료에 생긴 문제의 확산을 원천 봉쇄하는 선제적이고 과감한 처방으로 묵인된다.

초등학교에 다닐 때였다. 어느 날 학교에서 돌아오는데 길에서 갓 난 병아리를 나무 궤짝에 담아 놓고 팔고 있었다. 삐악삐악하는 앙증맞은 노란 병아리가 너무 예뻐서 한 마리를 사서 집에 가져왔다. 그전에 닭을 쳐본 적이 있던 어머니는 길에서 파는 건 얼마 못 산다고 하시면서도 내가 가져온 병아리를 정성껏 키우셨다. 어머니의 정성 덕분인지 병아리는 무럭무럭 자라나 어느새 중닭이 되었고 좁은 시멘트 마당을 날 것처럼 푸드덕거리며 뛰어다녔다. 병아리가 닭으로 커가는 모습을 보는 것은 신기하고 신비로웠다.

　　닭이 집 안에서 키우기 힘들 정도로 컸을 무렵, 어느 날 학교에서 돌아오니 닭백숙이 상에 놓여있었다. 고기가 되어 상에 올라온 닭을 보고 처음에는 울었지만 잠시 후에는 조금씩 손을 댔고 나중에는 맛있게 먹었다. 닭은 아버지가 집에서 잡으셨고 어머니가 요리하셨다. 정성껏 키운 가축을 직접 잡아서 손질하고 식구가 먹을 음식을 장만하는 과정에서 우리는 생명이 쉽게 돈으로 환산될 수 없는 것임을 배운다. 생명이 무엇인지 '몸으로' 아는 것이다. 당시에 '도둑고양이'라며 구박받던 길고양이가 뒤꼍에 들어오면 아버지는 꼭 무언가를 먹여서 보내셨다. 갓 태어나 우리 집에 온 강아지 '쮸리'는 14년 동안 아버지의 사랑을 듬뿍 받고 살다 죽어서 뒷산에 묻혔다.

가축은 먹으려고 기르지만, 살아 있는 동안에는 동물의 본성에 따라 살도록 배려해야 한다. 동물은 움직이는 게 본성이다. 가축은 충분히 움직일 수 있어야 한다. 하지만 공장식 축산에서 가축은 태어나자마자 고기 생산에 최적화된 공정에 투입되어 상품의 원료가 된다. 가축은 이윤 극대화에 가장 효율적으로 설계된 공간에서 사육된다. 이 사육 공간에서 효율은 곧 학대다. 극도의 밀집 공간에서 오는 스트레스로 가축은 공격적으로 변한다. 닭은 서로 '깃털 쪼기'를 하고 돼지는 '꼬리물기'를 한다. 그래서 닭과 돼지는 태어나면 부리와 꼬리부터 자른다. 이들의 삶은 고통으로 시작한다. 공장은 온통 배설물 천지에 암모니아로 가득하다. 가축은 암모니아 가스 속에서 고통스럽기 짝이 없는 짧은 일생을 보내고 폐기된다.

축산공장에서 생명에 대한 존중은 찾아볼 수 없다. 그런데도 지금의 육류 소비를 감당할 수 있는 다른 방법은 없다며 공장식 축산은 요지부동이다. 언뜻 보면 맞는 말 같지만, 인과관계가 뒤바뀌었다. 육류 소비가 늘어나서 공장식 축산이 생긴 게 아니라 공장식 축산으로 육류 소비가 폭증했다. 공장식 축산은 수요 충족이 아니라 확대를 목표로 한다. 그렇게 이윤을 최대화한다.

공장식 축산은 돈과 이윤에 집착하며 생명을 경시하는 우리의 현실을 적나라하게 보여준다. 가축은 그저 돈을 벌려고, 먹으려고 키우는 것이라고 치부해서는 안 된다. 동물을 제품으로 다루는 세상에서 사람은 존중할 것이라는 생각은 순진하거나 위선적이다. 생명을 생명으로 대하지 않으면 사람을 사람으로 대하는 능력도 잠식된다. 빈발하는 아동과 노인 학대, 하루 평균 두세 명의 노동자가 일하러 나갔다 다시는 집에 돌아오지 못하는 현실과 살처분 사이의 거리는 생각보다 멀지 않다. 생각만 해도 끔찍하다.

기후위기 시대, 너도나도 에너지 전환을 말한다. 지난해 우리나라의 기초지자체, 국회, 정부가 모두 기후위기를 '선언'했다. 하지만 위기에 걸맞은 '행동'은 잘 보이지 않는다. 문제는 우리의 삶 자체에서 생겨났다. 그런데도 문제만 기술로 해결하고 원인인 '삶'은 그대로 두려고 한다. 지금 우리는 기술 개발보다 삶의 전환이 더 필요하다. 우리 자신의 생명까지 갉아먹는 공멸의 삶을 다른 생명도 존중하는 공존의 삶으로 전환해야 한다. 기술은 이 전환을 현실화하는 수단이어야 한다.

공장식 축산은 삶의 전환 없이는 우리가 당면한 문제의 해결도 없다는 걸 보여준다. 설사 축산공장의 건설과 운영에 드는 에너지를 모두 재생에너지로 충당한다고 해도, 육류 소비를 대폭 줄이는 삶의 전환이 없으면 메탄가스 배출은 계속 늘어날 수밖에 없다. 기후위기 시대에 공장식 축산이 설 자리는 없다. 가축에서 나오는 메탄가스는 온실가스 전체 배출량의 15%가량을 차지한다. 지구온난화 효과는 이산화탄소의 28배 정도 강력하다. 아마존 열대우림에서 보듯이 유전자 변형 곡물(GMO) 재배와 함께 공장식 축산은 대규모 탄소저장소인 열대우림 파괴의 주범이다. 기후위기는 대규모 탄소배출에 의존하는 삶과 결별할 것을 요구한다. 기술은 이 결별을 원활하게 하는 수단이어야 한다.

성서에서 '회개$_{μετάνοια}$'는 삶의 전환을 뜻한다. 회개는 옛 삶에서 시대의 징표가 요구하는 새로운 삶으로 '돌아섬'이다. 살처분이 일상화되고 기후가 재난인 시대, 우리가 어떤 삶으로 돌아서야 하는지 자명하지 않은가.

2021_02

네 발에서 신을 벗어라

히브리 성경 『탈출기』 앞부분을 보면 모세가 하느님을 만나게 되기까지의 이야기가 나온다. 모세가 이집트에 살고 있을 때였다. 어느 날 모세는 이집트 사람 하나가 자기 동족을 때리는 걸 보고 그 이집트인을 때려죽였다. 사람을 죽인 모세는 이집트 인근의 '미디안'으로 달아나 그곳에서 결혼한 후 장인의 양 떼를 치며 지냈다. 한번은 양 떼를 치던 모세가 불 속에서도 타지 않는 떨기나무를 보게 되었다. 이 광경이 하도 놀랍고 신기해 가까이 보려고 다가갔더니 말이 들려왔다. "이리 가까이 오지 마라. 네가 서 있는 곳은 거룩한 땅이니, 네 발에서 신을 벗어라." 그 떨기나무가 있는 곳은 모세가 양 떼를 치던 곳과 '다른' 땅이었다. 그곳은 거룩한 땅, 곧 하느님께 따로 '떼어 놓은' 곳으로 거기에 들어가려면 의식을 거쳐야 했다. "네 발에서 신을 벗어라." 이처럼 고대 세계는 온갖 '신'과 '영'이 거주하는 거룩한 곳으로 가득했고 자연은 생명의 원천인 '어머니'로 공경받았다.

근대에 들어서며 상황이 급변했다. 코페르니쿠스, 케플러, 갈릴레오를 거쳐 데카르트와 뉴턴에 이르러 세계는 물질로 이루어진 균질한 기하학적 공간으로 변했다. 거룩했던 수많은 곳이 이제는 여기나 저기나 모두 같은 곳이 되었다. 생명이 없는 물질로 이루어진 자연은 '주인 없는 재산'으로, 자원의 창고나 부동산으로 변했다. 자연 어디서도 '신'을 벗을 필요가 없게 되자 사람들은 자연에서 더 많은 이윤을 챙기는데 골몰하게 되었다. 그러나 땅은 엄연히 살아 있다. 살아 있는 땅의 신음이 깊어만 갔다.

지난해 12월 말, 강원도 양양군은 설악산 오색케이블카사업 환경영향평가 재보완서를 환경부에 접수했다. 오색케이블카사업의 악몽은 2010년 이명박 정부가 자연공원법 시행령을 고쳐 자연보존지구 안에 설치할 수 있는 케이블카 거리를 2km에서 5km로 늘리면서 시작되었다. 설악산 정상까지 케이블카를 놓을 수 있는 재앙의 문이 열린 것이다. 2011년과 2012년 양양군은 오색케이블카 사업을 신청했으나 2012년과 2013년 국립공원위원회에서 모두 부결되었다. 양양군은 집요했다. 2015년 양양군은 상부 정류장 위치만 조금 바꿔 다시 신청했다. 두 번이나 부결 결정을 했던 국립공원위원회가 이번에는 '조건부 승인' 결정을 내렸다. 당시 박근혜 대통령이 오색케이블카 사업의 적극 추진을 지시하자 환경부도 국립공원위원도 자신의 역할을 포기한 탓이다. 다행히도 2016년 문화재위원회에서 천연기념물인 설악산의 '현상변경'

을 불허하며 사업을 막았다. 2017년 이번에는 난데없이 국민권익위원회 산하 중앙행정심판위원회가 '문화 향유권'을 내세우며 문화재위원회의 결정을 뒤집었다. 2019년 환경부가 환경영향평가 부동의 처분을 내림으로써 사업은 무산되었지만, 불씨가 완전히 꺼지지 않은 채 엎치락뒤치락 오늘에 이르렀다. 그리고 '시장'과 '개발'을 이명박 정부 뺨치게 내세우는 윤석열 정부가 들어서면서 케이블카 사업도 다시 꿈틀대고 있다. 정부의 모든 부처를 산업화하라는 대통령의 한마디에 환경부는 재빠르게 '환경 세일즈부', '녹색 산업부'로 변신했다. 다시, 설악산이 위태롭다.

설악산은 국립공원이면서 산 전체가 천연기념물 171호로 지정된 문화재다. 또한 유네스코 생물권보전지역, 세계자연보전연맹 엄정자연보전지역, 백두대간보호지역, 산림유전자원보전구역이다. 이 모든 명칭은 설악산이 우리나라에서 가장 엄격하게 보전해야 할 곳이라고 천명한다. 땅이란 땅은 모조리 부동산으로 만든 나라지만, 돈만 된다 싶으면 경제효과 운운하며 땅을 파헤치는 게 예사인 나라지만, 웬만큼 이름난 산천은 죄다 유원지로 바꿔놓은 황금만능의 나라지만, 설악산 이곳만은 지켜야 한다고 호소한다. 설악산은 자연 그대로 두어야 한다.

개발은 탐욕스럽고 집요하다. 한번 목표를 정하고 발톱을 내밀면 거둘 줄 모른다. 수려한 산천이 어떻게 망가지는지 눈에 보이지만, '개발이 곧 발전'이라는 믿음은 갈수록 굳세진다. 환경을 보호한다는 '환경영향평가'는 자연을 얼마나 훼손해도 되는지 결정하는 법적 절차로 변질됐다. 환경영향평가서는 일단 제출하면, 으레 통과되는 것으로 여기는 사업자가 많다. 혹시라도 반려되면 '보완서'를 내기만 하면 된다고 생각한다. 통과될 때까지. 자연은 문서보다 훨씬 복잡다단하다는 사실은 가볍게 무시한다. 환경영향평가는 통과 의례가 되었다.

도대체 인간이 무엇이기에 산에 거대한 쇠기둥을 박고 굵은 쇠줄을 치는 걸 대수롭지 않게 여길까? 데카르트는 인간이 '자연의 주인'이며 '지배자'라고 했다. 무지나 착각 또는 오만이다. 인간이 주인이자 지배자이니 자연을 마음대로 할 수 있다는 생각은 고약하고 잘못된 이데올로기다. 먹이사슬의 맨 위에 있는 인간은 세상에서 가장 의존적인 종이다. 구태여 따지자면, 가장 낮은 곳에서 뭇 생명을 먹여 살리는 땅과 풀과 나무가 자연의 주인이다. 지금 인류가 직면한 생태 위기의 뿌리도 이 전도된 인식에 있다. 진실을 알면서도 부정하는 아집에 있다.

　　　땅에 대한 인간의 오만방자함을 내다본 듯 성서의 하느님은 이렇게 선언한다. "땅은 나의 것이다." 사람은 땅에서 잠시 살다 지나가는 나그네다. 땅은 개인의 것도, 사고파는 것도 아니라는 고대의 지혜는 우리에게 겸손을 요구한다. 산에 가는 것은 즐기고 운동하는 일일 뿐 아니라 일상의 번잡함에서 벗어나는 일, 발에서 '신'을 벗고 일상과 다른 곳과 다른 때로 들어가는 행위다. 케이블카를 타고 바로 산 위로 올라가면 산 아래 번잡함도 같이 따라가기 마련이다. 왁자지껄 떠들며 질펀하게 먹고 마시는 일상이 산속에 재현된다. 산은 소음에 찌든 저잣거리로 변한다.

1965년 설악산을 천연보호구역으로 지정한 정부 문서는 설악산을 보호해야 할 절박함을 이렇게 밝혔다. "현재 우리나라에서 자연상의 피해가 가장 적다고 할 수 있는 지역이 설악산과 그 외 수 개 지역에 불과할 것이니, 이 지역만이라도 우선 천연기념물로 지정해 보호해야 할 것이다." 설악산을 천연보호구역으로 지정할 때 품었던 이 간절한 바람을 다시 마음에 새겨야 한다. 쇠기둥이 박히고 쇠줄로 감기게 될 설악산이 우리에게 호소하고 경고한다. '지지불태知止不殆', 멈출 줄 알아야 위태롭지 않다. 파괴되는 것은 결국 자연이 아니라 인간이다.

우리가 오색케이블카로 얻는 것은 무엇일까? 잠시 몸이 편리를 누리고 눈이 호강할지는 몰라도, 설악산은 일그러지고 산에 사는 동식물은 자기 자리를 잃는다. 살면서 절대 하지 말아야 할 것 하나가 남의 자리를 뺏는 것이다. 모든 생명체는 자리가 있어야 살 수 있으니, 자리를 뺏는 것은 생명을 뺏는 짓이다. 우리도 이 세계에서 모두 각자의 자리를 받았기에 살 수 있다. 사람뿐 아니라 모든 생명체가 마찬가지다. 설악산은 수많은 생명체를 품은 '어머니'의 자리다. '신'을 벗고 설악산을 바라보자. 설악산을 그대로 두자.

2023_02

* 2023년 2월 27일 환경부 원주지방환경청은 사업자인 강원도 양양군

에 '설악산 오색삭도(케이블카) 환경영향평가 재보완서'에 '조건부 협의(동의)' 의견을 통보하여 사업을 허가했다. 착공식은 11월 20일에 있었다. 시공 업체도 선정하지 않은 채 허겁지겁 서둘러 진행한 착공식이었다.

하나뿐인 지구, 우리 모두의 집

요즘 아침에 깨면 바로 창밖에서 나는 새소리에 귀를 기울인다. 하루를 여는 이른 아침, 생기가 넘치는 새소리를 듣는 재미가 쏠쏠하다. 잘은 모르지만, 박새와 지빠귀 종류의 새소리 같다. 재잘대는 소리를 따라가다 보면 뜰의 나뭇가지에 숨어 있듯 앉아 있는 새를 만나기도 한다. 손바닥만 한 작은 새가 부리를 여닫으며 지저귀는 모습이 앙증맞지만, 온몸을 불룩이며 소리를 내는 모습은 숙연해 보이기도 한다. 새들도 밤에는 어디선가 잠을 자느라 조용하다 새벽이 되면 다시 지저귄다. 비가 오면 어디선가 비를 피하느라 조용하다 비가 그치면 다시 날개를 편다. 관심을 가지고 새를 바라보니 뜰의 나무와 산의 숲이 새가 사는 '집'으로 보인다.

올해는 '세계 환경의 날' 50주년이다. 올해 주제는 첫해와 같이 '하나뿐인 지구'로 정했다. 모든 생명체는 지구라는 하나의 집에 살고, 이 집이 망가지면 달리 갈 곳이 없다는 것을 일러주는 듯하다. 사람뿐 아니라 모든 생명체는 자기 몸을 누일 집이 필요하다. 하나뿐인 지구라는 집에는 산과 강과 갯벌 같은 다양한 집이 있다. 모두, 인간이 만들 수 없는 집이다. 인간이 만들 수 없는 집을 인간 마음대로 해도 되는 소유물로 여기면서, 인간이 자연의 주인으로 행세하면서 문제가 생겨났다.

얼마 전, 전라북도 군산의 '수라갯벌'에 다녀왔다. '새만금 신공항'을 건설한다는 곳이다. 수라갯벌에서 불과 1.3km 떨어진 곳에 군산공항이 있다. 만성 적자에 시달리는 군산공항이 신공항은 필요하지도 않고 경제성도 없다고 증언한다. 공항을 짓지 말아야 할 이유는 차고도 넘친다. 갯벌은 숲보다 뛰어난 탄소흡수원이다. 이 갯벌을 파괴하고 탄소를 대량 배출하는 공항을 건설하는 것은 기후위기 대응에 정면으로 역행한다. 새만금 공항은 군산공항의 실제 주인인 주한 미 공군의 전력 증강으로 이어질 것이다. 결국, 신공항 건설은 이전부터 군산을 군사적 위협으로 경계해온 중국을 자극하여 군사적 긴장을 고조하고 동북아 평화를 위협할 것이다. 무엇보다 수라갯벌은 멸종위기 1급에 천연기념물인 저어새, 황새, 흰꼬리수리 등과 멸종위기 2급에 천연기념물인 잿빛개구리매, 검은머리물떼새, 수달 등 50종 이상의 법정 보호종을 비롯한 수많은 생명체의 집이다. 우리가 집이 필요하듯이 그들도 집이 필요하다. 모두 몸이 있는 생명체. 자연의 집을 대수롭지 않게 눈앞의 이익과 바꾸면 인간의 집도 온전할 수 없다는 것이 세상의 이치다.

우리는 하나뿐인 집에서 다른 뭇 생명체와 함께 산다는 진실을 망각하고 서로 전혀 다른 집에서 사는 듯이 행동한다. 그것이 현실적이라고 하지만, 사실은 가장 비현실적인 현실 인식이고 행동 방식이다. 우리는 어쩌다 이렇게 됐을까. 근대에 들어서며 세계는 정신과 물질로 나뉘어 인식되기 시작했다. 인간은 정신이고 나머지는 모두 물질이다. 인간과 자연이 대립했고 자연은 소외됐다. 균일한 물질로 이루어진 세계는 다양성과 고유성이 제거된 기하학적 공간으로 변했다. 자연은 대상화되어 주인 없는 물건이 되었다. 사람들은 자연에서 더 많은 것을 빼내려고 자연을 탐구했다. 그렇게 태어난 자연과학이 인간에게 자연을 마음대로 다룰 힘을 쥐여줬다. 과연, 아는 것이 힘이다.

세계를 물질로 균질하게 보는 기하학적 공간은 실제로는 존재하지 않는 추상적인 관념이다. 아무리 황량하게 보이는 곳도 생명체가 존재하는 생명의 집이다. 미국의 해양생물학자이자 환경운동가 레이첼 카슨Rachel Carson은 깊이 5,400m의 적막한 심해, 그 추위와 어둠 속에서도 생명체가 산다고 알려준다(『잃어버린 숲』). 세상은 누군가의 집으로 빼곡하고 그 집들이 모여 하나뿐인 지구를 이룬다. 세계는 동질적 공간의 연장이 아니라 고유한 장소의 연속이다. 기하학적 공간 관념은 수많은 삶이 깃든 집을 점유와 지배의 대상으로 만들고 결국 돈벌이 수단으로 변질시킨다는 의미에서 폭력적이고 반생명적이다. 우리도 이제는 강 건너 불로만 여겼던 대형 산불을 겪고 있다. 몇 해 전 울진과 밀양에 큰 산불이 일어나 피해가 극심했다. 하지만 그곳에서 살다가 사라진 수많은 생명체와 그들의 집은 거론조차 되지 않는다. 동물이 사라진 세상, 새소리가 들리지 않는 세상은 어떤 곳일까? 사람은 살만한 곳일까? 오늘의 현실은 그렇지 않다고 말한다. 세계를 보는 우리의 시각을 근본적으로 바꾸지 않으면 세상에 평화는 없다.

오늘날의 위기는 과학기술만으로 극복할 수 없다. 이 위기는 과학기술이 발전한 결과로 일어났기 때문이다. 이제 진보는 더 좋은 삶을 가리키는 희망이 아니라 우리가 감내할 운명이 되었다. 이 위기를 극복하려면 과학기술이 주는 지식과는 다른 '앎'이 필요하다. 잠시 멈춰 서서 관심을 기울여 주위를 돌아보면 우리가 무심히 살면서 놓쳤던 많은 것이 눈에 들어온다. 새가 우리와 같은 '생명체'이며 갯벌이 수많은 생명체의 '집'이라는 것을 문득 깨닫는다. 우리가 기하학적 공간이 아니라 누군가의 소중한 집, 함부로 할 수 없는 곳으로 이루어진 하나뿐인 지구, 우리 모두의 집에 있음을 깨닫는다. 이 앎은 타자를 지배하는 힘이 아니라 함께 사는 집을 지키는 힘을 준다. '하나뿐인 지구'를 '우리 모두의 집'으로 이해할 때 우리는 평화를 희망할 수 있다.

2022_06

제주 남방큰돌고래와 설악산 산양

제주도에서 반가운 소식이 들려왔다. 제주도가 멸종위기 국제보호종인 남방큰돌고래에 법인격을 부여하는 '생태법인'의 제도화를 추진한다. 생태법인은 중요한 생태적 가치가 있는 '비인간 존재'에 법인격을 부여하는 제도다. '인격'을 인간 너머로 확대하는 이 제도가 도입되면 남방큰돌고래뿐 아니라 자연생태계 전반에 대한 우리의 인식과 태도가 크게 바뀔 것이다. 우리나라 환경정책의 질적 변화도 기대할 수 있다.

외국에는 이미 자연의 법적 권리를 인정하는 사례가 여럿 있다. 2008년 에콰도르는 세계 최초로 헌법에 '자연의 권리'를 명문화했고, 2011년 이 권리를 근거로 자연의 권리 소송을 제기하여 정부의 고속도로 사업을 막았다. 2011년 볼리비아는 자연의 법적 권리를 인정하는 '어머니 대지법'을 제정했다. 2014년 아르헨티나 법원은 동물원에 갇힌 오랑우탄 '산드라'를 '비인간 인격체'로 인정했다. 2019년 산드라는 비인간 인격체에 적합한 주거환경이 있는 미국 플로리다로 이주했다. 2016년 콜롬비아 헌법재판소는 아트라토강의 법적 권리를 인정했고, 2018년 최고법원은 콜롬비아 내 아마존 지역의 권리를 인정했다. 2017년 뉴질랜드는 '테 아와 투푸아법'을 제정하여 황거누이강에 법인격을 부여했다. 강에 법인격을 부여하는 과정은 쉽지 않았다. 법인격을 부여

받은 황거누이강 뒤에는 뉴질랜드 선주민 마오리족이 160년간 벌인 싸움이 있다.

강원도에서 안타까운 소식이 들려왔다. 지난 20일 강원도 양양군 서면 오색리에서 설악산 오색케이블카 사업 착공식이 열렸다. 1982년 처음 시도했던 오색케이블카 사업은 한동안 지지부진하다가 2015년 국립공원위원회의 '조건부 승인'을 받은 후 문화재위원회, 중앙행정심판위원회, 환경부 등을 거치며 엎치락뒤치락한 끝에 결국 최종 승인되었다. 고비 고비마다 권력의 입김이 작용했다. 이 사업은 결국 자연보존지구를 보호해야 할 국립공원위원회, 천연문화재를 보호해야 할 문화재청, 자연생태계를 보전해야 할 환경부가 각자의 사명을 저버리고 공모해 일어난 참사다.

　　개발사업에 빠지지 않고 등장하는 '경제효과'가 정확히 얼마나 될지 아무도 모른다. 개발로 생긴다는 수익이 누구에게 어떻게 돌아갈지 아무도 말하지 않는다. 무려 41년 만의 착공식이다. 이윤을 노리는 지칠 줄 모르는 그 집요함이 놀랍고 징그럽다. 양양군이 예비타당성조사를 피하려고 국비 지원 없이 사업비 전체를 부담한다고 나서고, 시공사도 정하지 않은 착공식을 3억 원이나 되는 예산을 들여 서두른 걸 보면 다시 되돌릴 수 없게 일단 삽질부터 하고 보자는 의도가 역력하다.

　　국립공원과 천연기념물 제171호인 천연보호구역을 비롯해 설악산을 겹겹이 둘러싼 보호장치는 분명하게 선언한다. "설악산은 경제적 효과를 들먹이며 손대서는 안 되는 곳이다." 설악산 오색케이블카 건설 예정지는 멸종위기 야생생물 1급이자 천연기 념물 제217호인 산양 서식지이며 그 밖에도 하늘다람쥐, 무산쇠족제비 등 멸종위기종이 산다. 서식지에 케이블카를 운행하면 행동반경이 좁은 산양은 소음과 진동, 서식환경의 변화로 멸종위기에 내몰릴 수밖에 없다. 2016년 문화재위원회가 문화재 현상변경 신청을 불허한 사유에도 '산양 등 야생동물의 서식환경 악화'가 있었다.

2018년 산양 28마리를 원고로 문화재청이 허가한 천연보호구역 현상변경을 취소하라는 행정소송이 제기됐다. 법원은 산양이 원고가 될 수 없다며 원고의 청구를 각하했다. 2003년과 2007년에 제기한 도롱뇽과 황금박쥐, 관코박쥐 소송도 각하했으니 놀랄 일은 아니다. 그러나 이번 제주도의 남방큰돌고래 생태법인 지정이 이루어지면 산양이 원고가 될 수 없다는 법원의 판단도 달라질 가능성이 크다. 법인격이 부여되면 소송 당사자 자격도 생긴다. 자연 보전뿐 아니라 인간성 회복을 위해서라도 생태법인이 가야 할 길이라면, 산양이 소송 당사자가 될 수 없다는 법원의 결정은 시대를 거스르는 인간 중심적 관점이라는 비판을 면하기 어렵다.

외국에서 자연에 법인격을 부여하며 자연과 공존을 꾀할 때 우리는 무슨 수를 써서라도 설악산에 케이블카를 설치해 수익을 올리는 데 몰두했다. 부끄러운 일이다. 지금 인간과 자연의 관계에서 제주도와 강원도는 정반대로 움직이고 있다. 어느 쪽이 시대 정신에 맞는가? 우리는 코로나 팬데믹을 겪으며 혼자서는 건강할 수 없음을 배웠다. 우리가 함께 건강해야 나도 건강하다. 그 '우리'와 '함께'에 인간만이 아니라 자연도 있음을 배웠다. 자연을 존중하고 공존하려는 외국의 사례나 이번 제주도의 시도는 갑자기 하늘에서 떨어진 게 아니다. 앞서 있었던 국내외의 많은 실패를 바탕으로 이루어졌다. 하여, 40년 넘게 설악산을 지키려는 수고는 헛되지 않았다. 앞으로의 노력도 마찬가지다. 제주 남방큰돌고래에 전해진 기쁜 소식이 설악산의 산양과 다른 동식물에 전해질 그날까지 설악산을 지키는 행동은 계속된다.

2023_11

금강, 자연 그대로 흐르라

집 가까운 곳에 있는 정릉천에 청둥오리가 산다. 봄이 되자 겨우내 보이지 않던 오리가 나타나기 시작했다. 처음에는 수컷밖에 보이지 않더니, 5월 하순쯤 되자 그동안 알을 품느라 보이지 않던 암컷들이 새끼들을 데리고 엄마가 되어 나타났다. 엄마 오리는 연신 고개를 돌려 주위가 안전한지 확인하고 먹이가 있는 쪽으로 새끼 오리들을 이끈다. 간혹 다른 오리가 새끼들 쪽으로 접근하면 서슴없이 다가가 거침없이 밀어낸다. 엄마 주위를 맴도는 주먹만 한 크기의 새끼들은 앙증맞기 짝이 없다. 사람들이 발길을 멈추고 오리 가족을 바라본다. "어머, 어쩌면 좋아." "와, 쟤네 좀 봐." 사람들은 새끼들이 뒤뚱거리는 모습에 안타까워하고 엄마를 재빠르고 야무지게 따라가는 모습에 감탄하며 모두 무사하게 자라나길 바란다. 험한 세상에 갓 태어난 작고 여린 생명에 대한 애틋한 마음일 테다.

얼마 전 금강의 세종보에 다녀왔다. 이 지역은 강폭이 넓고 수심이 깊은 곳과 얕은 곳이 섞여 있어 다양한 동식물의 서식지가 되어 왔다. 특히 이곳에 사는 흰수마자와 미호종개는 멸종위기 야생생물 1급으로 우리나라에서만 자생하는 '물살이'고, 미호종개는 2005년 천연기념물 제454호로 지정됐다. 이들은 주로 수심이 얕은 강바닥의 모래에 서식하며 살아간다. 물떼새를 비롯한 다양한 새도 이곳에서 먹이와 쉴 곳을 찾는다. 그런데 4대강 사업을 한다고 강바닥을 파내고 보로 물을 막자 물의 흐름이 정체됐고 모랫바닥은 펄밭으로 변했다. 집을 잃은 생물은 자취를 감췄고 인적도 끊겼다.

　　2021년 1월 국가물관리위원회는 '4대강 재자연화'를 위해 금강과 영산강의 세종보·죽산보는 해체, 공주보는 부분해체, 백제보·승촌보는 상시개방하기로 했다. 현재 세종보 유역은 보를 오래 개방한 덕분에 하천생태계가 가장 많이 복원된 곳으로 평가된다. 보 개방으로 강의 '자연'이 되살아났다. 모래톱과 하중도가 생겼고 흰수마자와 미호종개도 돌아왔다. 그런데 지난해 8월 물관리위원회는 급작스레 금강·영산강의 보 처리 방안을 취소했고 환경부는 세종보를 재가동하겠다고 발표했다. 세종보 수문을 닫고 물을 채우면 모래톱과 하중도는 다시 물에 잠기고 강바닥은 펄로 덮일 것이다. 미호종개와 흰수마자도 집을 잃고 다시 사라질 것이다. 녹조는 또 어떻게 할 것인가. 성서의 에제키엘 예언자는 선언한다. "이 강이 흘러가는 곳마다 온갖 생물이 우글거리며 살아난다. (…) 이렇게 이 강이 닿는 곳마다 모든 것이 살아난다." 강은 생명체를 품어 살리고 번성하게 한다. 아무리 그럴듯하게 보여도 생물이 사라지는 강은 죽은 강이다.

'그깟 물고기쯤'이라는 말은 이제 그만하자. 작고 여린 생명의 안녕에 마음을 모을 때 인간도 번영한다. 몸도 가장 약한 부분을 잘 돌봐야 전체가 건강해진다. 비인간 생명을 경시하는 사회는 인간의 생명도 존중하지 않는다. 우리나라 장애인과 이주노동자의 삶이 말해주지 않는가. 무엇보다 우리는 모든 것이 연결된 세상에서 생물종 감소가 어떤 영향을 미치는지 알 수 없다. 이제는 우리 자신을 위해서라도 겸손하게 비인간 생명을 존중하고 그들의 자리를 뺏지 말아야 한다.

정릉천 새끼 오리들이 어느새 부쩍 자랐다. 하지만 이전보다 숫자가 줄었고 엄마를 잃은 새끼들도 보인다. 고양이 같은 포식자에게 잡아먹혔을 것이다. 안타깝긴 하지만, 자연의 질서다.

오리도 포식자도 살려고 최선을 다했을 테고 이들의 최선은 그 자체로 자연의 질서를 이룬다. 인간은 다르다. 인간은 자주 지나친 개입으로 자연의 질서를 파괴한다. 그래서 인간은 자연에서 '최소화의 원칙'으로 행동해야 한다. 자연에 무언가를 할 수도 있고 하지 않을 수도 있다면, 곧 자연에 대한 개입이 불가피하지 않다면, 자연을 '그대로' 두는 것이 자연의 질서를 따르는 길이다. 비가 많이 오면 정릉천은 수량이 늘고 유속이 빨라져 통행이 위험할 때가 있다. 그럴 때면 사람의 접근을 통제한다. 물이 불어도 여느 때처럼 사람이 다닐 수 있게 천을 개조할 수도 있겠지만, 최소화의 원칙에 어긋난다. 과잉 개입이다. 이럴 때는 사람이 피하는 게 순리다.

자본주의는 언제나 '최대화의 원칙'으로 자연에 개입해왔다. 자본은 더 큰 이윤을 얻으려고 자연에서 끝없이 더 많은 것을 추출하며 배타적 자기 증식을 거듭한다. 하지만 힘이 아무리 커도 인간은 여전히 자연의 일부다. 자연의 질서를 무시한 채, 할 수 있다고 무엇이든 다 하는 것보다 어리석은 일은 없다. 그것은 삶의 근본 조건을 해치는 일이다. 당장은 이익이 될지 몰라도 결국은 탈이 난다. 기후를 비롯한 오늘의 총체적 위기가 잘 보여준다. 오늘 우리에게는 그 어느 때보다 더 자발적 자기 제한의 겸손과 지혜가 필요하다. 이제라도 비인간 생물과 공존하는 쪽으로 생각과 행동을 바꿔야 한다. 자연은 오직 하나뿐인 '공동의 집'이다. 모두가 함께 살아야 할 집을 독점하려 들면 집은 무너진다. '스스로 그러한' 자연은 언제나 자신의 이치대로 움직인다. 그래서 자연은 정직하다. 인간의 개입으로 돌발 변수가 생기면 자연은 그것마저 포함하여 자신의 이치대로 움직인다. 인위적인 변수로 생겨날 위험 따위는 고려하지 않는다. 그래서 자연은 무정하다. 우리는 가능한 한 위험 변수를 만들지 말고 자연의 질서에 따라야 한다. 겸손하게 살아야 한다.

세종보 현장에서 두 달 넘게 노숙하며 금강의 자연화를 기원하고 촉구하는 사람들이 있다. 그들의 마음으로 외친다. "열어라, 생명의 물길!", "금강, 자연 그대로 흐르라!"

2024_07

■

폭염 단상

"올여름이 당신 생애에서 가장 시원한 여름일 것이다." 지구온난화로 점점 뜨거워지는 우리의 처지를 콕 집어내는 말이다. 그렇기는 해도 우리는 아직 우리 생애에 가장 더운 것 같은 이번 여름을 어떻게 넘길지, 이번 더위는 언제 수그러들지에 훨씬 관심이 크다. '지금 당장'을 견디기도 힘든데 아직 보이지 않는 미래에 눈을 돌리기는 쉽지 않다. 그래서인지 몇 년 전 일본 정부는 에어컨을 최대한 사용하는 것을 폭염 대책으로 내놓았다. 올여름에 우리 정부도 폭염은 상시적인 자연재난이고 냉방기기 사용은 국민의 기본적 복지라며, 에어컨 사용에 따른 경제적 부담을 줄이려고 전기요금 누진제 완화 방안을 마련한다고 한다.

에어컨은 더울 때 참으로 신통한 물건이지만, 더위 자체를 없애거나 완화하지는 않는다. 에어컨은 '이쪽'에서 흡수한 열을 '저쪽'으로 배출한다. 그래서 에어컨을 틀면 안쪽은 시원해지고 바깥쪽은 더워진다. 작년에 이어 올여름도 서울 정릉의 한 수녀원에서 지내고 있다. 몇 년 전 '뉴타운'이 들어서면서 이 지역의 터줏대감인 수녀원이 아파트로 포위된 꼴이 되었다. 수녀원을 빽빽이 둘러싼 아파트 베란다에 빠짐없이 놓인 에어컨 실외기는 수녀원을 겨누고 있는 무슨 '폭열방사기' 같다. 에어컨 사용이 일상화되면서 우리는 열을 서로에게 떠넘기며 여름을 난다. 에어컨이 장악한 '부분'은 시원해지지만 '전체'는 더워진다. 에어컨 가동은 전기에너지 사용과 온실가스 배출로 이어져 지구온난화를 가속한다. 당장 견디기가 힘드니 쓰기는 하지만, 에어컨은 쓰면 쓸수록 폭염을 키우는 악순환을 만든다.

에어컨이 주는 냉방 혜택은 공평하지 않다. 아무리 더워도 에어컨이 없는 실외에서 해야 할 일이 있다. 폭염 노동은 그마저 하지 않으면 당장 살기 힘든 사람의 몫이 된다. 폭염에 일조하는 에너지를 적게 쓰는 가난한 사람이 폭염 피해는 더 많이 본다. 다른 자연재해와 마찬가지로 폭염 피해도 평등하지 않다. 파국적 상황이 닥치면 지금의 불평등이 극단적으로 변할 수도 있다. '설국열차'가 현실이 되는 상상을 해본다. 살려고 하면, 철저한 차별과 억압이 지배하는 '열국열차'라도 올라타야만 한다. 열차 바깥은 열기로 가득한, 사람이 살 수 없는 세상이다.

이제 재난으로 분류되는 폭염은 시대의 징표다. 갈수록 심해지는 폭염은 지금까지 우리가 누려온 삶은 지속할 수 없으며, 안전하지도 평등하지도 않다고 알려준다. 지금보다 좀 더 안전하고 평등한, 지속 가능한 세계에서 살려면 뿌리부터 변하라고 요청한다. 지구온난화에 대처하기엔 이미 늦었을지 모른다는 비관적 연구 결과도 있지만, 폭염의 가르침에 응답하는 사람이 점점 많아진다면, 희망을 놓기엔 아직 이르다. 우리가 폭염으로 지구온난화의 영향을 제대로 느꼈다면, 변화의 계기가 생길 수도 있지 않을까. 그래서인가, 8월 중순을 지나며 더위의 기세가 조금 수그러드는 조짐이 반가우면서도 행여나 폭염의 고통을 잊어버릴까 봐 걱정도 된다.

　　북한산이 수녀원과 가까워서 여름 내내 오후에는 틈만 나면 산에 갔다. 산도 덥긴 하지만 산 아래와는 차원이 다르다. 산을 오르면 땀이 비 오듯 흘러도 잠시 걸음을 멈추면 어느새 더위가 가신다. 가끔 스치고 지나가는 한 줄기 바람이 주는 청량감은 말로 표현하기 힘들다. 나무는 뿌리에서 끌어 올린 수분을 잎을 통해 기화하며 주위의 열을 흡수한다고 한다. 숲은 실외기가 필요 없는 에어컨으로 자연이 거저 주는 보물 같은 선물이다. 폭염에 대비하고 온실가스를 흡수한다는 면에서 보면 골프장이나 스키장을 만든다고, 케이블카를 놓는다고, 도로를 확장한다고, 숲을 훼손하는 일은 자연의 소중한 선물을 걷어차는 어리석은 짓이다. '스스로 그러한' 자연自然은 언제나 옳다. 인간은 자연의 흐름을 따를 때 행복해지고, 거스를 때 불행해진다. 폭염이 재난이 된 요즘은 더욱더 그렇다.

2018_08

공경과 겸손, 탄소중립으로 가는 길

2018년 인천 송도에서 열린 '기후변화에 관한 정부 간 협의체(IPCC)' 제48차 총회는 「지구온난화 1.5도 특별보고서」를 채택했다. 이 보고서는 2100년까지 지구 표면의 평균 온도 상승 폭을 산업화 이전(19세기 후반) 대비 1.5도 이하로 억제하라고 제안했다. 이를 위해 2030년 온실가스 배출량을 2010년 대비 최소 45% 감축하고 2050년 '탄소중립'을 권고했다. 이 보고서가 나온 후 탄소중립은 기후위기 시대의 화두가 되었다. 온실가스는 '최대한 빠르게 많이' 줄여야 한다. 일단 배출된 온실가스는 대기 속에 수십 년(이산화탄소는 평균 200년)씩 잔류하며 지구온난화를 가속하기 때문이다. 그래서 '2050 탄소중립'보다 2050년까지 온실가스 '감축 경로'를 보여주는 '2030 국가온실가스감축목표(NDC)'가 더 중요하다. 지금 슬렁슬렁 감축하다 2050년이 다 되어서 기적 같은 기술로 탄소중립을 달성한다고 해도, 그건 별로 소용이 없다. 대기 중에 온실가스가 이미 너무 많이 쌓였기 때문이다. 지금부터 과감하게 줄이지 않으면, '2050 탄소중립'은 무의미하다. 아무리 부담스러워도 '2030 NDC'는 산업화 이후 인간이 누려온 삶에 자연이 보내온 청구서라는 사실을 인정해야 한다. 자연의 청구서를 무시하면 벌금이 추가된다. 부담과 고통만 늘어난다.

　　지금까지 탄소중립은 기술과 경제 일변도로 추진해왔다.

기술 혁신으로 탄소를 감축하겠다는 발상은 암묵적으로 현재의 경제 패턴과 생활양식의 유지를 전제한다. 하지만 경제와 생활양식의 전면적인 전환 없이 기술만으로 제한된 시간 내에 온실가스 감축이 가능할까? 탄소중립의 추진 방향은 추진 속도만큼이나 중요하다. 탄소중립을 코로나로 위축된 경제의 반전 계기로 삼겠다는 발상에서 보듯이 경제성장은 탄소중립에서도 여전히 포기할 수 없는 전제다. 그러나 계속해서 성장하며 적기에 탄소중립에 필요한 만큼의 감축을 할 수 있을까? 석탄발전은 온실가스 최대 배출원이지만 국내에서는 신규 석탄발전소를 계속 건설하고 베트남과 인도네시아의 석탄발전사업에도 투자를 결정했다. 가덕도 신공항과 제주 제2공항같이 탄소를 대량으로 배출하는 토건 사업도 여전히 건재한다. 모두 성장을 위한 것이고 성장으로 온실가스 배출량은 늘어난다. 이렇게 하면서 기술만으로 2030년 NDC를 충족하고 2050년 탄소중립을 달성할 수 있을까? 녹색 미래와 그린뉴딜도 좋지만, 생태적 파괴를 막는 절제와 견제의 원리인 '녹색'이 언제나 '성장'에 유린당해 온 현실을 직시해야 한다.

기후위기와 탄소중립은 근본적으로 기술과 경제 문제가 아니라 철학과 윤리 문제다. 기후위기는 사람이 어떤 존재인지 묻고, 탄소중립은 삶이 어때야 하는지 묻는다. 경기도 양주의 한 수녀원에서 지낼 때, 밭에 가는 수녀님에게 물었다. "수녀님, 들고 가는 게 뭐예요?" "오줌이요. 거름 하려고요." 아직은 농사에 서툴고 벌레를 만나면 징그러워서 어쩔 줄 모르지만, 밭에서 흙을 만지며 자연의 질서인 순환을 조금씩 배운다. 땅과 교감하며 사람이 흙에서 나왔고 다른 생명체도 흙을 매개로 사람과 연결되어 있음을 실감한다. 모든 생명체가 흙과 공기와 물과 햇볕으로 생장함을 체험한다. 모든 것의 근원적 유대를 느끼며 생태적 감수성을 익힌다. 내 '숨'이 지구의 '숨'에 달려 있음을 몸으로 체득한다.

경기도 화성의 한 수녀원에 머물 때, 산림청이 온실가스 흡수력을 늘린다며 추진하던 '30억 그루 나무 심기'가 화제에 올랐다. 이른바 '모두 베기' 방식의 벌채로 멀쩡한 산이 민둥산이 되어버렸다. "거기 살던 동물들은 다 어디로 갔을꼬?" 이야기를 나누던 한 수녀님이 탄식하며 안타까워했다. 나무를 베어내고 다시 나무를 심는 사업이 문제가 되자 산림청장은 "통상적이고 합법적인 목재 수확 임지"에서 행하는 사업이라고 태연하게 설명했다. 누구에겐 숲이 돈이나 탄소흡수 기계로 보일지 모르지만, 숲의 소리를 귀여겨 듣는 사람은 숲이 생명이고 뭇 생명의 보금자리임을 안다. '통상적이고 합법적'일지는 몰라도 '모두 베기'는 숲에 가하는 폭력이다. 자연에 대한 폭력은 자연을 넘어 사회에서도 '통상적이고 합법적'으로, 이를테면 비정규직과 하청이란 이름으로 쉴 새 없이 자행된다. 근원적 유대로 맺어진 세계에서 하찮은 존재는 없다. 모두, 자기 나름의 존재 이유가 있다. 이 진리를 감지하는 능력이 생태적 감수성이다. 생태적 감수성은 사람을 넘어 세상의 모든 존재를 향한 '공경'과 '겸손'을 낳는다.

기후위기가 더 심해져 기후재난이 본격화된 세계는 지금의 세계와 크게 다를 것이다. 그렇다면 기후위기를 극복한 세계도 지금과 비슷할 수는 없다. 탄소중립은 산술적 '탄소중립'이 아니라 우리 사회가 환골탈태하는 분수령이어야 한다. 대량생산과 대량소비에 기초한 삶의 근본적 전환 없이 기후위기는 극복할 수 없다. 우리에게 진정으로 필요한 것은 탄소를 감축하는 마법 같은 기술이 아니라 과잉의 삶을 적정한 수준으로 감축하겠다는 결단이다. 생태적 결단은 우리 내면의 변화, 질적 고양을 요구한다. 모두가 근원적 유대로 연결된 '집'에서 함께 살고 있음을 인정하는 겸손과 세상의 뭇 존재에 대한 공경이 요청된다. 타자의 일방적 희생을 담보로 모든 결핍에서의 해방과 무한한 풍요를 좇는 욕망의 삶은 결국 모두를 파괴한다. 공경과 겸손이 없으면 인간이 '하는 것人爲'은 거짓僞으로 전락한다. 탄소중립은 이룰 수 없고, 기후위기는 막을 수 없다.

　　정부는 아마 계속해서 기술과 성장의 길을 고집할 것이다. 오랜 기간 자본주의에 길들어 새로운 길을 그려 낼 상상력과 자유로움이 없는 탓이다. 그렇다면 땅의 신음을 듣는 풀뿌리 시민이 연대하여 변화의 길을 여는 수밖에 없다. 우리부터 공경과 겸손의 마음으로 공생과 협동의 삶을 살아야겠다. 그렇게 할 때 탄소중립도 이룰 수 있다.

2021_05

기술이 우리를 구할 수 있을까?

"We are sinking." 올해 영국 글래스고에서 열린 제26차 유엔기후변화협약 당사국총회(COP26)에서 남태평양의 섬나라 투발루의 사이먼 코페Simon Kofe 외무장관이 허벅지까지 차는 바닷속에서 연설하는 영상이 공개되었다. 기후변화로 해수면이 상승하여 땅이 물에 잠기고 있는 투발루의 절박한 현실을 보여주려고 감행한 수중 연설이었다. 하지만 "석탄발전의 단계적 감축"과 "화석연료 보조금의 단계적 폐지 노력"을 담은 글래스고 합의문은 코페 장관이 다급하게 요청한 "내일을 지키기 위한 오늘의 과감한 대안적 조치"에 비해 너무 한가하다. 합의문에 화석연료를 최초로 언급했다는 의미 부여도 안이하기는 마찬가지다. 이번에 재확인한 것은 세계의 부국을 위시한 국제사회가 기후위기를 불러온 경제성장의 틀을 바꿀 의지도 성장 너머의 세계를 그릴 상상력도 없다는 사실이다. 실망스럽다. 기후변화가 요구하는 변화는 번번이 성장 앞에서 멈춘다.

COP26에서 회원국이 제출한 '2030 국가온실가스감축목표(NDC)'를 종합한 결과 2030년 온실가스 배출량이 2010년 대비 13.7% '증가'하는 것으로 나왔다. 지구 평균 온도 상승 폭을 1.5도로 억제하기 위한 '기후변화에 관한 정부 간 협의체(IPCC)'의 권고가 2010년 대비 45% '감축'이라는 것을 생각하면 황당한 결과다. 이대로 가면 지구 온도는 2.4도 이상 오를 것으로 예측된다. 내년 말까지 '2030 NDC'를 다시 제출하기로 했다지만, 시간이 많이 남아 있지 않은 게 문제다. 길게는 200년까지 지속하는 온실가스의 대기 누적 효과로 감축을 늦출수록 상황은 급해지고 그럴수록 감축 노력보다는 기술에 의존하려는 유혹이 커진다. 우리나라가 세운 탄소중립 계획도 '탄소포집·활용·저장(CCUS)'이라는 불확실한 미래 기술이 없으면 달성할 수 없다. 실제로 필요한 규모의 CCUS 기술을 적기에 확보한다고 해도 저장 장소의 안전성과 같이 기술 자체만큼이나 중요한 문제는 여전히 미결로 남는다.

　　CCUS 기술에 우리의 운명을 맡기는 것은 어리석은 일이다. 지금은 없는, 불확실한 미래 기술인 탓도 있지만, 무엇보다 사람이 아니라 기술이 탄소중립의 최종 해결사가 될 때 '정의로운 전환'이 불가능하기 때문이다. 기술의 관심은 사람이 아니라 효율에 있다. 기술주의가 득세하면 사람은 존중이 아니라 통제의 대상이 된다. 여기에 사회적 약자가 안전하게 설 자리는 없다. 기계를 경계하라고 했던 장자의 가르침은 기술주의가 난무하는 오늘날 더 유효하다. 편리하다고 기계에 의존하기 시작하면 효율만 생각하는 '기심機心'이 인심 人心을 대체한다. 우리는 기계를 닮아가고, 우리가 개발한 기술에 종속된다. 우리는 점점 '사람'에게서 멀어진다. 미래의 놀라운 신기술로 탄소중립을 이루었을 때 도래할 세상은 '멋진 신세계'를 닮지 않았을까. 참으로 두려운 일이다.

불완전한 인간이 만든 기술과 설비의 '절대 안전'은 모순이다. 원인이 실수든 재해든 사고는 일어나는 법이다. 이에 반해, 온실가스의 최대 배출원인 석탄화력발전소 공사 '중단'이나 정치적으로 밀어붙인 가덕도나 새만금 공항 건설 계획 '포기'는 안전 문제가 전혀 없을뿐더러 당장 효과가 있는 확실한 탄소 감축 방안이다. 지난해 2월 영국 법원은 런던 히스로공항 제3활주로 건설계획이 파리 기후변화협약에 따른 온실가스 배출 감축 의무를 위반해 위법하다고 판결했다. 지난 2월 프랑스는 기후변화 대응에 맞지 않는다는 이유로 파리 샤를 드골공항 제4터미널 신축 계획을 폐기했고, 지난 5월 기차로 2시간 30분 이내에 갈 수 있는 거리의 항공기 운항 금지를 포함한 '기후와 복원 법안'을 통과시켰다. 저들은 무엇을 '하지 말아야 할지' 고민하는데, 우리는 무엇을 '할지' 골몰한다. 지금 하지 말아야 할 것을 열심히 하면서 세우는 향후 30년의 탄소중립 계획은 어떤 것이며 얼마나 실현 가능할까.

　　　왜 '무엇을 하지 않는' 쉽고 확실한 길을 마다하고 '무엇을 하는' 어렵고 불확실한 길을 고집할까? 이유와 명분이야 있겠지만, 결국 사업을 벌여야 수익이 나기 때문이다. 우리는 왜 감당할 수 없는 '위험danger'이 내재한 기술을 '위험risk 평가'라는 절차를 거쳐 애써 채택하려고 할까? 그 기술이 뿌리치기 어려울 만큼 큰 수익으로 이어지는 탓이다. 물론 기술이 가져다준다는 이익과 효율에 홀려 기술의 방관자로 전락한 우리 책임도 크다. 미국의 기술철학자 랭던 위너Langdon Winner가 말한 '기술적 몽유병'이 심각한 상태다. 그런데 이렇게 생겨난 거대한 수익은 누구에게 돌아갈까. 기후위기는 우리가 만든 세상을 돌아보라고 하지만 우리는 기술만 바라본다. 성장 체제는 그대로 두고 기술로 온실가스만 없애겠다는 것은 단물만 빼먹고 대가는 치르지 않겠다는 심보다. 그러나 모든 것이 연결된 세상에서 공짜 점심은 없다. 지금은 모르거나 외면할 뿐, 우리가 누린 편익의 대가는 누군가가 어떤 식으로든 치러야 한다. 부유한 소수가 화석연료로 누려온 편리와 풍요의 대가가 모두의 삶이 걸린 기후일 줄은 그땐 몰랐다. 설혹 마법 같은 신기술로 온실가스 문제를 해결한다고 해도 지금은 알 수 없는 또 다른 청구서가 언젠가는 날아오고야 만다.

성서는 경고한다. "위선자들아, 너희는 땅과 하늘의 징조는 풀이할 줄 알면서, 이 시대는 어찌하여 풀이할 줄 모르느냐?"(루카복음) 이 시대에 기후변화가 요구하는 것은 체제 변화다. '바꾸라'는 말이다. 근대화와 산업화란 이름으로 인간이 벌여온 행태를 자연이 더는 받아줄 수 없는 한계에 이르렀으니, 생존하려면 바꾸라고 한다. '잘살아 보세'를 외치며 밀어붙인 경제성장이 사회적, 생태적 재앙을 키워왔으니, 행복해지려면 바꾸라고 한다. 지난달 국제 여론조사업체 입소스Ipsos의 '세계의 걱정거리' 조사에서 '빈곤과 사회적 불평등'이 1위로, 기후변화가 10위로 나왔다. 이 둘은 '성장이 발전'이라는 성장 이데올로기가 낳은 이란성 쌍둥이다.

기후변화가 요구하는 삶의 전환이 어떤 것인지 모른다면, 우리는 얼마나 무지한가. 알고 있으면서 성장 체제에 목을 맨다면, 우리는 얼마나 어리석은가. 체제 변화 없이 기술로 해결할 수 있다고 생각한다면, 우리는 얼마나 교만한가. "We are sinking, but so is everyone else." 코페 장관의 말대로, 우리가 변하지 않으면 시기만 다를 뿐 결국 모두 가라앉을 것이다. 이 단순하고 명확한 진실을 외면하는 한, 그 어떤 기술도 기후위기에서 우리를 구할 수 없다. 책임이 적은 사람과 지역이 먼저 기후변화에 희생되는 현실이 안타까울 뿐이다. 우리는 언제까지 우리가 앉아 있는 나뭇가지를 톱으로 자르고 있을 것인가.

2021_11

『성장의 한계』 50년, 무엇을 할 것인가?

『성장의 한계』가 올해로 출간 50주년을 맞는다. '인류의 곤경에 관한 로마클럽 프로젝트 보고서'라는 부제가 달린 이 책은 1972년 처음 출간된 이래 지금까지 1,000만 부 이상 팔리며 세계적으로 성장에 관한 논란을 일으켰다. 이 프로젝트는 책임자 데니스 메도우즈Denis Meadows를 비롯한 17명의 과학자로 구성된 MIT팀이 1970년 여름부터 18개월간 수행했다. 이 MIT팀은 '월드3' 컴퓨터 모형을 사용해 1900년에서 2100년까지 전 세계의 인구, 농업생산, 천연자원, 산업생산, 오염 추세를 12개의 시나리오로 제시했다. 이 보고서가 나온 시기는 우리나라도 연평균 경제성장률이 10% 에 달하던 고도성장 시대로 '성장의 한계'라는 말을 상상하기도 인정하기도 힘들었을 때인 만큼, 세간의 높은 관심 못지않게 거센 비판과 반박이 쏟아졌다. 지금도 그렇지만, 당시는 우리나라를 포함해서 기본적인 물질적 필요도 충족하지 못하던 가난한 나라가 경제성장에 필사적인 노력을 하던 때였다.

『성장의 한계』가 내린 결론은 세 가지다. 첫째, 성장에는 물리적 한계가 있다. 인구와 경제성장 추세가 변함없이 계속되면 21세기의 어느 시점에 성장의 한계에 이르러 천연자원, 인구, 산업생산, 식량이 걷잡을 수 없게 위축, 붕괴할 것이다. 붕괴 양상은 시점과 지역에 따라 다르게 나타날 수도 있고, 전 지구적으로 일어날 수도 있다. 둘째, 정의로운 전환은 가능하다. 기존의 성장 추세를 바꾼다면 우리는 이 세계를 생태적, 경제적으로 지속할 수 있게 전환할 수 있고 이전보다 더 평등하고 공정한 사회가 되도록 전환을 설계할 수 있다. 셋째, 때가 중요하다. 일찍 전환을 시작할수록 성공할 가능성이 크다.

2002년, 『성장의 한계: 30주년 개정판』 저자들은 성장 추세가 변하지 않았을 때의 시나리오 예측과 이후 실제의 역사적 추이가 거의 일치했다며 30년 전 자신들이 내린 결론이 여전히 유효하다고 밝혔다. 이 보고서가 나온 지 40년 후인 지난 2012년, 호주의 물리학자 그레이엄 터너 Graham Turner는 1970년에서 2000년까지의 실제 자료가 시나리오의 예측과 거의 일치한다는 것을 발견했다. 인류는 성장의 한계와 붕괴를 향해 순항 중이다.

사실 『성장의 한계』가 내린 첫 번째 결론은 컴퓨터 모형이 아니라 상식으로도 알 수 있는 진실이다. 1973년 영국의 경제학자 에른스트 슈마허 Ernst Schumacher는 자신의 저서 『작은 것이 아름답다』에서 이 진실을 지적했고 『성장의 한계: 30주년 개정판』도 이 점을 언급하고 있다. 하나밖에 없는 유한한 지구에서 성장은 자원 생산력과 폐기물 흡수력으로 결정되는 물리적 한계에 부딪힐 수밖에 없다. 그런데도 우리는 이 한계를 무시하고 지구가 감당할 수 없는 기하급수적 성장을 거듭했다. 우리는 기술과 시장이 어떤 문제든지 해결해주리라 믿고 성장을 지속해왔지만, 기술로 한계를 늘리는 데는 한계가 있다. 계속해서 성장하는 동안 우리는 가장 중요한 한계인 '시간'을 허비해 왔다. 결과는 뻔하다. 경제학자이자 철학자, 평화운동가인 케네스 볼딩 Kenneth Boulding이 일침을 놓았듯이, "유한한 세계에서 기하급수적 성장이 영원히 계속될 것이라 믿는 사람은 미치광이거나 경제학자"뿐이다. '성장의 한계'는 상식의 과학적 예견이다. '혹시나', '설마', '어떻게든' 같은 기대는 모두 환상이다. 하지만 현실에서는 성장 이데올로기에 기댄 무모한 환상이 여전히 상식을 압도한다.

자연은 성장에 한계가 있으며 성장의 한계는 좋고 필요한 것이라고 알려준다. 나무는 어느 정도 크면 스스로 성장을 제한하여 안정성을 확보한다. 그 덕분에 주위에 다른 나무들이 자랄 공간이 생겨난다. 자연은 자발적인 '자기 제한'으로 함께 살기를 선택한다. 우리 몸의 세포는 필요한 만큼 증식하면 일단 멈춘다. 증식이 다시 필요할 때까지. 암세포는 정상 세포와 달리 증식을 멈출 줄 모른다. 무서운 속도로 계속 늘어나서 결국 자신의 모태를 파괴하고 자기도 죽는다. 기후위기는 우리가 암세포처럼 성장해왔다고, 성장을 멈추지 않으면 파국이라고 경고한다. 하지만 한여름 폭염이나 폭우에 시달려야 잠시 기후변화 같은 문제에 호들갑을 떨지만, 성장에 기반한 삶의 양식을 반성하는 사람은 많지 않다. 성장은 여전히 힘이 세다.

『성장의 한계: 30주년 개정판』 저자들은 우리가 "지난 30년 동안 지구 생태계의 위기에 대해서 무익한 논쟁만 일삼으며, 선의를 표하는 척하면서 실제로는 냉담한 반응을 보이고 시간을 허비했다"라고 비판한다. 상식으로도 알 수 있는 진실을 줄곧 외면했다는 것이다. 이들은 『성장의 한계』 출판 20년 후인 1992년 인류는 이미 "지구의 수용 능력 한계를 초과했다"라고 말했지만, 희망을 놓지는 않는다. 이들은 희망을 포기하는 대신 "무엇을 할 것인가?" 자문하고 "꿈꾸기, 네트워크 형성하기, 진실 말하기, 배우기, 사랑하기"를 제안한다. 과학자로서는 뜻밖의 제안이고 당면한 문제에 비하면 너무 소박해 보일지도 모른다. 하지만 이 제안은 과학적으로 엄격한 자료 처리와 분석을 마친 후에 나온 것이다. 세상은 결국 '분석'이 아니라 '행동'으로 변화한다.

우리 각자 한번 자문해보자. 기술은 발달했고 경제는 성장했는데, 과연 더 좋은 삶, 더 여유로운 삶을 누리고 있는가? 조금이라도 사회의 불평등과 갈등이 줄고 자연 생태계는 회복되어 세상이 평화로워지고 있는가? 코로나 사태는 기술과 성장이 가져온 세계의 변화와 관련이 없는가? 만일 그렇지 않다면, 지금껏 해오던 대로 계속 열심히 하면 '언젠가는' 좋은 세상이 오리라는 생각은 근거 없는 낙관이다. 그리 멀지 않은 곳에 파국적 재앙이 있다는 인식은 근거 있는 합리적 예측이다. 성장 이데올로기가 아니라 직접 겪고 깨달은 진실을 말하고, 지금과 다른 지속 가능한 세상을 상상하고 함께 이야기하고, 그런 세상으로 나가는 법을 서로에게 배우고, 무엇보다 사랑이 사회에서 작동하게 제도화해야 한다. 그렇게 한다고 될까? 이 의문에 『성장의 한계: 30주년 개정판』 저자들은 말한다. "실제로 해보지 않고 확실하게 아는 방법은 세상에 없다." '우리'가 그렇게 한다고 될까? 그렇다면 누가 할 수 있을지 생각해보자. 권력을 쥔 이들이 그렇게 할까? 유한한 지구에서 평화롭게 사는 데 필요한 겸손한 성찰과 지혜로운 결단을 지금의 정치인과 관료 집단에 기대하는 것이야말로 비현실적이 아닌가. 미래의 희망은 우리 행동에 있다.

2022_01

멈춤의 미학

올여름 대구와 전주에서 10일씩 수녀원 '피정'을 도와주며 지냈다. '피속추정避俗追靜'에서 나온 말인 가톨릭교회의 피정은 일정 기간 세상의 번잡함을 피해 외적, 내적 고요함을 추구하는 기도를 뜻한다. 가톨릭 수도자는 매년 '8일 피정'을 한다. 피정은 침묵하며 일상을 '멈춤'으로써 삶에서 세상의 소음과 먼지를 벗겨내는 때다. 피정하는 사람은 마음을 맑게 눈을 밝게 해 지금까지 지나온 날을 성찰하고 앞으로 다가올 날을 전망한다. 삶의 속도와 방향을 조절하고 다시 세상으로 돌아간다.

고대 이스라엘에서 안식일은 계명으로 부과된 중요한 종교 전통이다. 히브리말로 '안식'의 어원적 의미는 '멈춤'이다. 성서의 안식일은 이렛날에 하던 일을 멈추고 지난 엿새 동안 어떻게 살았는지, 함께 지내는 사람과 집짐승은 어떤지 살피고 돌보는 때다. 일곱 해마다 돌아오는 안식년은 '휴경', 곧 경작을 멈추어 땅도 쉬게 하는 때다. 안식년에 땅에서 나오는 소출은 땅 주인의 것이 아니라 모든 생명체의 것이다. 안식일과 안식년은 '멈춤'으로써 사회적 약자 보호와 생태적 회복을 도모하는 사회적 규약으로 볼 수 있다. 안식일에 일한 사람은 사형에 처한다는 율법은 이스라엘이 사회질서 유지에 멈춤을 얼마나 중시했는지 보여준다.

효율과 경쟁 중심의 현대 사회는 멈춤에 익숙하지도 호의

적이지도 않다. 멈춤은 일종의 퇴보고 기껏해야 정체일 뿐이다. 학교에는 방학이라는 멈춤의 때가 있지만, 이제는 학교도 바깥 사회와 별로 다르지 않다. 대학은 방학과 함께 계절학기가 시작된다. 대학의 안식년은 언제부터인가 연구년으로 이름이 바뀌었다. 멈춤을 없애면서 대학의 속도는 빨라졌고 방향 감각은 무뎌졌다.

대학에서 안식년이 연구년으로 변한 것은 대학의 중대한 변화 또는 변질을 암시한다. 얼마 전 국무회의에서 윤석열 대통령이 반도체의 중요성을 강조하며 교육부는 기업에 필요한 인재 공급을 최우선 과제이자 존재 이유로 하는 경제부처라고 규정했다. 그리고 성장의 발목을 잡지 않도록 교육부의 대대적인 개혁을 주문했다. 도대체 대통령의 교육관이나 교육철학이 어떤지 궁금해지는 대목이다. 대통령의 이런 주문에 교육부는 허겁지겁 수도권 대학 반도체 관련 학과의 정원 확대를 검토한다고 부산을 떨었다. 한 설문조사에서 이렇게 급조한 정원 확대안에 수도권 대학 총장의 86%가 찬성했고 지방 대학 총장의 93%가 반대했다. 모든 대학이 자기 밥그릇이 달린 정원 문제에는 민감하게 반응한다. 그러나 대통령의 무지막지한 교육관과 교육철학 부재에는 관심이 없다. 기업에 복무하는 모습이 낯설지 않게 된 것이 오늘 대학의 현실이다.

　　　대학의 변화는 사회의 반영이다. 세계는 산업화 이후 쉴 새 없이 달려왔고 그 결과 '대가속大加速' 시대가 열렸다. 인구와 에너지 소비를 비롯한 세계의 주요 지표는 20세기 중반을 기점으로 급상승했다. 인류가 배출한 이산화탄소의 80%가량이 1960년 이후 발생했다. 자연 파괴는 결국 인류의 자멸을 뜻하지만, 세계는 멈추지 않는다. 아니, 멈추는 방법을 모른다. 우리나라는 '지속적 성장'이라는 자본주의의 정언 명령에 목을 매고 달려왔지만, 불평등과 사회 갈등이 갈수록 심해지고 그럴수록 빠른 성장만이 구원이라는 변함없는 주문에 목을 맨다. 덕분에 비정규직을 비롯한 불안정 노동의 현실은 대가속이 달궈놓은 한여름 폭염보다 뜨겁다.

돌아보면 지난 6월 전국동시지방선거에서 나온 공약은 집단적 주술에라도 걸린 듯 개발 일색이었다. 신설, 이전, 확장. 무엇이든 더 많이, 더 크게 하겠다고 아우성쳤다. 이렇게 무언가를 계속 '더' 해나가면 도대체 남아날 게 있을까? 하지 않겠다, 줄이겠다, 지키겠다고 다짐할 것은 그렇게도 없을까? 누군가는 한심하게 여길지도 모를 이런 의문마저 들었다. 이런 맥락에서 '관광객 수 반으로 줄이기'로 제2공항, 교통체증, 지하수 등 제주의 현안을 해결하자는 제주 녹색당 선거 공약이 가장 기억에 남는다. 물론 이 제안에 대해 세상 물정을 모른다, 관광업으로 먹고사는 사람은 어떻게 하느냐, 등등 반대 의견도 많았다. 그런데 당장은 이 제안이 비현실적으로 보일진 몰라도 장기적으로는 가장 현실적이다. 문제의 뿌리를 정조준한 제안이고, 문제는 뿌리를 도려내야 해결된다.

　　제주 유입 인구 급증이라는 현재를 상수로 전제하면 시설 확충이 답이다. 이때 미래는 현재의 연장일 뿐이다. 이렇게 하면

변화는 없다. 오늘은 어제 같고, 내일은 오늘 같을 것이다. 유입 인구가 계속 늘어나니 거기에 따라 무엇인가를 계속 늘려야 한다는 생각이다. 이것은 제주만이 아니라 그 어느 곳도 감당할 수 없는 주문이다. 수도권 인구 대책이라고 내놓은 신도시와 수도권광역급행철도(GTX)도 마찬가지다. 당장은 현실적으로 보일지 몰라도 결국은 문제를 푸는 게 아니라 키운다. 미래를 현재의 연장으로만 보면, 지금과 질적으로 다른 새로움은 상상도 희망도 할 수 없다. 미래는 언제나 현재를 전제로 계산되고 주조될 뿐이다.

한번, 원하는 미래를 먼저 상상해보자. 그러면 미래는 현재의 연장이 아니라 새로운 변화를 이끄는 원천으로 바뀐다. 만일 인구의 지속적 증가가 아니라 사회적, 생태적 안녕을 제주의 미래로 그려보면 시설 확충이 아니라 유입 인구 감축이 답이다. 관광객 축소로 생기는 문제는 개인이 아니라 공동의 안녕을 위해 공적으로 대처할 사안이다. 현재의 굴레에서 풀려난 미래는 새로움을 위한 상상과 희망의 여백을 마련하여 현재의 변화를 끌어낼 것이다. 현재에 끌려가는 미래, 현재를 끌고 가는 미래. 우리는 지금까지 어떤 미래를 선택했나? 달리기만 하면 현재밖에 보이지 않는다. 미래는 현재의 연속, 현재의 강화일 뿐이다. 멈춰야 원하는 미래, 새로운 미래가 보인다.

2022 07

우리에게 희망이 있는가?

가을로 접어들며 무더위가 지나가자 지내는 게 한결 수월해졌다. 하지만 가뭄과 호우 때나 반짝하는 기후에 관한 관심도 함께 지나가 버릴까 걱정이다. 올해도 세계 곳곳이 혹독한 기후재난에 시달렸다. 유럽과 중국은 가뭄으로, 파키스탄은 홍수로 극심한 고통을 겪고 있고 우리나라도 기상 관측 사상 최대라는 비가 서울과 중부지방을 덮쳤다. 모두 '유례가 없는' 규모였고, 이 불길한 수식어는 해마다 강도를 높이며 등장할 것 같다.

러시아·우크라이나 전쟁이나 미국과 중국의 첨예한 대립 같은 국제적 분쟁과 갈등이 가뜩이나 지지부진한 기후위기의 국제적 공조를 어렵게 한다. 국내 상황은 더 암울하다. 지난 정부에서는 탄소중립 '선언'이니 탄소중립위원회 '발족'이니 하며 기후 담론이라도 있었지만, 지금 정부에서는 담론 자체가 실종됐다. 핵발전을 확충할 명분이 필요할 때만 기후는 위기가 된다. 기후 문제를 대하는 정부의 모습은 지난달 호우로 일가족 3명이 숨진 서울 관악구의 반지하 주택 바깥에서 우산을 쓰고 쪼그려 앉아 있는 대통령을 닮았다. 모두 강 건너 불구경하는 것만 같다. 여당인 '국민의힘'은 집안싸움에 바빠 기후는 안중에도 없다.

기후 문제는 기술로 극복하면 된다는 생각도 여전하다. 기후위기의 해결사로 등장한 탄소포집·활용·저장(CCUS) 기술은 매력적으로 보이지만, 바로 그 매력에 심각한 문제들이 가려져 있다. 지금은 소규모 수준으로만 가능한 이 기술을 언제 온실가스의 실제적인 감축 효과가 있을 정도로 구현할 수 있는지, 그 구현 시점은 언제인지, 모두 불확실하다. 탄소 포집과 저장 과정에서 배출되는 온실가스의 양은 얼마나 될지, 포집하는 탄소를 어디에 얼마나 묻을 것인지, 저장 장소는 안전한지, 모두 불확실하다. 이렇게 불확실한 기술에 전적으로 매달리기에는 무엇보다 기후위기 대응에 주어진 시간이 부족하다. 기술에 매달리느라 정작 꼭 필요한 체제 전환은 미뤄지고, 사람들은 기술이 알아서 해결할 거로 생각하며 적극적으로 나서지 않게 된다. 설혹 기술로 문제를 해결할 수 있다고 해도 기후재난에서 드러나는 사회적 불평등은 더 늘어날 것이다. 기술의 혜택은 평등하지 않다.

　　자본주의는 온실가스 감축보다 이윤을 늘려주는 성장에 관심이 더 많다. 그리고 성장은 더 많은 온실가스를 배출한다. 성장과 온실가스 감축이라는 두 마리 토끼를 다 잡겠다는 이른바 '탈동조화decoupling'는 낙타가 바늘구멍 빠져나가기다. 무엇보다 시간이 없다. 우리가 사는 체제를 바꾸지 않으면 희망이 없다. 하지만 세계를 장악한 자본주의가 체제의 대안은 없다는 체념을 우리 마음에 내재화했다. 상상력이 고갈된 우리는 현재의 변화를 꿈꾸기는커녕 변화를 두려워한다. 하지만 전 지구적 차원의 기후 문제를 시원하게 풀어줄 기술적 해법은 없다. 지구공학 같은 거대한 기술 요법은 허황하기도 하지만 지극히 자본주의적이다. 기후 문제도 막대한 수익을 안겨줄 유망한 사업 종목으로 여기는 이들에게서 해법을 기대할 순 없다. 서로 연결만 할 수 있다면, 여기저기 곳곳에서 일어나는 풀뿌리 차원의 대응이야말로 체제 변화를 이끄는 정치적 마중물이 될 수 있다. 변화를 지향하는 자발적인 작은 움직임에 희망이 있다. 우리는 어떤가? 체제 변화라는 거대한 과정에서 할 수 있는 게 뭐가 있을까 자조하며 무력한 방관자로서 있지는 않은가? 그래서 거듭 물어야 한다. "우리에게 희망이 있는가?"

"이대로 살 수는 없지 않습니까?" 하청노동의 노골적인 착취와 수탈의 현실을 온몸으로 고발했던 대우조선해양 하청노동자의 철창 속 절규는 가뭄으로 밭과 마음이 타들어 가는 농촌에서도, 공장식 축산으로 무너져가는 아마존 열대우림에서도 터져 나온다. 이들의 절규에 담긴 현실을 외면할 때, 희망은 없다. 미래의 재난에는 '아직은 괜찮으니까', 현재의 재난에는 '나는 괜찮으니까' 하면서 가짜 위안에 빠져 진짜 현실을 외면할 때, 희망은 없다. 이들의 절규가 사그라지지 않게 기억하고 여기에 우리의 목소리를 더할 때, 희망은 있다. 가뭄과 산불, 폭우와 홍수가 닥치면 기후위기라고 호들갑을 떨다 이내 머리를 흔들고 고개를 떨군 채 일상으로 돌아갈 때, 희망은 없다. 온전한 기억으로 재난의 현실과 맞설 때, 희망은 있다.

문제가 심각할수록 근원으로 내려가야 희망이 있다. 기후 문제를 진정으로 해결할 뜻이 있다면, 체제 전환은 터무니없이 비현실적인 꿈이 아니라 가장 현실적인 대책이다. 목적지의 반대 방향으로 가는 버스를 탔다면, 내려서 다시 타야 한다. 가장 상식적이고 현실적인 방법이 아닌가. 그대로 타고 가면 갈수록 목적지에서 멀어질 뿐이다. 체제를 한꺼번에 다 바꿀 순 없더라도 적어도 '나'는 바꿀 수 있다. "1인 혁명"은 가능하다(로버트 프로스트). 반대 방향의 버스를 탔으니 이제라도 내려야겠다는 사람이 많아진다면 체제 전환의 물꼬는 트이고야 만다.

문제가 크고 심각할수록 눈앞의 가능성만 보면 주저앉기 쉽다. 그러면 아무것도 변하지 않는다. 지금처럼 계속해서 갈 수 없다면, 이제는 가능성이 아니라 당위성을 봐야 한다. '할 수 있느냐?'가 아니라 '해야 하느냐?'를 먼저 고민해야 한다. 노예제나 봉건제 시대에 오늘날 민주제의 가능성은 싹도 보이지 않았다. 이렇게 살 수는 없다는 당위성에서 체제 변화의 투쟁에 나설 때 세상은 변했다. 지금은 전혀 보이지 않는 가능성이 당위성에 내재해 있는지 모른다.

세상이 변하지 않는다고 내가 변하지 않을 이유는 없다. 세상이 함부로 굴러간다고 내 삶을 함부로 굴릴 까닭도 없다. 거대한 문제라고 주눅들 것도 없다. 기후가 모두의 문제라면 그건 바로 내 문제이기도 하다. 이대로 살 수는 없다는 마음이 이끄는 대로 한번 움직여보는 건 어떨까. '나 혼자 변한다고 무슨 소용이 있을까?' 이렇게 생각하며 지레 포기하지 말자. 공연장이 떠나갈 듯 만드는 모든 관중의 기립박수는 언제나 한 사람이 일어나면서 시작되지 않는가. '한 사람의 힘'은 결코 작지 않다. 우리가 내딛는 작은 발걸음 하나하나가 거대한 변화의 시작이다. 이렇게 할 때, 우리에게 희망이 있다.

2022_09

COP28에 부치는 프란치스코 교종의 권고

"세상이 무너지며 한계점에 다가서고 있는지도 모르는데 우리의 대응은 적절하지 않았다." 지난 10월 4일 발표된 프란치스코 교종의 '사도적 권고' 「하느님을 찬미하여라」가 나온 배경이다. 2015년에 나온 회칙 「찬미받으소서」의 후속편이라고 할 수 있는 이 권고에서 프란치스코 교종은 "기후위기에 관하여 선한 의지를 지닌 모든 사람에게" 긴급하고 실질적인 대응을 호소한다.

　　해마다 심해지는 폭염, 가뭄, 산불, 홍수로 삶의 조건이 혹독해지는 걸 체감하지만, 우리의 대응은 여전히 느리고 안이하다. 전 세계를 덮고 있는 먹구름이 나만은 비껴가리라는 요행을 믿어서 그럴까? 게다가 기후 문제는 우크라이나와 팔레스타인 같은 국제 분쟁과 긴급 현안에 밀려나기 일쑤다. 진영으로 갈라져 정쟁에 여념이 없는 우리나라에서 기후 문제는 거의 실종 상태다. 하지만 잊는다고, 안 보인다고 문제가 없어지지는 않는다. 더 악화할 뿐이다. 아무리 "이 문제를 부정하거나 숨기거나 얼버무리거나 상대화하려고 해도, 기후변화의 징표는 점점 더 뚜렷해진다."(5항)

기후 문제가 아무리 위중해져도 자본주의는 자본 축적을 통한 자기 증식의 본질에 충실하다. "유감스럽게도 기후위기는 딱히 주요 경제 강국의 관심사"가 아니다. 부자 나라의 관심사는 "최소 비용과 최단기간에 가능한 한 최대 이윤을 거두는 것"이다(13항). 문제는 이윤을 얻기 위한 성장이 온실가스 배출량을 늘린다는 사실이다. 지금이 기후위기 대응에 결정적인 시기라고 하면서도 전 세계 온실가스 배출량이 줄지 않는 까닭도 여기에 있다. 이미 기후위기 대응의 때를 놓쳤다는 체념도 늘어간다. 체념은 현실 안주를 부추긴다.

기후 해법에서 과도한 기술 의존을 경계해온 프란치스코 교종은 "기술 지배 패러다임이 그동안 더 강화됐다"라고 지적한다. 기술 발전은 무조건 진보라는 생각, 기술로 어떤 문제든 해결할 수 있다는 믿음이 더 강해진 것이다. 고도의 기술을 지닌 인간 앞에서 자연은 우리가 "감사하고 존중하고 소중히 여겨야 할 선물"이 아니라 가장 효율적으로 해치워야 할 "먹이"로 변했다(22항). 축산업은 이미 오래전에 가축을 키우는 농장을 고기를 만드는 공장으로 대체했고 강력한 온실가스 메탄의 거대한 배출원이 됐다.

기술에 대한 환상은 자연을 혹사해서 생긴 어떤 문제도 기술로 해결할 수 있다는 근거 없는 낙관을 불러왔다. 기후 문제를 해결하는 수단으로 '탄소 포집·활용·저장' 기술에 더해 급기야 햇빛을 인위적으로 차단·반사한다는 지구공학적 발상도 나왔다. 기술적 접근에 치중하면 자본 축적을 위해 생산과 소비를 늘려야 하는 자본주의 성장 체제와 온실가스 배출의 필연적인 연결 고리가 가려진다. 신기술 개발에 의한 해결책은 당장은 그럴싸해 보이지만 사실은 "언덕 아래로 눈덩이를 굴리는 것 같은 살인적인 실용주의"다(57항).

능력주의는 기후위기를 대하는 사람들의 태도에 큰 영향을 미친다. 능력주의는 흔히 공정의 수호자로 자처하지만, 자본주의 체제의 기울어진 운동장에서 작동하는 공정은 실질적인 공정이 아니라 기계적인 공정이다. "기회의 진정한 평등"이 없을 때 능력주의는 "소수 권력자의 특권을 더 공고히 하는 가림막"으로 전락한다. 기만적인 능력주의는 사회적 무관심의 온상이 된다. "자기 능력과 노력으로 얻은 재력으로 확실히 보호된다고 느끼는" 사람들에게 기후재난은 강 건너 불이다(32항).

기후위기에 "가장 효과적인 해법은 무엇보다 국가적 국제적 차원의 중대한 정치적 결정"에서 나온다(69항). 하지만 그동안 유엔 기후 회의에서 결의한 "협약들은 제대로 실행되지" 않았고 (52항) 온실가스 "배출은 계속 증가"하고 있다(55항). 이제는 무엇을 해도 "주의를 돌리려는 술책"으로 보인다(55항). 한편, 기후

해법에는 개인의 변화도 중요하다. "문화적 변화 없이는 지속적 변화도 없으며, 개인적 변화 없이는 문화적 변화도 없다."(70항) 하지만 우리는 좀처럼 변하려고 하지 않는다. 이런 모든 상황이 희망의 입지를 좁히지만, 희망을 버리면 각자도생만 남는다. 그러나 "모든 것이 연결되어" 있는 세계에서 "누구도 홀로 구원"될 수 없다(19항).

프란치스코 교종은 비관도 낙관도 경계하며 문제를 직시하자고 권고한다. 일각에서 떠도는 "종말론적인 진단들은 분명히 비합리적이거나 근거가 불충분하지만" 그렇다고 "우리가 임계점에 다가가고 있다는 현실적 가능성"을 무시해도 곤란하다(17항). 교종은 과거에 열린 기후 회의에 비판적인 견해를 밝히면서도 올해 화석연료 주요 수출국 아랍에미리트 두바이에서 열리는 제28차 유엔기후변화협약 당사국총회(COP28)가 "방향 전환"의 때가 되길 간절히 희망한다(54항). 그러려면 "구속력 있는 형태의 에너지 전환"이 필요하다(59항). 이제는 국제사회가 "실질적인 변화를 만드는 데 필요한 용기"를 내야 할 때다(56항). 석유로 쌓아 올린 도시 두바이에서 실질적인 변화를 위한 반전이 과연 이루어질까? 이번에는 세계가 프란치스코 교종의 권고, 아니 호소에 귀를 기울일까?

2023_10

* 2023년 11월 30일에서 12월 13일까지 열린 COP28은 최종 합의문 'UAE 컨센서스'를 채택했다. 주요 내용은 다음과 같다. 2030년까지

전 세계 재생에너지 설치 용량은 3배로, 전 세계 연평균 에너지 효율 개선 속도는 2배로 늘린다. 공정하고 질서 정연하고 공평한 방식으로 화석연료에서 벗어나는 전환transitioning away을 가속한다.

COP28은 당사국총회 최초로 최종 합의문에 '화석연료에서 전환'이라는 문구를 명시하는 성과를 거두었지만, 그 한계도 뚜렷했다. '저감 조치 없는' 석탄발전의 단계적 감축 노력을 가속한다(저감 조치를 하면 석탄발전을 유지할 수 있다!)고 하여 온실가스 감축을 회피할 여지를 주었다. 핵발전과 탄소 포집·활용·저장(CCUS) 같은 위험하고 불확실한 기술의 가속도 인정했으며 화석연료인 천연가스를 전환 연료로 인정했다. '손실과 피해 기금'에 합의하고 사무국을 잠정적으로 세계은행에 설치하기로 했지만, 초기 재원은 7억 달러로 미미한 수준에 그쳤다.

3장
안전한 핵발전은 없다

■

'후쿠시마 10년', 무엇을 할 것인가?

후쿠시마 핵발전소 사고가 일어난 지 10년이 지났다. '후쿠시마 10년'은 일단 중대 핵사고가 발생하면 시간이 가길 기다리는 것밖에 다른 대책이 없다는 것을 재확인한 기간이었다. 아무리 피해가 큰 재난 현장도 복구 작업이 진행되면 더디더라도 차츰 예전의 모습을 회복해 나간다. '후쿠시마'는 전혀 다르다. 무엇보다 강력한 방사성물질로 인하여 현장 접근 자체가 불가능하다. 원격조종 등 극히 제한된 접근 방법밖에 없으니 사고 수습을 제대로 할수가 없다. 사고 당시 녹아내린, 880톤 이상으로 추정되는 핵연료잔해debris는 아직도 그대로 남아 있다. 아직 집으로 돌아가지 못한 지역주민도 많다. 사고가 발생한 지 10년이 지나도 사고 현장에 갈 수도 없고 현장을 볼 수도 없는 후쿠시마 핵사고는 실로 기괴한 재난이다.

　　우리는 '후쿠시마 10년'에서 무엇을 배웠는가. 2017년 탈핵을 선언한 문재인 정부의 행보는 처음부터 모호하고 수상했다. 탈핵을 선언하고도 신고리 5·6호기는 공사가 상당히 진척되었다는 이유로 공론화 과정을 거쳐 결국 건설을 재개했다. 탈핵 정부가 해외 핵발전소 건설 사업에 적극적으로 나섰다. '탈 탄소'로 가야 한다고 말하면서 해외 석탄화력발전소 건설 사업에 투자하는 것과 비슷하다. 고준위핵폐기물 관리정책을 수립한다며 재검토위원회를 만들어 공론화를 진행했지만, 공론화 과정은 위원장이 중도에 사퇴하는 등 파행을 겪었다. 공론화는 결국 월성 핵발전소의 임시저장소(맥스터) 증설을 위한 절차적 수단으로 전락했다. 탈핵 정부라면서 소형원자로 연구개발과 핵융합 연구 등 핵 관련 연구사업 지원도 계속해왔다. 그런데도 핵산업계는 탈핵 정부를 집요하게 공격한다. 내줄 것을 다 내주면서도 매는 매대로 얻어맞는 꼴이다.

'후쿠시마'를 겪고도 우리가 배운 것은 거의 없다. '후쿠시마 10년'은 기억과 변화보다 망각과 적응의 시간이었다. 기후위기가 화두로 떠오르자 핵산업계는 핵발전은 탄소를 배출하지 않는다는 논리로 '탈 탈핵'을 주장하며 핵발전을 확대하려고 한다. 전형적인 '재난 자본주의' 행보다. 우라늄 채굴에서 폐로까지 발전 주기 전체를 놓고 보면 핵발전도 다량의 탄소를 배출한다. 탄소배출로 보나 인간이 감당할 수 없는 핵발전 사고와 핵폐기물로 보나 핵발전은 기후위기 시대의 대안 에너지가 될 수 없다.

한국의 핵발전소는 안전해서 후쿠시마급 사고는 일어나지

않는다는 주장은 누구도 장담할 수 없는 안전을 볼모로 한 강변이다. 안전한 핵발전은 형용 모순이다. 불완전한 존재인 인간이 만드는 모든 기계와 설비는 고장과 실수로 인한 사고의 가능성이 상존한다. 이런 면에서 사고는 '정상'이다. 핵발전소와 같이 수많은 부품으로 이루어진 대규모 설비는 고도의 복잡성과 연계성 자체에 사고의 씨앗이 있다. 이런 면에서 대형 설비의 사고는 더욱더 정상이다. '스리마일섬'과 '체르노빌' 핵사고처럼 고도의 복잡성과 연계성은 사소한 고장과 실수가 엄청난 재난으로 이어지는 통로가 된다. 사고 방지를 위해 안전장치를 하면 설비 전체의 복잡성과 연계성이 높아져 사고의 가능성은 더 커진다. 근본적인 사고 방지책은 가동 중단뿐이다. 고준위핵폐기물을 배출한다는 면에서도 핵발전소는 안전하지 않다. 핵폐기물은 최소한 10만 년을 완벽하게 보관해야 하는 극도로 위험한 방사성물질이다. '10만 년'은 인간이 경험해보지 못한 시간이고, '완벽'은 불완전한 인간 실존을 초월하는 범주다. 한마디로 사람이 감당할 수 없는 수준의 요구다. 안전한 핵발전소는 없다.

코로나19를 겪으며 프란치스코 교종은 말했다. "위기를 겪고 나면 지금보다 더 좋아지거나 나빠지기 마련이며 결코 똑같을 수" 없다(『렛 어스 드림: 더 나은 미래로 가는 길』). 코로나 재난 이후 어떤 상황이 펼쳐질지는 우리의 대응에 달렸다. 바이러스 재앙을 불러들였던 '이전의 길'을 계속 고집할 것인가, 이전의 길과 다른

'더 나은 미래로 가는 길'을 택할 것인가. 전망은 그리 밝지 못하다. 야생동물 서식지를 파괴하는 등 생태계 훼손의 주범으로 꼽히는 성장지상주의 경제가 바이러스 감염병 창궐의 근원이지만, 근본적으로 다른 길을 택한 나라는 찾아보기 힘들다.

1986년 체르노빌 핵발전소가 폭발했지만, 우리는 핵발전의 길을 고집했다. 핵발전 찬성론자들은 기술로 사고를 막을 수 있다고 호언장담했다. 그 결과, 25년 후 후쿠시마 핵사고가 발생했다. '후쿠시마 10년', 우리는 어떻게 해왔고 지금 어디에 와 있는가? 한국과 일본은 핵발전과 결별하지 않았다. 무엇이 우리를 변하지 못하게 붙드는가? 우리는 산업화 이후 지금까지 경제성장의 외길을 걸어왔다. 이 길의 유일한 법칙은 자본의 논리다. 자본은 이윤의 최대화에 전념한다. 눈앞에 이익이 있는 한, 자본이 지배하는 시장에 핵발전 문제를 맡기면 탈핵은 불가능하다. 프란치스코 교종의 말을 빌리면, "환경은 시장의 힘으로 적절하게 보호하거나 증진시킬 수 없는 재화"이며, "이윤만을 중요하게 여기는 틀 안에는" 미래세대를 포함한 우리의 온전한 삶에 대한 적절한 배려가 들어설 틈이 없다(「찬미받으소서」). 생명과 안전은 시장 경제가 아니라 공동선 증진을 사명으로 하는 정치의 몫이다. 그래서 정치는 이윤 중심의 경제나 효율 중심의 기술에 종속되지 말아야 한다.

'후쿠시마 10년'은 핵발전소 사고 앞에서 정부와 자본이 얼마나 무력하고 무책임한지 보여주었다. 핵발전과 결별은 안전한 삶을 갈망하는 시민들이 요구하는 수밖에 없다. 코로나 재난이 덮쳤을 때, 우리가 바란 것은 무엇이었나? 그때 우리는 돈과 성장과 풍요가 아니라 생명과 안전과 평화를 원했다. 바로 그것을 지금 다시 요구해야 한다. 그래서 '기억'이 중요하다. '그때'를 기억해야 어려움이 닥쳐도 흔들리지 않고 더 나은 세상으로 나아갈 수 있다. '후쿠시마 10년'을 기억하는 것은 생명 평화 세상으로 향하는 탈핵의 발걸음을 격려하는 일이다.

2021_03

'이름'을 생각한다

이름은 사람이나 사물, 현상 등 '어떤 것'을 가리키는 기호이며 그 '어떤 것'에 의미를 부여한다. 성서에 나오는 '모세'라는 이름은 '내가 그를 물에서 건져 냈다'는 뜻이다. 자신의 이름에 걸맞게 모세는 후일 이스라엘 민족을 이집트 제국의 손아귀에서 '건져 내'는 역할을 한다. '출애굽'을 이끈 모세는 자신의 이름값을 한 사람이다.

이름과 그 이름이 가리키는 것이 다르면 문제가 생긴다. 2021년 일본 정부는 그동안 탱크에 보관해오던 후쿠시마 방사성 오염수를 '다핵종제거설비(ALPS)'로 방사성 핵종을 처리해서 바다에 버리겠다고 발표했다. 일본 정부는 방사성물질을 ALPS로 '처리'했다며 방사성 오염수를 '처리수'라고 부른다. 하지만 여러 개의 필터를 직렬로 연결해놓은 이 설비는 방사성 핵종을 '제거' 하는 것이 아니라 그 농도를 '저감'할 뿐이다. ALPS로 처리해도 스트론튬90과 세슘137 등 배출 기준을 초과하는 물질이 많아서 처리 과정을 반복해야 한다. 삼중수소와 탄소14는 아예 처리할 수도 없다. 방사성 오염수는 ALPS로 처리해도 여전히 '오염수' 다. 게다가 'Advanced Liquid Processing System'의 머리글자인 ALPS에 '제거'라는 뜻은 어디에도 없다. ALPS를 다핵종'제거'설 비로 부르는 것 자체가 이름의 왜곡이다. 이름이 진실을 가린다.

일본 정부만 탓할 것도 아니다. 우리나라도 일본 못지않다. 2021 년 7월 원자력안전위원회는 위험 요소가 해소되지 않은 '신한울 1호기' 운영을 조건부 승인했다. 가동이 지체되면 막대한 경제적 손실이 발생한다는 이유였다. 안전보다 이윤을 중시하는 원자력 안전위원회는 원자력'경제'위원회나 원자력'진흥'위원회라는 이 름이 더 어울린다. 안전한 사회를 만든다며 탈핵을 선언한 정부가 '소형모듈원자로(SMR)'를 들고나왔다. 기후위기와 탄소중립을 빌미로 핵산업계와 학계도 SMR 띄우기에 여념이 없다. 이름만 으로는 정체를 알 수 없는 '문무대왕과학연구소'의 주요 연구 과 제도 SMR이다. 그러나 SMR은 크기만 작을 뿐 핵발전소가 분명 하다. SMR은 위험하고, 거기서 나오는 고준위핵폐기물도 우리가 감당할 수 없는 위험 물질이다. 이름이 진실을 왜곡한다.

     핵발전소 안의 임시저장소 포화 문제로 '사용후핵연료' 처분장 문제가 현안으로 떠올랐다. 그런데 '사용후핵연료'는 문제의 실체를 제대로 보여주지 않는 이름이다. 우리는 쓰고 난 연탄을 '연탄재'라고 하지 '사용후연탄'이라고 하지 않는다. 연탄재는 쓰고 난 폐기물, 치워야 할 쓰레기다. 그러나 사용후'핵연료'는 치명적으로 위험한 '쓰레기'가 아니라 여전히 사용가치가 있는 '연료'라는 인상을 준다. 핵연료 재처리와 연결되면 그 인상은 사실로 둔갑한다. 이런 면에서는 '고준위핵폐기물'이 더 적절한 이름이다. 하지만 이 이름도 핵폐기물에 내재한 치명적 위험을 제대로 알려주지 못한다. 차라리 '죽음의 재', '끌 수 없는 불'이 실체의 정곡을 찌르는 이름이다. 핵발전으로 배출되는 물질에 정확한 이름을 부여할 때, 그 실체를 제대로 볼 수 있다. 우리가 선택할 우선순위와 가치가 경제성이 아니라 안전과 지속가능성임을 깨닫게 된다. 이름이 위험을 숨긴다.

기후위기 시대, '2050 탄소중립'은 거부할 수 없는 시대의 과제가 되었다. 정부는 탄소중립을 선언하고 탄소중립위원회를 만든다고 부산하지만, 진정성과 절박함을 느끼기가 쉽지 않다. '2050년'을 말할 때는 결연한 표정이지만 '지금'은 한가해 보인다. 아직 20년도 더 남았다는 듯 여유롭다. '2030 국가 온실가스 감축 목표(NDC)'를 올리겠다면서도 지금의 소비와 온실가스 배출량은 아무런 관계도 없다는 듯 소비 진작에 여념이 없다. 정부가 탄소중립을 기술 위주로 밀어붙이자 기후위기에 책임이 큰 대기업들이 물고기가 물을 만난 듯 해결사를 자처하며 나선다. 정부는 기업의 연구개발 지원을 대폭 확대하겠다고 화답한다. 자기들 책임이 큰 기후 문제를 놓고 사업을 사이좋게 주고받는다. 안에서는 저탄소 경제를 들먹여도 밖에서는 틈만 나면 석탄발전소 같은 고탄소 사업을 기웃거린다. 탄소중립을 또 다른 경제 도약의 계기로 삼자는 궤변만 무성하지 지금의 위기를 초래한 우리의 삶과 경제에 관한 겸허한 반성은 찾아볼 수 없다. '2050 탄소중립'은 자본과 기술의 문제로 변했다. 이름이 돈으로 오염된다.

정부는 이전에 발의된 기후위기 법안을 종합해 '기후위기 대응을 위한 탄소중립·녹색성장 기본법'을 내놓았다. 탄소 배출량 증가를 필연적으로 수반하는 물질적 성장은 탄소 배출량 감축을 뜻하는 '녹색'일 수 없다. 자본과 정치에 소비되며 '녹색'과 '그린'이 본연의 의미를 잃은 지 오래다. 녹색성장으로는 탄소중립은커녕 적기에 필요한 탄소 감축도 할 수 없다. 이 기본법은 탄소중립은 '한번' 추진해보겠지만 성장은 '꼭' 하고야 말겠다는 의지를 드러낸다. 30년 후 탄소중립보다는 지금 성장이 급하다는 의중이 보인다. 기후위기는 성장하지 못해서가 아니라 성장해서 일어났다는 진실을 지우려 한다. 이름이 일을 그르친다.

'재생가능 에너지' 사업이 활발해지면서 태양광 발전과 풍력 발전이 산으로 논으로 바다로 달려간다. 지난 2월, 정부는 전남 신안 앞바다에 정부와 민간 공동 참여로 총 48조 5,000억 원을 투입하여 설비용량 8.2GW 규모의 세계 최대 해상풍력단지를 건설한다고 발표했다. 신안 앞바다에 설치해 재생가능 에너지를 대량으로 생산할 수많은 해상풍력발전기는 주변의 해양생태계를 재생 불가능하게 훼손할 것이다. 거기서 생산한 전기를 대도시로 보내기 위한 송전탑은 아름다운 자연과 소중한 삶을 재생 불가능하게 망가뜨릴 것이다. 그렇게 생산하는 재생가능 에너지는 다른 소중한 것들을 재생 불가능하게 만들 것이다. 자본에 포섭된 재생가능 에너지는 자본의 논리로 움직인다.

재생가능 에너지는 무엇보다 '지산지소地産地消', 곧 지역에서 생산하고 지역에서 소비하는 지역 에너지라야 한다. '해'는 모든 곳을 비추고 '바람'은 모든 곳에서 분다. 서울에도 해가 뜨고 바람이 분다. 진짜 재생 가능한 에너지는 에너지만 '다시 살리는 것'이 아니라 자연과 사람도 함께 살린다. 지역의 자연과 사람을 존중하는 에너지가 진정한 재생가능 에너지다. 핵발전이 재생가능 에너지의 대안이 될 수 없는 까닭도 여기에 있다. 권력이 이름에 횡포를 부린다.

이제는 일상어가 된 '기후변화'는 '문제'의 실상을 제대로 전달하지 않는다. '변화'의 의미는 중립적이다. 변화는 좋을 수도 있고 나쁠 수도 있다. 미국의 저술가이자 비평가 리베카 솔닛Rebecca Solnit은 기후변화를 "지구적 규모의 폭력"의 맥락에서 볼 때 우리가 논의해야 할 "우선순위와 가치"가 분명해진다고 지적한다(『이것은 이름들의 전쟁이다』). 그때, 누가 가해자이고 누가 피해자인지 따지고 가해자에게 합당한 책임을 물을 수 있다. 그때, 기후변화를 막으려는 노력은 인간을 비롯한 모든 생명체, 특히 약자에 대한 폭력을 막는 정의와 평화와 연대의 활동이 된다.

　　　이름으로 세상이 뒤죽박죽 혼란스럽다. 이름은 가리키는 것의 실체를 드러낼 수도 있고 감출 수도 있다. 그래서 공자는 정치의 최우선 과제로 정명正名, '이름을 바로 잡는 일'을 꼽았다. 정명正名이 아니면 실명失名한다. '이름名'에 '내용實'이 부합하지 않으면 부합하게 만들고 내용에 부합한 이름을 지어서 '명실상부名實相符'하게 할 때 우리가 무엇을 해야 하는지, 어디로 가야 하는지 분명해진다. 올바른 이름이 문제 해결의 첫걸음이다.

2021. 07

■

'탈핵·탈석탄·탈송전탑', 불평등과 차별을 넘어

정권이 바뀌자, 핵발전 정책이 '탈핵'에서 '핵발전 확대'로 180도 변했다. 정부 차원의 탈핵 선언이 나온 지 5년 만이다. 전력의 안정적, 경제적 수급과 기후위기 대응이 핵발전 확대의 주된 명분이다. 그러나 정권과 정책이 변한다고 진실마저 변하지는 않는다.

핵발전은 정권에 상관없이 언제나 위험하다. '체르노빌'과 '후쿠시마'가 지금도 보여주는 비극적 진실이다.

윤석열 대통령은 당선 직후부터 '통합'을 강조했지만, 취임사에는 이 말이 나오지 않는다. 윤 대통령은 국민 '통합'이 대통령으로서 너무도 당연한 말이라 취임사에서 뺐다고 밝혔다. 그렇다면 안전 문제를 떠나서 핵발전은 대통령이 손대지 말아야 했다. 핵발전은 무엇보다 사회적으로 불평등과 차별을 낳는 갈등과 분열의 에너지원이기 때문이다. 핵발전소 건설 부지가 고시되기만 하면 그 지역은 갈등에 휩싸여 분열한다. 전기는 원해도 핵발전소를 원하는 지역은 없다. 지구에서 가장 위험한 물질인 고준위핵폐기물의 '영구처분장'을 원하는 지역도 없다. 정부는 30년 넘게 영구처분장 후보지를 물색해왔지만, 결국 모두 실패했다. '화장실 없는 집'인 핵발전소를 건설할 때부터 예견된 일이다.

그동안 아무 대책도 없으면서 아무 문제도 없다는 듯 핵발전을 해오다 임시저장소가 거의 포화 상태가 되니 그제야 발전소 안에 저장 시설을 만들자고 한다. 이것은 발전소 안에 영구처분장을 짓자는 말과 같다. 핵발전소 탓에 수십 년간 각종 피해를 감수해온 지역주민에게 이제는 그 쓰레기까지 '영구히' 떠넘기려는 처사는 불평등과 차별 말고는 설명할 길이 없다. 수십 년씩 탄가루 속에서 살아온 석탄화력발전소 지역주민도, 평화로운 마을이 난데없이 쑥대밭이 돼버린 송전탑 지역주민도 마찬가지다.

정녕 핵발전을 늘리겠다면, 우리나라 핵발전소는 너무나

안전해서 사고가 나지 않는다면, 이제부터는 수익자부담원칙과 오염자부담원칙에 따라 전기를 쓸 곳에 발전소와 영구처분장을 지어야 한다. 그렇게 하는 것이 윤리적이고 합리적이다. 공정하고 상식적이다. 이제는 일반 쓰레기도 배출한 지역에서 처리하는 것이 원칙이니 위험 물질인 핵 쓰레기는 더 말할 나위도 없다. 핵발전소를 서울에 짓는다면, 냉각수는 한강 물로 충분하고 멀리 떨어진 곳에서 전기를 보내느라 아름다운 산천을 찢어놓는 송전탑도 필요 없게 된다. 하지만 실현할 수 없는 제안이다. 우리는 다 알고 있다. 핵발전소와 영구처분장은 고도의 위험 시설이며 중대사고는 언제나 일어날 수 있다는 것을. 그럴 때 우리는 속수무책이라는 것을.

우리는 자기가 사는 곳은 안 된다면서도 다른 곳, 특히 핵발전소가 이미 들어선 이른바 '이왕 버린 곳'에 핵발전의 부담을 떠넘기는 건 쉽게 생각한다. 최근에 부쩍 많이 언급되는 소형모듈원전(SMR)은 석탄화력발전소가 많은 충남 지역에 짓는 게 적합하다는 말이 대수롭지 않게 나온다. 같은 나라지만, 힘없는 지역에 일방적 희생을 폭력적으로 강요하는 제국주의적 태도가 횡횡한다. 여기에 공정과 상식이니, 통합이 들어 설 자리는 없다.

지금 정부의 주장과 달리 핵발전은 기후위기 대응책이 될 수 없다. 무엇보다 핵발전소 건설과 폐로 과정 자체에서 막대한 양의 온실가스가 배출된다. 기후위기 대응에는 길게 잡아도 '앞으로 10년'이 중요한데, 핵발전소 건설은 부지 선정에서 가동까지 10년 이상 걸린다. 신한울 3·4호기도 절차를 제대로 지켜 짓는다면 2030년 가동도 힘들다. 핵발전소 수명 연장도 주민 의견 수렴 등의 절차를 제대로 지킨다면 결코 쉬운 일이 아니다. 절차를 간소화해 기간을 단축하면 안전 문제가 불거진다. 한편, 우리나라 에너지 소비 현황을 보면 전력은 전체 에너지 소비의 20%가량이다. 모든 전력을 핵발전으로 생산해도 온실가스 문제는 해결되지 않는다는 뜻이다. 핵발전 확대는 결국 핵산업계, 그들만의 잔치다.

탈핵을 말하면 바로 대안이 있느냐는 힐난성 질문이 돌아오곤 한다. 그러나 반드시 대안이 있어야 반대할 수 있는 건 아니다. 핵발전과 같이 반생명적, 반사회적, 반생태적 기술은 '그냥' 거부하는 것이 맞다. 대안은 그다음에 생각할 문제다. 대안을 논의할 때 무엇이 문제인지 근본부터 다시 살피는 것도 중요하다. 우리는 기후 문제에서 에너지는 당연히 '더 많이' 필요하다고 전제하고 온실가스 감축을 해결해야 할 문제로 꼽는다. 그런데 갈수록 더 많은 에너지를 요구하는 지금의 낭비 체제와 이 체제를 당연시하는 우리의 집단의식은 문제가 없을까? 진짜 문제는 충분함의 감각을 잃어버린 성장중독, 성장이라면 불평등과 차별도 서슴지 않는 폭력적 의식이다. 온실가스 감축의 답은 핵발전 같은 기술이 아니라 먼저 체제와 의식의 전환에서 찾아야 한다.

무조건 모두가 줄여야 한다는 뜻이 아니다. 지금도 기본적 삶의 필요를 위해 물질과 에너지가 더 필요한 지역과 사람이 있다. 한편 우리나라 에너지 소비는 지역에 따라 큰 차이를 보인다.

수도권과 전국의 특별시와 광역시가 전체 에너지의 절반 정도를 소비한다. 그래서 기후위기의 책임은 차등적이다. 정부는 책임이 큰 곳이 에너지를 덜 쓰고 에너지 자립도를 높이는 방향으로 정책을 수립해야 한다.

물론 기득권의 편익에 익숙한 '중앙'이 받아들이기 쉽지 않은 일이다. 그래서 변화는 일상에서 불평등과 차별에 시달리는 '변방'에서 온다. 월성 핵발전소 인접 주민들은 9년째 매주 월요일 아침이면 이미 죽은 것이나 다름없는 자신들의 삶을 담은 '상여'를 끈다. 아름다운 해변이 있는 삼척은 지난 수십 년간 핵발전소 계획을 세 번이나 물리쳤지만, 이제는 석탄화력발전소 건설로 신음한다. 지난 11일 이 고난의 지역 삼척에서 한 가톨릭 수도자가 '탈핵·탈석탄·탈송전탑'을 염원하며 소비의 심장 서울로 순례를 시작했다. 이제 우리도 다른 삶을 짓밟고 얻는 풍요의 유혹이 아니라 생명과 평화의 발걸음 소리에 귀 기울이자. 우리도 함께 그 발걸음이 되자.

2022_05

후쿠시마 오염수 바다 투기, 야만과 무지의 시대

레이첼 카슨Rachel Carson은 살충제의 위험을 고발한 『침묵의 봄』으로 널리 알려졌지만, 실은 평생 바다를 연구하고 사랑한 해양생물학자이자 생태사상가였다. 카슨은 수려한 문체로 바다에 관한 자신의 해박한 지식을 '바다 3부작'인 『바닷바람을 맞으며』, 『우리를 둘러싼 바다』, 『바다의 가장자리』에 담아냈다. 1963년 한 심포지엄의 개막 연설에서 카슨은 바다가 온갖 유독 폐기물을 던져버리는 "쓰레기장으로 전락"한 현실을 개탄하며 "방사성폐기물을 바다에 투척하는 행위"를 가장 심각한 환경 오염 문제로 꼽았다(『잃어버린 숲』). 이후 1972년 '해양오염 방지에 관한 협약(런던협약)'과 이 협약에 관한 '1996년 의정서'가 체결되면서 방사성물질의 해양투기가 전면 금지되었다. 그러나 올봄이나 여름, 우리는 핵발전소 오염수의 바다 투기를 다시 보게 될지도 모른다. 카슨의 우려가 재현되려는가.

2021년 4월 일본 정부는 후쿠시마 핵발전소 사고 이후 보관해오던 방사성 오염수를 바다에 버리는 계획을 수립했다. 오염수 방출 계획이 알려진 후, 일본 안팎에서 비판과 반대가 많았다. 그러나 일본 정부는 방사성 오염수를 '다핵종제거설비(ALPS)'로 거르면 62개 핵종을 기준치 이하로 처리할 수 있고 이 장치가 걸러내지 못하는 삼중수소는 기준치의 40분의 1로 희석해서 방류하므로 안전하다고 주장한다. 그러나 일본의 주장은 편향적이고 일방적이다. 투명하지도 않고 검증되지도 않았다. 일본 도쿄전력은 최근 오염수 측정·평가 핵종을 30개로 축소했고 일본 원자력규제위원회는 이를 인가했다. 카슨이라면 이런 일본의 태도를 "눈에 띄지 않길 빌면서 슬그머니 깔개 밑으로 먼지를 쓸어 넣는" 행위라고 비판했을 것이다(『잃어버린 숲』). 지난 2월 초, 한국해양과학기술원과 한국원자력연구원은 바다에 버린 후쿠시마 오염수는 4∼5년 후 한국 근해로 들어오는데 삼중수소량은 크게 변하지 않는다는 모의실험 결과를 내놓았다. 그러나 이 실험은 일본 정부 주장을 전제했다는 심각한 문제점이 있다. 카슨이라면 오염수의 바다 투기에 생태학적 고려가 빠진 것을 근본적이고 치명적인 결함으로 지적했을 것이다. 바다는 살아 있다.

카슨은 바다가 "광막하고 끝없어" 보이지만 "고요한 장소"가 아니라 우리가 생각하는 것보다 "활동이 훨씬 더 활발"한 곳이라고 말한다. 다양한 층위와 방향에서 "바닷물은 엄청난 규모로 뒤섞이며" 바다에 투기한 오염 물질은 우리 예측보다 훨씬 빠르고 넓게 퍼질 수 있다. 최첨단 기법을 동원해도 확산 결과를 예측하기는 어렵다. 바다에 사는 생물은 "수직으로든 수평으로든 방사능 오염 물질을" 광범위하게 퍼뜨린다. 플랑크톤은 밤과 낮을 주기로 바다 표층과 바닥을 오르내리고 각종 '물살이'나 고래는 방사능 오염 물질을 멀리 실어나른다. 바다 유기체에 흡수된 오염 물질은 체내에서 생물학적 반응을 일으키는 경우가 많다. 이때 유기체는 "생물학적 증폭기"로 작용하여 오염 물질의 농도가 상상할 수 없을 만큼 증가할 수 있다. 오염 물질의 위험성 평가에서 "생물학적 물질 순환"은 매우 중요한 요소지만, 이를 고려할 방법도 마땅치 않다. 오염 물질이 유기체에 들어가면 먹이사슬을 통하여 결국 사슬의 최상위인 인간에 이른다. 카슨이 비판했듯이 "오염 물질의 희석"은 모든 문제를 해결하는 마술적 주문이 될 수 없다(『잃어버린 숲』). 삼중수소를 희석한다고 안전이 보장되지 않는다.

방사성 오염수를 바다에 버린다고 없어지지 않는다. 오염수는 보이는 곳에서 보이지 않는 곳으로 이동할 뿐이다. 모든 것이 연결된 세상에서 버려서 없앨 수 있는 쓰레기는 없다. 바다로 들어간 오염수는 수많은 경로를 거쳐 누군가에게 다시 돌아온다. 생태학적 순환의 문제는 우리에게 겸손을 요구한다. 생태계의 복잡다단한 관계망 속에서 우리는 바다에 버린 오염수가 언제 어떻게 영향을 미칠지 제대로 알 수 없다. 위험은 예상보다 훨씬 커질 수 있고 시기는 예상보다 훨씬 당겨질 수 있다.
　　방사성 오염수의 '장기 저장'과 '고체화'는 오염수 바다 투기의 대안으로 거론되는 방안이다. 장기 저장할 경우, 삼중수소의 반감기 12년을 고려하면 적어도 100년 정도는 저장해야 한다. 고체화할 경우, 오염수의 부피가 많이 늘어난다. 바다 투기와 비교하면 두 가지 대안 모두 엄청난 비용이 추가된다. 일본 정부가 국내외 비판과 우려를 무릅쓰고 바다 투기를 밀어붙이는 까닭을 짐작할 수 있다. 여기서 핵발전은 인간이 감당할 수 없는 기술이라는 사실이 다시 한번 드러난다. 오직 '시간'만이 핵발전에서 나오는 방사성물질의 위험을 해소한다. 우리는 방사성 핵종의 반감기가 요구하는 시간을 감내하든지 재난을 감수해야 한다.

핵기술은 우리의 자율성을 앗아가고 타율성을 부과한다. 우리가 기술을 사용하는 것 같지만, 실은 기술이 우리를 지배한다. 오스트리아 출신의 사상가이자 언론인 앙드레 고르André Gorz는 기술을 자율성을 증대하는 '열린 기술'과 타율성을 강제하는 '닫힌 기술'로 구분한다. 핵발전을 비롯한 거대기술은 '닫힌 기술'의 전형이다. 핵발전을 포기하지 않는 한 우리는 핵기술의 지배를 벗어날 수 없다. 오염수 바다 투기를 진정으로 반대하려면 우리도 먼저 핵발전을 포기해야 한다. 핵발전을 늘리겠다는 지금 정부가 일본의 오염수 투기를 사실상 방관하는 것은 이상한 일이 아니다. 우리가 정말 두려워할 것은 바다를 광활한 쓰레기장 정도로 여기는 사람들의 마음이다. 모든 생명의 원천인 바다를 대수롭지 않게 여길 때 거기에 몸 붙여 사는 사람인들 무사할 수 있을까. 이토록 놀라운 과학기술의 발달로 도래한 시대가 야만과 무지의 시대라는 것이 당혹스럽고 부끄럽다.

2023_03

핵발전, 김종철은 이렇게 말했다

지난 6월 25일은 『녹색평론』을 창간한 김종철 선생의 3번째 기일이었다. 마침 방사성 오염수 투기 논란이 한창일 때라 후쿠시마 핵발전소 사고 후에 선생이 쓴 글을 다시 찾아보았다. "정부와 핵산업 관련자들은 언제나 방사능 피해를 축소하고 은폐한다. (…) 방사성물질이 대기와 바닷물에서 희석되면 아무 걱정할 것 없다는 설명은 과학적이라기보다 다분히 정치적"이다(『근대문명에서 생태문명으로: 에콜로지와 민주주의에 관한 에세이』). 오염수 논쟁에 빠짐없이 등장하는 '과학적'이란 말이 오히려 '정치적'으로 들리는 것은 무엇보다 "언제나 방사능 피해를 축소하고 은폐"하려는 일본과 한국 정부에 대한 불신 탓이다. 자연의 질서와 현상은 '객관적'이지만 그것을 탐구하는 과학은 객관적일 수 없는 사람과 기관이 수행한다. 과학적 검증에 신뢰가 중요한 까닭이 여기에 있다.

　　문제의 당사자인 일본 정부나 세계 핵발전진흥본부 격인 국제원자력기구(IAEA)는 애초에 객관적인 과학적 검증을 할 자격이 없다. 윤석열 정부는 그동안 오염수 문제를 방관해 오더니 갑자기 일본에 허수아비 시찰단을 보냈다. 그리고 이제는 국내에서 제기되는 오염수에 대한 의문과 비판을 괴담과 선동으로 몰아가며 정작 국민의 의혹과 불신을 키운 것이 자기들이라는 사실은 외면한다. 오염수 바다 투기에 비판적인 과학자와 이해 당사자가 참여하지 않는 '그들만의 검증'은 결코 신뢰를 얻을 수 없다. 의혹과 불안만 커질 뿐이다.

후쿠시마 핵발전소 사고 초기에 "대기와 해양으로 방출된 방사성물질도 엄청난 것이지만, 앞으로도 기약 없이 이 상황이 계속될 것을 생각하면 전율을 느끼지 않을 수 없다. 본의는 아니겠지만, 지금 일본은 세계를 향하여 테러를 자행하고" 있다(『근대문명에서 생태문명으로』). 사고 초기에 이미 엄청난 양의 방사성물질이 바다로 들어갔다. 그렇다면 이제라도 더 이상의 오염을 막는 데 최선을 다하는 것이 '정상 국가'가 할 일이다. 사람과 뭇 생명의 안전이 달린 바다는 오염수를 방출해도 괜찮은지 과학적 검증을 한다며 논란을 벌일 대상이 아니다. 우리는 무엇이 바다의 안전을 가장 잘 지키는 방법인지, 무엇이 가장 안전한 오염수 처리 방법인지 물어야 한다. 안전한 방법이 있는데도 비용이 저렴하다는 이유로 오염수 바다 투기를 강행하는 것은 세계를 향한 또 한 번의, 이번에는 의도적인 테러다.

"독일이 (…) 부러운 것은 원전 문제를 단지 안전성 문제만 아니라 윤리적 문제로 보는 자세입니다."(『근대문명에서 생태문명으로』) 설혹 '과학적'으로 안전하다고 해도, 방사성 오염수 바다 투기에는 우리가 놓쳐서는 안 될 '윤리적'인 문제가 있다. 과학적으로 안전하다고 개인 쓰레기를 공유지에 버리는 행위가 정당하지 않듯이, 일본의 방사성 오염수를 모든 나라의 바다에 버리는 것은 정당화될 수 없다. 더욱이 한국과 일본 어민은 오염수 투기로 자신들의 생업인 어업이 끝장날 수도 있다고 두려워한다. 과학적 검증 결과만 괜찮다면 수많은 사람의 삶의 터전을 함부로 해도 된다는 발상은 과학의 이름으로 자행하는 국가 폭력이다.

이번에 다시 읽어본 김종철 선생의 글은 10년도 더 지났지만, 오늘도 전혀 시의성이 떨어지지 않는다. 문제의 근본에 천착한 덕분일 것이다. 선생은 근대문명 자체가 "희생의 시스템"이라며 "약자를 희생시키는 구조적인 악행"을 자행하는 사회구조와 생활양식의 근본적 변화를 촉구한다. 핵발전은 "생명과 평화와 민주주의 원리를 원천적으로 부정하는, 가장 광포한 폭력의 기술"이며 "단기적 이윤 추구 외에 아무것도 돌아보지 않는 자본의 논리와 자기 팽창 욕망에 사로잡힌 국가의 논리, 그리고 근대적 과학기술의 결합에 의해 태어난 끔찍한 요괴"다. 그래서 탈핵운동은 단순한 에너지 전환을 넘어 "자본주의의 논리에 갇혀 있는 생활방식을 근본적으로 바꾸는 전환점"이 되어야 한다(『근대문명에서 생태문명으로』). 기후 운동도 이제는 단순한 온실가스 배출 감축을 넘어 체제 변화를 지향한다. 요컨대 탈핵 운동은 기후 운동과 함께 세계를 파국으로 몰아가는 자본의 폭주를 막는 대안의 길을 열어야 한다.

　　　지금 정부가 효율과 이윤만을 중시하며 환경도 복지도 교육도 모두 시장과 산업으로 몰아세우면서, 우리가 그동안 힘들게 이루었던 소중한 것들이 빠르게 퇴행하고 있다. 이 참담하고 당혹스러운 현실을 보며 『녹색평론』 창간사에서 김종철 선생이 던졌던 물음을 다시 생각한다. "우리에게 희망이 있는가?" 희망은 누가 주는 것이 아니라 스스로 일구는 것이다. 희망은 인간 내면에 깊이 새겨진 새로움을 향한 역동이기에 우리가 찾아 나서면 희망은 생겨나는 법이다. 희망을 찾아 나서는 데는 용기가 필요하고 그 용기는 우리가 함께할 때 생긴다. 그동안 『녹색평론』이 해왔던 역할도 바로 이것이 아니었을까.

쓰레기가 넘쳐나는 세상에 이제는 방사성 오염수까지 쏟아질 판이다. 그래도 해야 할 일에 최선을 다하는 게 삶의 도리다. 그렇게 한다고 세상이 변할까, 주저할 것도 없다. 해야 할 것이라면 가능성을 묻지 말고 그냥 하는 것이 맞다. 그렇게 할 때, 반드시 함께하는 사람이 생겨난다. 행동이 연대를 낳는다. 함께 희망을 찾으면 잔잔하지만 힘찬 변화의 물결이 일어난다. 선생이 『녹색평론』으로 보여주고 떠난 것도 바로 이런 세상의 이치가 아니었을까.

김종철 선생의 영원한 안식과 최근 계간지로 돌아온 『녹색평론』의 건승을 빈다.

2023_06

후쿠시마 오염수 해양투기, 과학은 폭력이 되고

2023년 8월 24일 오후 1시, 일본 정부가 자국 어민과 주변국의 비판과 우려를 무시하고 후쿠시마 방사성 오염수를 바다에 버리기 시작했다. 일본 정부는 오염수를 30년가량 방출할 것이라고 했다. 하지만 지금도 지하수와 냉각수가 녹아내린 핵연료 잔해debris 와 접촉해서 오염수가 계속 생겨나는 탓에 실제로 언제 방류가 끝날지는 아무도 모른다. 일본, 미국, 한국 정부 모두 오염수 해양방출이 국제 기준에 부합하고 과학적으로 안전하다는 국제원자력기구(IAEA)의 검증 결과를 방출을 정당화하는 근거로 삼고 있다. 우리 국민 80%가량이 오염수 방출에 비판적이지만, 지금 정부와 국민의힘은 이 비판적 견해를 괴담으로 치부한다. 윤석열 대통령은 해양방출에 부정적인 압도적 다수의 국민을 "1 더하기 1을 100이라고 하는 사람들"이라며 이들과는 싸울 수밖에 없다고 공격한다. 다수의 국민 의견을 대수롭지 않게 무시하는 오만방자한 태도는 제쳐두더라도, 의문은 남는다. 대통령과 정부 여당이 금과옥조로 여기는 IAEA의 검증은 과연 '과학적'인가? 그리고 과학적이면 모든 논란이 종식되는가?

얼마 전 한 한국 연구진이 '꿈의 물질'이라고 불리는 '상온 상압 초전도체(LK-99)'를 개발했다고 주장했다. 이들이 관련 논문 2편을 사전출판논문 누리집 '아카이브$_{arXiv}$'에 올리자 전 세계에서 관심이 폭발했고, 곧바로 다른 연구자들이 검증에 들어갔다. 논문에 제시된 방식으로 합성한 물질이 동일한 초전도성을 보이는지 확인했는데 검증 결과는 부정적이었다. 세계적인 과학저널 『사이언스$_{Science}$』는 LK-99의 "짧고 화려했던 삶이 끝났다"라고 전했다.

　　LK-99 검증에서 보듯이, 과학적 검증의 핵심은 누구나 동일한 방식으로 동일한 결과를 얻을 수 있는지 확인하는 '보편적 재현성'이다. 따라서 제삼자 검증은 과학적 검증의 기본이며 검증에 필요한 모든 자료는 공개되어야 한다. 이렇게 본다면, 지난 7월 초에 나온 후쿠시마 방사성 오염수 해양투기에 관한 IAEA의 종합 보고서는 과학적 검증의 '종결'이 아니라 '시작'이다. 아직은 오염수 방출이 "국제 안전기준에 부합"한다는 IAEA의 결론 외에 다른 검증 결과가 없기 때문이다(보고서 v쪽). 지금은 교차 검증을 받지 않은 IAEA의 일방적 주장만 있는 상태다. IAEA 검증팀에 여러 나라의 전문가가 참여했다지만 자문역으로 참여한 외부 전문가들이 제3자 검증을 대체할 수 없다. 일본 정부가 과학적 검증을 근거로 오염수를 방출하려면, 방출 설비와 오염수 시료 등 검증에 필요한 모든 것을 공개하고 독립적인 외부 기관이 검증할 수 있게 적극적으로 나서야 한다. '나 홀로' 검증을 과학적이라고 주장할 때, 과학은 폭력이 된다.

　　지금 정부는 IAEA의 검증 결과를 존중하고 따르겠다고 했다. IAEA가 권위 있는 국제기관이니 그 결론을 믿겠다는 논리다.

하지만 이 논리는 전혀 과학적이지 않다. 지식에 관한 한 과학은 모든 권위에 도전한다. 과학은 권위가 아니라 사실에 기초해 지식을 생산하고 정화하는 과정이자 노력이다. 기존의 업적으로 쌓은 권위는 존중해야 하지만, 권위가 검증을 대체하지 못한다. 권위는 검증을 거부할 때 실추하고, 검증을 수용할 때 높아진다. 검증되지 않은 '권위 있는 기관'의 주장을 과학적이라며 믿음을 강요할 때, 과학은 폭력이 된다.

IAEA의 권위 자체도 문제다. IAEA가 핵에너지 사용을 "촉진하고 확산하는"(헌장 제2조) 진흥기관이라는 사실은 방사성 오염수 처리에 관한 이 기관의 권위에 의구심을 품게 한다. 이미 2015년 IAEA는 오염수 해양투기에 긍정적인 견해를 밝혔다. 이런 정황을 고려할 때 IAEA 검증의 객관성은 존중의 대상이 아니라 검증의 대상이다. 종합보고서의 검증 방식과 내용도 IAEA의 권위를 떨어뜨린다. IAEA는 주로 도쿄전력과 일본 정부가 제공한 문서의 분석을 통해 검증했다고 밝혔다(7쪽). 일종의 간접 검증인데, 이것을 'IAEA' 검증이라고 하기는 민망하다. 도쿄전력은 후쿠시마 핵발전소의 노심용융을 5년이나 숨겼고 2019년과 2021년에 다핵종저감장치(ALPS)의 흡착 필터 파손을 숨겼던 전과가 있다. 도쿄전력의 자료는 검증의 전제가 아니라 대상이다.

    IAEA는 일본 정부가 검증을 의뢰하기 전에 오염수 방출을 결정했다는 이유로 기본적인 안전 원칙인 '정당화(방출의 득이 실보다 커야 한다)'에 관해 평가하지 않았다(18~19쪽). 지난해 3월 과 10월, 오염수 시료를 3개의 탱크에서 채취했으나 이번 보고서 에는 1차 시료 분석 결과만 나와 있다. 2차와 3차 시료 분석 그리 고 안전성 판단에 핵심적인 환경 모니터링 결과는 2023년 하반기 에 나온다고 한다(107~108쪽). 이것을 '종합' 보고서라고 할 수 있을까. 보고서 발표를 일본 정부가 결정한 오염수 방출 시점에 서둘러 맞췄다는 의혹이 나올만하다. 가장 심각한 문제는 해양방 출의 핵심 설비인 ALPS의 성능 검증이 없다는 사실이다. 한마디 로 '깡통 검증'이다.

권위는 책임을 진다. IAEA는 "이 보고서의 사용으로 발생 할 수 있는 결과에 어떤 책임도 지지 않는다"고 했다(표지). 라파 엘 그로시 Rafael Grossi IAEA 사무총장은 오염수 방출이 "일본 정부의 국가적 결정"이며 종합보고서는 방출 정책의 "권고도 승인도" 아 니라고 강조한다(iii쪽). 깡통 검증이라 그랬겠지만, 책임을 회피 하면서 권위도 실종됐다. 오염수 방출을 권고도 승인도 하지 않겠 다는 이 보고서는 오염수 방출을 정당화하거나 방출에 동의하는 근거로 사용할 수 없다. 이미 실종돼 버린 권위로 흠집투성이 검 증을 과학적이라고 강변할 때, 과학은 폭력이 된다.

모든 것이 서로 연결된 세상은 우리가 생각하는 것보다 훨씬 더 복잡다단하다. 전체는 수많은 부분의 상호 작용으로 부분의 단순 총합보다 크고 예측하기 어렵다. 어느 한 부분을 건드리면 애초에 예측한 범위를 크게 벗어나는 결과가 나오는 게 다반사다. 자연을 잘 모르는 우리는 자연 앞에서 겸손해야 한다. 광대무변한 바다에 막대한 양의 방사성 오염수를 버리면서 미래에 일어날 결과를 과학적으로 예측할 수 있다는 주장은 오만하고 무지하다. 미국의 저술가이자 농부 웬델 베리 Wendell Berry가 지적한 대로 "오만한 무지"는 "큰 규모로 일을 벌이려다 지나친 위험을 초래"하며 "나쁜 결과를 예측하지 못한다." "나쁜 결과를 예측하려 들지도 않는다."(『지식의 역습』) 인간은 자연을 속속들이 알 수 없다. 인간이 자연에 개입해서 생겨날 결과는 겸손하게 최대한 보수적으로 예측하고 평가해야 한다. '겸손한 무지'가 절실하다. 겸손을 거부할 때 과학은 폭력이 된다.

과학적으로 아무 문제가 없다고 해도 문제가 다 끝나는 것은 아니다. 우리는 삶의 문제를 과학적 합리성과 효율성만으로 판단하지 않는다. 과학과 함께 상식과 윤리와 같은 사안도 고려해야 한다. '더 안전한 처리 방법이 있다는데 왜 구태여 바다에 버리려고 할까?' '정말 안전하다면 일본 내에서 처리하면 되지 않나?' '우리나라 국민 80% 이상이 반대한다는데.' '안전하기만 하면 아무 데나 버려도 되나?' '쓰레기 바다 투기는 런던협약 위반인데.' 이 모두는 괴담이 아니라 상식적인 우려와 의문이다. 상식이 받아들이기 어려운 '과학적 안전'을 강요할 때, 과학은 일상의 폭력이 된다.

2023_08

'꿀잠'을 아시나요?

어릴 때, 방학이 되면 어머니는 으레 우리 형제를 외갓집에 보내주셨다. 지금 생각해보면 방학 때만이라도 만만치 않은 집안일을 조금이라도 덜어보려고 우리를 외갓집에 보내주신 것 같기도 하다. 어쨌든 나는 다람쥐 쳇바퀴 돌듯 학교와 집만 오가다 방학이 되면 집을 떠나 버스를 타고 멀리 가는 외갓집 여행길이 참 좋았다. 매번 우리 형제를 반갑게 맞아주시는 외할머니와 이모가 계셔서 더 그랬다. 여름에는 동네 또래 아이들과 땀 흘리며 실컷 뛰놀다 해 질 무렵 골목에 놓인 널찍한 평상에 누워 쉴 때의 기분 좋은 나른함, 겨울에는 추위를 뚫고 한 아름 빌려온 만화책을 옆에 쌓아두고 따뜻한 아랫목에 누워서 한 권씩 읽는 재미가 각별했다. 학교 공부가 힘들거나 지루해질 때면 방학하면 다시 간다는 생각만으로도 힘이 났던 외갓집은 어릴 적 내 마음의 든든한 보루였다. 지금도 마음이 스산해질 때면 나를 도닥여 주는 소중한 기억이다.

노동자는 분쟁이 일어나면 문제를 해결하러 '본사'에 가야 하는데, 본사는 대체로 서울에 있다. 분쟁은 대부분 하루 이틀에 끝나지 않는다. 그래서 일터가 서울이 아닌 노동자가 연고도 없는 낯선 서울에서 꽤 오래 지내야 할 때가 많다. 이런 때는 모텔에 가기도 그렇고 한뎃잠을 잘 수도 없으니 천막을 치는 수가 많다. 천막 안은 대개 덥거나 춥다. 밤새 끊이지 않는 자동차 소음으로 잠을 설치기 일쑤다. 길거리 천막에서 며칠만 보내면, 누구든 '꿀잠' 생각이 절로 난다. 비정규직 노동자는 형편이 더 어렵다.

2016년 우리는 비정규직 노동자가 '여름방학 외갓집' 같이 편하게 찾아와 꿀잠을 잘 수 있는 집을 짓기로 했다. 2017년 봄, 접근성도 좋고 가격도 적당한 곳을 찾아 헤매다 영등포역과 신길역 근처의 4층 건물을 구했다. 안정되고 안락한 '외갓집'을 만들려고 전세가 아니라 건물을 매입하기로 했다. 좀 무리가 되긴 했지만, 노동자, 사회활동가, 종교계, 문화예술계, 법조계 등 3,000여 명이 십시일반 모은 기금으로 건물을 무사히 인수했다. 이후 약 100일간 연인원 1,000명이 비지땀을 흘리고 먼지를 먹으며 건물을 전면 개축한 끝에, 그해 8월 '비정규노동자의집 꿀잠'이 세상에 태어났다. 지금까지 매년 4,000명 정도가 꿀잠을 찾았다. 꿀잠에서 꿀잠을 자며 힘든 고비를 함께 넘긴 사람도 많다. 꿀잠은 비정규직 노동자의 외갓집 같은 든든한 보루가 되고 있다.

꿀잠 입구에는 '여성 청소노동자'가 빗자루를 타고 하늘을 나는 조형물이 걸려 있다. 우리나라에서 '여성'은 여전히 약자에 속하고 '청소노동자'는 투명인간 취급을 받는다. 우리 사회에서 가장 낮은 곳의 사람이 가장 높이 솟아올라 차별과 억압의 질서를 무너뜨리고 평등을 꿈꾸는 곳이 바로 꿀잠이다. 꿀잠은 협동과 참여, 공유와 나눔이 일상인 곳, '공생공락'을 꿈꾸는 곳이다. 1층 카페 겸 식당에는 먹을 게 많다. 운이 좋으면, 꿀잠과 맺은 수많은 인연이 전국 각지에서 보내온 맛있고 귀한 먹을거리를 맛볼 수 있다. 뜻있는 의료인들이 먼저 제안해 치과와 한방 진료도 하고 있다. 시장에는 돈으로만 살 수 있는 화려한 상품이 넘친다면, 꿀잠에는 돈으로는 살 수 없는 근원적 풍요가 넘친다. 자본주의가 이윤 획득을 위해 인위적으로 만드는 희소성은 꿀잠에 발붙일 자리가 없다. 꿀잠은 누구에게나 열린 공공재commons다.

최근 우리 꿀잠에 위기가 닥쳤다. 지난해 3월 '신길제2구역주택재개발정비사업'이 인가됐고 꿀잠도 이 사업에 포함됐다. 법적으로 재개발은 전체 소유주의 75% 이상이 동의하면 진행된다. 사유재산권을 절대시하는 사회에서 최대 25%의 소유주가 반대해도 재개발을 강제할 수 있는 명분은 공공성과 공익성밖에 없다. 이것은 공공 개발뿐 아니라 민간 개발에서도 존중하고 지켜야 할 원칙이다. 공공성과 공익성을 저버리면 재개발사업은 노골적인 투기성 돈벌이로 전락한다.

우리나라 정부의 공공성 인식 수준이 잘 드러나는 곳 중의 하나가 의료 분야다. 코로나19를 계기로 현장 의료진과 보건의료노조는 정부에 공공의료 체계 강화를 요구하고 공공병원과 보건의료 인력 확충 예산 3,600여억 원을 요청했지만 별다른 진척이 없다. 코로나19 재난지원금 예산이 모두 '조' 단위였던 걸 생각하면 '공공'에 관한 정부의 인식이 얼마나 얄팍한지 알 수 있다. 우리 나라 공공 의료의 수준은 바닥이다. 공공의료기관은 229개로 전체 의료기관의 5%, 병상 수는 9%에 불과하다. 경제협력개발기구 (OECD) 평균은 공공의료기관이 전체의 55%, 공공병상은 72% 다. 공공의료 실태가 이런데도 정부는 움직일 기미가 없다.

통계청에 따르면 올해 비정규직 노동자는 지난해보다 64만 명 늘어난 806만 6,000명으로 전체 노동자의 38.4%다. 플랫폼 노동이 확산했고 고령층과 대면 서비스업에서도 비정규직이 늘었 다. 비정규직 임금은 정규직의 53%에 그쳤다. 앞으로 비정규직 문제는 더 늘어날 것이고, 꿀잠은 할 일이 더 많아질 것이다. 이런 상황에서 꿀잠에 재개발 문제가 닥쳤는데 주무관청인 영등포구청 은 별로 관심이 없다. 꿀잠은 영등포구청장 면담과 실무자 간담회 등에서 공공재로서의 꿀잠을 설명하고 대책을 논의하자고 요청했 지만, 기계적으로 절차를 따르겠다는 관료의 무감각만 확인했다. 재개발로 꿀잠이 없어지는 걸 방관하는 것은 공공성과 공익성을 챙겨야 할 지자체의 직무유기다.

곧 성탄절이다. 이천 년 전 베들레헴, 해산이 임박한 마리아와 요 셉은 낯선 곳에서 방을 구하지 못했고 갓난아기는 포대기에 싸서

구유에 뉘어야 했다. 보잘것없는 구유지만, 절박했던 처지의 두 사람에겐 세상 어떤 곳보다 소중한 곳이었다. 비정규직 노동자에게는 꿀잠이 바로 그런 곳이다. 비정규직 노동자가 찾아오는 한 꿀잠은 계속 존속해야 한다. 그렇게 되기를 바라는 사람이 많으니 그렇게 되리라 믿는다. "모두, 성탄의 기쁨과 평화를 빕니다."

2021_12

* 꿀잠은 주택재개발조합 측과 교섭한 끝에 이전할 곳을 재개발사업 구역 내에 확보했다.

법과 원칙? 법의 원칙!

"이대로 살 순 없지 않습니까?" 대우조선해양 파업으로 우리나라 조선업 하청노동자들의 척박한 노동 현실이 다시 한번 적나라하게 드러났다. 현재 총 10만여 조선업 노동자 가운데 70%가량이 하청노동자다. 조선업 하청노동자의 임금은 20~30년의 경력자도 월 200만 원 정도로 최저임금을 겨우 넘는 수준이다. 대우조선해양은 2014년에 비하여 임금이 30% 넘게 줄었다. 그러니까 이번 파업 요구사항의 하나인 '30% 임금 인상'은 임금의 원상회복 요구다. 그동안의 물가 인상은 포함되지도 않았다. 조선소는 대표적인 장시간·고강도·고위험 노동 현장으로 조선업 재해율과 사망률은 제조업 평균의 2배가 넘는다. 2016년부터 지난해 10월까지 조선소 현장에서 일하다 숨진 88명 중 77%가 하청노동자였다. 주기적인 불경기가 닥치면 임금 삭감과 대량 해고도 가장 먼저 하청노동자를 노린다.

지금껏 조선업 하청노동자가 감내해온 이 고질적인 현실의 뿌리에 다단계 하청 구조가 있다. 문제 해결의 열쇠를 쥔 '원청'은 겹겹이 쌓아놓은 '하청' 뒤에 숨어서 문제를 방치한다. 원청이 실질적인 사용자지만 법률상 책임이 없다며 모르쇠로 잡아뗀다. 다단계 하청으로 인한 불공정과 몰상식은 조선업뿐 아니라 우리나라 사업장 곳곳에서 벌어진다. 학교도 예외가 아니다. 연세대학교에는 생활임금과 샤워실 설치 등 노동조건 개선을 원청인 학교가 보장하라는 현수막이 몇 년째 걸려 있다. 실체적 교섭 상대가 없는 하청노동자들은 엄연히 헌법에 나와 있는 단체교섭권이 '합법적'으로 거부되는 이상한 나라에서 산다. 대우조선해양 하청노동자의 파업은 법이 빼앗아간 공정과 상식을 회복하라는 요구이기도 하다.

한때 지금 정부가 구호처럼 내세웠던 '공정과 상식'은 이제 입에 올리기조차 민망하게 되었다. 대통령 집무실 이전 소동, 부실 인사와 사적 채용 의혹, 행정안전부의 경찰국 신설, 감사원의 표적 감사 의혹, 이전 정부 탓하기, 법사와 무속 연루 의혹, 초등학교 학제개편을 비롯한 정책 혼선까지 쉴 새 없이 논란이 일어나며 언제부턴가 공정과 상식은 '법과 원칙'으로 대체되었다. 의혹이 불거진 사안에는 합리적인 해명 대신 위법은 아니라고 응수한다. 노동자 파업이나 자기 입맛에 맞지 않는 이전 정부의 정책에는 엄정한 감사와 수사를 들먹이며 위협한다. 법과 원칙이 정치를 덮은 가운데 기후위기, 정치개혁, 평등법을 비롯해 시급하게 논의해야 할 사회의 주요 현안이 모두 실종되었다.

법치국가에서 법과 원칙이 중요한 것은 분명하다. 하지만 법과 원칙 자체가 목표가 아닌 것도 분명하다. 중요하지만 한계가 있다. 우리는 법과 원칙에 앞서 '법의 원칙'을 말해야 한다. 고대 이스라엘에서 '안식일'은 사회의 정의와 공정, 개인의 존엄과 평등을 보장하는 중요한 법이었다. 그런데 안식일 법의 무차별한 집행으로 삶이 어려워진 사람이 많아졌다. 먹고사는 데 바빠 안식일을 지키지 못한 사람은 '죄인'이라는 낙인이 찍혔다. "안식일이 사람을 위하여 생긴 것이지, 사람이 안식일을 위하여 생긴 것은 아니다."(마르코복음) 예수는 당시의 완고한 율법주의에 맞서 '사람'이 법의 원칙이라고 선언했다. 19세기 말 일본의 중의원을 지낸 다나카 쇼조는 "법률의 원칙"을 말하며 인권이 법률보다 무겁다고 했다. 이 원칙을 무시할 때 법은 화살이 되고 인민은 과녁이 된다고 경고했다(고마쓰 히로시, 『참된 문명은 사람을 죽이지 아니하고』). 법률의 원칙, 곧 인권을 무시하면, 법이 사람을 위해 있는 게 아니라 사람이 법을 위해 있는 상황이 벌어진다. 우리 헌법 제10조는 "불가침의 기본적 인권" 보장을 명시한다. 인권 보장이 바로 법의 원칙이다. 헌법을 준수한다고 선서한 대통령은 법의 원칙에 따라, 곧 인권을 보장하면서 법이 적용되도록 할 책무가 있다. 이것이 법치의 본령이다. 법과 원칙은 법의 원칙에 종속한다.

오늘날 하청노동자는 헌법에 보장된 기본적 인권을 현실의 법이 지켜주지 않는 대표적인 사회 집단이다. 다단계 하청 구조에서 법과 원칙은 '진짜 사장'인 원청이 나온 후에 말해야 한다. 그렇지 않고 주장하는 법과 원칙은 하청노동자들에게 아무것도 하지 말라는, 꼼짝 말라는 말과 같다. 이럴 때 법과 원칙의 엄정한 적용은 왜곡된 현실을 유지하거나 강화한다. 언제부턴가 원청은 파업이 끝나면 파업노동자에게 법과 원칙에 따른 손해배상소송(손배소)을 제기했다. 파업 손배소는 파업노동자에게 가하는 '합법적인' 사후 보복으로 파업권을 심각하게 침해한다. 노동자의 인권을 침해한다. 법의 원칙을 훼손한다. 두산중공업 노동자 배달호, 한진중공업 노조위원장 김주익, 쌍용자동차 해고노동자들을 비롯한 많은 노동자의 삶이 손배소로 무너졌다. 이번 대우조선해양 파업에도 사측은 별다른 근거도 없이 7,000억 원대의 손배소를 예고했다. 노동자의 정당한 쟁의를 협박하는 행위다. 법과 원칙에 따라 제기한다는 사측의 손배소는 법의 원칙을 정면으로 거부하는 행위다. 손배소는 법치의 본령을 생각하는 법치국가라면 법으로 금지하는 것이 마땅하다.

"기다릴 만큼 기다리지 않았나 생각이 든다." 진압의 최적기를 가늠하는 현장 지휘관이나 할 말을 대통령에게서 듣는 것은 곤욕스럽다. 법과 원칙의 이름으로 삶을 좀먹는 다단계 하청 구조에 짓눌려 온 노동자들에게 할 말은 더더욱 아니다. '어떻게든 하청의 구조적인 문제점을 해결해보겠다.' '파업노동자들을 막다른 곳으로 내모는 손배소는 없어야 한다.' 헌법이 보장하는 '불가침의 기본적 인권'을 지키고 법의 원칙으로 사람을 보듬을 요량으로 이렇게 말하는 대통령을 바라는 건 비현실적인가. 법의 원칙이 확고히 서고 인권을 법보다 무겁게 여길 때, 법과 원칙은 비로소 삶의 위로와 희망이 된다.

2022_08

모순의 현실에서 벗어나자

지난달 17일 경향신문 10면 상단에 "SPC 빵공장 노동자 끼임사 (…) 1주 전 비슷한 사고 있었다"는 제목의 기사가 실렸고, 바로 아래에는 "기재부 '형사처벌' 빼자 중대재해법 힘 빼기 노골화"라는 제목의 기사가 실렸다. 우리 사회의 모순이 한눈에 들어오는 기사 배치다. 중대재해가 계속 일어나는 현실에서 정부는 중대재해를 막는 게 아니라 조장한다. 지난달 15일 SPC 계열사 SPL에서 일어난 사망사고 이후에도 산재 사망사고는 끊이질 않는다. 18일 밀양 한국화이바에서 추락으로, 19일 거제 대우조선해양에서 지게차에 깔려, 20일 DL이앤씨 경기도 광주 고속도로 건설 현장에서 추락으로, 21일 SGC이테크건설 안성 물류창고 신축 현장에서 추락으로 노동자들이 사망했다. DL이앤씨에서 일어난 사망사고는 올해 벌써 네 번째다.

일하다 죽고 또 죽는 참혹한 현실에서 중대재해처벌법은 더 엄격히 적용하고, 개정한다면 강화하는 게 마땅하다. 하지만 지난 8월 기획재정부는 기업의 입맛대로 경영책임자의 처벌 폭과 수위를 크게 낮추자는 법·시행령 개정 의견을 고용노동부에 전달했다. 이렇게 되면, 애초에 너무 느슨하게 제정된 중대재해처벌법은 유명무실해지고 사망사고를 비롯한 중대재해는 늘어날 것이다. 정부는 입만 열면 국민의 안전과 생명을 말하지만, 자본의 효율과 이윤이 노동자의 안전과 생명을 압도하는 현실을 방치하거나 조장한다. 국민 대다수가 노동자다.

지난달 28일 한겨레 1면과 2면 상단에 "이대로면 21세기 말 지구 온도 2.5도 상승"이란 제목의 기사가 실렸고, 2면 상단 왼쪽에는 "3분기 성장률 0.3% (···) 소비·설비투자 덕에 역성장 피했다"라는 제목의 기사가 실렸다. 여기서도 우리 사회의 모순을 볼 수 있다. 21세기 말이 되면 지구 평균 온도가 기후재앙의 마지노선이라는 '1.5도'를 1도 초과할 것이라는 경고는 전 세계가 이전에 결정한 것보다 더 빠르고 더 많이 온실가스 배출량을 줄여야 한다는 뜻이다. 그러나 우리나라를 비롯한 세계 각국은 여전히 온실가스를 더 많이 배출할 수밖에 없는 경제성장에 몰두한다. 온실가스를 더 배출하더라도 '역성장'은 피해야 한다는 것이다. 끝없는 성장이 운명인 자본주의의 태생적 모순에서 생겨나는 현실이다. 이 모순의 현실을 어떻게 극복할 수 있을까?

자동차는 세계의 모습을 바꾼 인류의 놀라운 발명품 중 하나다. 자동차가 늘면서 처음에 예상하지 못했던 교통체증과 교통사고, 미세먼지와 온실가스 배출이 늘었다. 하지만 자동차로 아무리 심각한 문제가 생겨나도 자동차를 줄일 생각은 하지 않는다. 그 대신 전기차와 수소차를 만들고, 길을 넓히고 새로 만든다. 이렇게 하면 경제도 성장하니, 일거양득이다. 그러나 문제의 증상에 기술로만 대응하면, 자동차는 계속 늘고 이전에 없던 문제도 새로 생겨난다. 무엇보다 적기에 온실가스 배출량을 필요한 만큼 줄일 수 없다.

　　지난해 독일 베를린에서 시민 5만 명이 도심 내 일부 지역에서 원칙적으로 개인 차량 운행을 금지하는 법안에 서명했다. 교통 부문 탄소배출 감축 목표를 달성하려면 전기차로 '주행 방식'을 바꿀 게 아니라 먼저 '주행 차량'을 줄여야 한다는 것이다. 실로, 근본적이고 직관적이며 상식적이고 실제적인 대응이다. 차량이 줄면 교통사고가 줄고 녹지와 공공장소가 늘어나는 부가적인 효과도 생긴다. 좋은 삶으로 가는 첩경이 분명하다. 안타깝게도 다른 곳에서는 대부분 자동차의 편리나 매력, 무엇보다도 경제성장의 당위가 여전히 상식을 앞선다.

　　우리는 그 자체로는 합리적이고 효율적일지 모르나 전체

적으로는 비합리적이고 파멸적인 모순에 갇혔다. 그러니 아무리 물질적으로 풍요로워도 삶이 평온할 수 없다. 더 심각한 문제는 자신이 모순에 갇힌 줄도 모르는 사람이 많다는 것이다. 그러니 모순에서 벗어날 수 없는 게 당연하다. "기술이 몰고 오는 위기, 기술로써 극복하라!" 요즘 어디선가 본 광고 문안이다. 광고 자체는 멋져 보이지만, '위기를 극복할 기술'을 말하기 전에 '위기를 몰고 오는 기술'을 먼저 반성해야 한다. 그 기술도 처음에는 좋다고, 필요하다고 개발했을 것이다. 그러니 기술이 몰고 온 위기를 극복하려고 개발한 새로운 기술이 또 다른, 이번에는 더 심각한 위기를 몰고 오지 않는다고 누가 장담할 수 있는가. 그렇게 생긴 또 다른 위기는 또 다른 기술로 극복할 것인가. 그런데도 우리는 문제가 생기면 근원은 보지 않고 기술에만 매달린다.

인간은 한계가 있다. 기술로 그 한계를 늘릴 수는 있지만, 거기에도 한계가 있다. 한계를 인정하지 않고 기술로 한계를 밀어낼수록 삶은 기술로 재단되고 삶의 자율성은 줄어든다. 2018년 KT 아현지사 화재나 지난달 판교 데이터센터 화재는 편리하고 자유롭게만 보이는 우리의 삶이 실제로는 얼마나 허약하고 의존적인지 보여주었다. 우리의 자유는 '예속'이다. 적절한 필요는 충족되어야 하지만, 소비주의는 '적절함'이 아니라 언제나 '더 많이'를 주장하며 우리를 옭아맨다.

지금은 무엇을 더 하는 것이 아니라 무엇을 하지 말아야 할지, 언제 멈출지 아는 것이 더 중요하다. 엿새는 열심히 일하되 이렛날은 쉬라는 성서의 '안식일'이 의도하는 것도 '멈춤'이다. 멈추어 서서 자신을 삶을 돌아보고 이웃을 돌보라는 가르침이다. 부의 불평등이 늘어나고 삶의 토대인 자연이 잠식되길 원하지 않는 다면, 지금의 욕망을 줄이고 다르게 욕망하는 법을 배워야 한다. 안 식일은 오늘날 여전히 유효한 삶의 지혜다. 우리가 주어진 한계 안 에 기꺼이 머물려고 할 때, 삶은 더 안전하고 평화로울 것이다.

2022_11

온실가스 감축과 노동시간 단축

꽃도 덥다고 한다. 수도권 대학에서 벚꽃의 꽃말은 '중간고사'다. 벚꽃이 중간고사 기간에 만개한다고 생긴 꽃말인데, 올해는 중간 고사를 한참 앞두고서 벚꽃이 활짝 폈다. 벚꽃이 피는 걸 보며 지 구가 더워지고 있다는 사실을 눈으로 실감한다. 지난달 20일 '기 후변화에 관한 정부 간 협의체(IPCC)' 제58차 총회는 '제6차 종 합보고서'를 발표했다. 다음 날 우리나라 '탄소중립녹색성장위원 회'는 '제1차 국가 탄소중립·녹색성장 기본계획(2023~2042)' 을 발표했다. IPCC는 엄중하고 긴급했고, 우리나라는 안이하고 느긋했다. IPCC는 보고서에서 온실가스 배출로 지구 평균 온도가 1.09도 높아졌고 현재 각국 정부의 온실가스 감축 계획을 모두 이행한다고 해도 2040년 이전에 1.5도 높아질 것으로 전망했다. 2018년 제48차 총회의 「지구온난화 1.5도 특별보고서」는 늦어도 2052년 1.5도 상승을 예측했으니 시점이 12년 당겨진 셈이다. 안토니우 구테흐스António Guterres 유엔 사무총장이 "인류를 위한 생존 지침"이라고 말한 이 보고서는 인류의 미래가 향후 10년간 우리의 선택과 행동에 달렸다고 경고한다.

우리나라 탄소중립 기본계획은 2018년 대비 40% 감축이라는 기존의 '2030 국가온실가스감축목표(NDC)'를 수치상으로 유지했지만, 내용은 허술하기 짝이 없다. 무엇보다 향후 20년의 기본계획이라면서 2030년 이후 계획은 아예 없고 2030년까지 계획은 부실하다. 우리나라 온실가스 총배출량의 절반 이상을 차지하는 산업부문의 감축 목표는 14.5%에서 11.4%로 줄었다. 줄어든 감축량은 '국제 감축'과 탄소 포집·활용·저장(CCUS) 기술 등으로 해결하겠다는 계획이다. 그동안 산업계가 요구한 대로 산업계의 부담을 덜어준 것이다. 하지만 기후위기 시대에 국제 감축량을 과다 책정하고 그것을 국내 감축으로 치부하는 숫자 놀음은 너무 한가하다. 상용화가 불확실한 CCUS 기술로 감축량을 늘린다는 발상은 너무 무모하다.

    탄소중립 기본계획의 연도별 온실가스 감축 계획을 보면 2023~2027년에 4,890만 톤(연평균 1.99%)을 줄이고, 2028~

2030년에 1억 4,840만 톤(연평균 9.29%)을 줄인다. 2030년 NDC의 75%를 다음 정부로 떠넘긴 것인데, 무책임하기 짝이 없는 발상이다. 과연 28년 이후 7% 이상 늘어난 감축 목표를 달성할 수 있을지 의심스럽다. 이산화탄소는 한번 배출되면 200년가량 대기에 남아 온실효과를 내므로 '빠르게 많이' 줄이는 것이 온실가스 감축 원칙이다. 감축을 뒤로 미룰수록 온실가스의 대기 중 누적 효과로 인하여 감축 목표를 달성해도 효과는 줄어든다.

경제성장에 매달리면 기술만으로는 온실가스를 적기에 필요한 만큼 줄일 수 없다. 성장은 생산과 소비 증대를 뜻하고, 그만큼 더 많은 물질과 에너지 소비를 요구한다. 성장하면 온실가스 배출량은 늘고 지구 온도는 더 가파르게 올라간다. 하지만 기후위기가 심해져도 자본주의는 성장을 멈추려고 하지 않는다. 그럴만한 까닭이 있다. 개별 기업은 비용을 절감하려고 끊임없이 노동생산성을 향상한다. 그러면 더 적은 수의 노동자로 같은 양을 생산할 수 있으니 기업 이윤이 늘어난다. 하지만 고용 수요가 줄어든다. 그래서 전체 경제 규모를 늘리지 않으면, 곧 성장하지 않으면 생산성 향상으로 인하여 실업자가 늘어나는 '생산성의 함정'에 빠진다. 사회적으로 불안과 고통이 커진다. 자본주의는 언제나 성장을 요구하는 구조적 압력이 내재하는 것이다. 자본주의가 성장을 포기할 수 없는 까닭이다.

최근 정부가 노동 개혁이라며 내놓은 '주 69시간' 노동시간 개편안은 여론이 좋지 않아서 주춤한 상태지만, 노동시간을 늘리려는 정부의 의도는 분명하게 드러났다. 그러나 우리나라는 이미 '과로 사회'다. 2021년 기준 우리나라 노동자의 연간 실노동시간은 1,915시간으로 경제협력개발기구(OECD) 평균보다 199시간 길다. 독일에 비하면 566시간이나 길다. 우리나라 노동자는 지금 법정 노동시간인 '주 52시간'도 길다고 느낀다. 얼마 전 한국보건사회연구원이 내놓은 '2022년 전국 일-생활 균형 실태조사'를 보면 취업자가 희망하는 주당 노동시간은 36.7시간으로 주 52시간제의 기본 근무시간인 40시간보다 짧았다. 젊을수록 희망 노동시간도 줄어서 19~29세는 34.97시간에 그쳤다.

성장이 생산성의 함정에서 벗어나는 유일한 길은 아니다. 생산성이 올라갈 때 노동시간을 줄이면 고용 수요의 감소를 막을 수 있다. 1930년 영국의 경제학자 존 메이너드 케인스John Maynard Keynes는 「우리 손주들을 위한 경제적 가능성」이라는 글에서 생산성 향상으로 100년 후인 2030년 주당 노동시간은 15시간이면 충분하리라고 예상했다. 2030년을 불과 7년 앞둔 오늘날 생산성은 케인스의 예측대로 놀랍게 향상했지만, 노동시간 예측은 보기 좋게 빗나갔다. 자본은 생산성이 향상하면 노동시간이 아니라 노동자 수를 줄이고 성장을 지속해 이윤을 늘려 왔다. 한편, 오스트레일리아 선주민 '이르 요론트' 부족은 이전에 없던 쇠도끼가 들어와 생산성이 높아지자 생산 대신 수면 시간을 늘렸다고 한다. 어느 쪽이 사람 살기에 '더 좋은 세상'일까?

노동시간 단축은 성장의 덫에서 벗어나 '탈성장'으로 가는 길을 열 수 있다. 탈성장은 마이너스 성장을 뜻하지 않는다. 탈성장은 지금과 근본적으로 다른 경제와 생활방식, 다른 사회적 관계에 기초한 삶의 방식을 말한다. 노동시간 단축을 통한 탈성장은 지금과 전혀 다른 세상으로 가는 길이 될 수 있다.

　　노동시간 감축은 단순한 바람을 넘어 현실이 되고 있다. 지난달 21일, 칠레 상원은 주당 법정 노동시간을 현재의 45시간에서 40시간으로 줄이는 개정안을 만장일치로 가결했다. 칠레는 이미 2005년에 주당 노동시간을 48시간에서 45시간으로 줄인 바 있다. 가브리엘 보리치 Gabriel Boric 칠레 대통령은 노동시간 감축이 "더 나은 칠레"를 위한 노력이라고 말했다. 인공지능과 로봇 등 첨단기술로 '고용 없는 성장'과 '노동 없는 생산'이 현실이 되는 세상에서 우리도 이제 성장과 과로 노동에 매달릴 게 아니라 성장으로 삶이 어떻게 변했는지 반성할 때다. 성장하려고 생산을 늘리는 대신 노동시간을 줄이면 삶은 여유로워지고 가정이 살아나고 일자리도 늘어난다. 무엇보다 자원과 에너지 사용 감소로 온실가스 배출량이 줄 것이다. 우리도 이제는 성장과 다른 길, 탈성장을 모색할 때다.

2023_04

정부는 왜 이렇게 게으르고 무책임한가?

중대재해처벌법은 2021년 1월 26일 제정됐다. 법을 만들면서 기업이 사업장의 안전체계 대책을 마련할 수 있도록 법 시행을 1년 늦췄다. '5인 이상 50인 미만' 사업장에는 추가로 2년의 준비 기간을 더 주었다. 예정대로라면 중대재해처벌법은 올해 1월 27일부터 5인 이상의 모든 사업장에 시행된다. 그런데 지난해 말 윤석열 정부와 여당이 2년을 더 유예하는 쪽으로 법 개정을 추진하겠다고 나섰다. 정부와 국민의힘과 사용자 측은 지난 3년 동안 손 놓고 지내다 막상 시한이 다가오자 준비가 부족하다, 경제 활동이 위축되어 중대재해처벌법이 '기업활동 포기법', '실업자 양산법'이 될 거다, 이런 호소 겸 위협으로 또다시 시행 유예를 요구했다. 더불어민주당은 올봄에 있을 총선에서 소상공인의 표를 의식하며 정부의 공식 사과, 산업안전을 위한 계획과 재정지원 방안 마련, 2년 뒤 전면 시행 약속을 전제하면 논의할 수 있다는 모호한 태도를 보인다.

지난해 11월 7일 환경부가 1회용품 규제 조치를 철회했다. 원래 2022년 11월 24일에 시행했어야 할 규제 조치를 1년 유예하며 계도기간을 두었는데, 시행을 앞두고 환경부가 규제를 철회해버린 것이다. 환경부가 규제를 철회하고 내놓은 '1회용품 계도기간 종료에 따른 향후 관리 방안'을 보면 종이컵은 사용 규제 품목에서 완전히 제외했고, 플라스틱 빨대는 계도기간을 무기한 연장했으며, 비닐봉지는 과태료 부과를 철회했다. 환경부는 지난해 9월 일회용 컵 보증금제 전국 의무 시행을 백지화하더니 이번에는 일회용품 규제를 아예 포기한 것이다. 환경부는 소상공인의 부담 증대를 철회 이유로 들었지만, 그동안 규제 시행에 나름대로 대비해온 소상공인들은 오히려 혼란에 빠졌고 규제 시행을 전제로 종이 빨대를 생산해온 업체들은 도산 위기에 몰렸다. 어렵기는 했지만 그래도 일회용품 퇴출 문화가 차츰 자리를 잡아가는 중에 환경부가 판을 엎어버렸다. 이러고도 '환경'부라고 할 수가 있나?

환경부가 일회용품 규제를 포기하고 뒷걸음쳤지만, 시민들은 포기하지 않았다. 환경부가 규제 철회를 발표한 후 환경운동연합이 실시한 일회용품 관련 인식 조사 결과는 다음과 같다. 일회용품 규제 정책 도입에 응답자의 81.4%가 동의했고 비동의는 14.9%에 그쳤다. 응답자의 77.1%는 일회용 종이컵 사용 규제 강화를 택했고 완화는 10.8%에 그쳤다. 비닐봉지 규제 또한 강화가 73.7%로 완화 10.1%를 압도했다. 응답자의 88.5%는 우리나라의 일회용품 쓰레기 문제가 심각하다고 했고, 심각하지 않다는 응답은 9.0%에 그쳤다. 환경부의 반환경적인 행보에 맞서 꺾이지 않고 친환경 행보를 계속하겠다는 시민의 다짐도 눈에 많이 띈다. 무책임한 환경부 대신 시민이 나섰다.

중대재해처벌법도 사정은 비슷하다. 지난 3년 동안 정부·여당과 사용자 쪽이 법의 전면 시행에 필요한 대책 마련에 수수방관할 때, 한국노동조합총연맹(한국노총)은 2021년부터 2023년까지 50인 미만 사업장 3곳에 중대재해처벌법 대응을 지원했다. 게으른 고용노동부 대신 한국노총이 나선 것이다. 그 결과로 나온 '50인 미만 사업장 안전보건관리체계 구축 컨설팅사업 성과보고서'를 보면 중소기업 3곳이 사업장의 전체 안전보건관리체계를 구축하는 데 평균 3개월이 걸렸고 비용은 3,100만 원 정도 들었다. 중대재해 방지와 노동자의 생명 보호 조치에 드는 시간과 비용이 생각보다 그리 많지 않은 것이다. 정부는 법 적용을 또다시 늦추려고 할 게 아니라 이제라도 50인 미만 사업장이 안전체계를 구축하는 데 최선을 다해 지원해야 한다.

중대재해는 50인 미만 사업장에서 집중적으로 발생한다. 고용노동부 자료를 보면 2021년 1월부터 2023년 9월까지 사망사고 노동자 총 2,292명 중 80.4%인 1,843명이 50인 미만 사업장에서 숨졌다. 2020년에서 2022년까지 50인 미만 사업장의 사망사고 비중은 매년 81% 수준이다. 이런 현실에서 50인 미만 사업장 추가 유예 조치는 국민의 생명과 안전을 최우선으로 해야 할 정부가 꺼낼 사안이 아니다. 2년을 더 늦추자는 정부와 여당의 주장은 국민의 생명과 안전보다 기업의 이윤이 더 중요하다고 말하는 것밖에 안 된다.

환경부 자료를 보면 우리나라에서 1년간 사용하는 일회용 종이 컵은 248억 개, 비닐봉지는 235억 개, 플라스틱 빨대는 106억 개 정도다. 잠깐 쓰고 버리는 일회용품 생산과 처리에 막대한 자원과 에너지와 비용이 들어간다. 특히, 종이컵은 생산 과정에서 환경에 악영향을 미치고 재활용도 힘들다. 국제환경단체 그린피스에 의하면 매년 종이컵 사용으로 생기는 온실가스 배출량은 자동차 6만 2,201대가 내뿜는 탄소 배출량과 맞먹는다. 제대로 수거 처리하지 못해 우리나라 강산 곳곳에 널려 있는 일회용품은 자연생태계를 훼손하고 국민 건강을 위협한다. 이런 현실에서 일회용품 규제 포기는 기후위기에 적극적으로 대응하고 국민의 생명과 건강을 보호해야 할 정부의 도리가 아니다.

일회용품 사용은 생활양식의 문제라서 해결도 어렵고 시간도 오래 걸린다. 그럴수록 정부가 솔선해서 꾸준히 정책으로 유도하는 게 중요하지만, 정부는 거꾸로 움직인다. 환경부가 '환경산업부'가 돼야 한다는 대통령의 왜곡된 시각과 부화뇌동한 환경부 장관을 생각하면 크게 이상할 것은 없다. 지난해 12월 27일 정부가 발표한 '중대재해 취약분야 기업 지원대책'은 '포장지'만 바꿔 여론을 호도한다는 노동계의 비판을 받았다. 신규사업이라곤 '공동안전관리전문가 지원사업'이 유일한데 그것도 부실하기 짝이 없다. 무엇보다 지난 3년간 아무런 준비도 하지 않은 데 대한 반성이 없다. 허겁지겁 마련한 대책에 진정성이 있을 리 없다. 그동안 대통령이 보여온 노골적인 친자본 반노동 행보와 이를 맹목적으로 추종해온 고용노동부 장관을 생각하면 그리 이상한 일은 아니다. 국민의 생명과 안전과 건강에 직결되는 노동·환경정책에 게으르고 무책임한 정부를 보는 게 참을 수 없이 안타까울 뿐이다.

2024_01

* 중대재해처벌법은 예정대로 2024년 1월 27일부터 5인 이상 모든 사업장에 확대 시행되었다. 그나마 다행이다.

불법 파견, 그래도 되는 사람은 없다

지난 6월 24일에 일어난 화성의 리튬전지 제조업체 아리셀 폭발 화재 사고는 사회적 참사다. 개인 탓이 아니라 사고의 개연성이 있는 구조나 관행을 사회가 방치해서 일어났기 때문에 '사회적' 이다. 사회적 참사는 사고가 나도록 방치한 사회를 고발하고 반성을 촉구한다. 하지만 우리 사회는 반성하지 않는다. 반성하지 않으니 변화가 없고 사고는 반복한다. 당장 40명이 사망한 2008년 이천 냉동창고 화재와 38명이 사망한 2020년 이천 한익스프레스 물류센터 공사장 화재가 떠오른다. 당시에 지목된 문제점은 대략 이렇다. 안전 교육을 하지 않았다. 스프링클러와 방화 셔터를 잠가 놓았다. 화재경보기를 꺼놓았다. 대피로와 방화문을 폐쇄했다. 위험 물질 리튬에 대해 교육하고 정기적인 비상 대피 훈련을 했다면, 대피로가 있었다면, 작업장과 리튬전지 보관 장소를 분리했다면, 아리셀에서 한순간에 23명이 어처구니없이 목숨을 잃지는 않았을 것이다. 참사의 뇌관은 모두 고질적인 안전 불감증이다.

산업재해를 막기 위한 법이 있다. 1981년 '산업안전보건법'이 제정되었고 1990년과 2018년 두 차례에 걸쳐 '전부 개정'되었다. 2021년 '중대재해처벌법'이 어렵게 만들어졌다. 그러나 이런 법들이 현장, 특히 소규모 사업장에서는 별 효과가 없다. '불법 파견'이라는 관행 탓이 크다. 산업안전보건법 36조는 '위험성 평가'에 노동자의 참여를 규정한다. 사업장의 특성을 잘 아는 노사가 함께 위험 요소를 찾아 개선하라는 취지로 나름 합리적이다. 문제는 사업장 현실이다. 지역 산업단지에 밀집한 소규모 사업장은 대부분 인력업체에서 일용직 형태로 노동자를 공급받는다. 아리셀은 인력업체 메이셀을 통해서 사람을 썼다. 인력업체는 이름도 나이도 묻지 않고 사람을 모집한다. 메이셀은 언론 인터뷰에서 아리셀에 보낸 노동자의 얼굴도 모른다고 했다. 불법 파견이다.

불법 파견에다 사업장에 누가 와서 일하는지도 모르는 '유령노동'이 성행하는 현실에서 노동자의 안전을 위한 법은 작동하지 않는다. 일용직이 다수인 사업장에서 위험성 평가에 노동자가 참여한다는 발상은 비현실적이다. 수시로 바뀌는 노동자들에게 안전 교육이 제대로 될 리 없다. 아리셀만의 문제가 아니다. 2015~2016년에 일어난 메탄올 실명 사건 피해자들도 불법 파견 노동자였다. 위험성 평가는 사업장의 안전 증진보다는 정부인증을 받는 요식 절차로 전락했다. 아리셀은 지난 3년 연속 안전보건공단의 '위험성 평가 우수사업장' 인증을 받았다. 아리셀 참사는 사업주의 일방적인 위험성 평가가 얼마나 엉터리일 수 있는지 보여준다.

'진상 규명, 책임자 처벌, 재발 방지 대책 마련'. 사고에 취약한 구조와 관행을 찾아내 바꾸자는 상식적이고 합리적인 요구다. 아리셀 참사는 겉으로는 폭발화재 사고지만, 근본적으로 불법 파견 문제다. 아리셀은 진상을 가리고 '김앤장'을 선임하는 등 책임 축소와 자기방어에 바쁘다. 어떻게든 사고를 빨리 마무리하려고 든다. 이런 행태는 또 다른 참사를 예비한다. 불법 파견은 엄연히 '불법'이지만 정부는 기업 부담과 관행을 빙자하여 이를 방치했다. 불법 파견 사업장에 재해가 발생해도 불법 파견 자체는 애써 외면했다. 불법 파견 정황이 짙은 아리셀이지만, 고용노동부는 이참에 파견법을 '개선'해서 불법 파견을 양성화하자는 태도를 보인다. 더 많은 사업장을 더 위험하게 만들자는 것밖에 되지 않는다. 이게 고용노동부가 할 말인가? 아리셀 참사는 불법 파견의 양성화가 아니라 근절을 요구한다.

　　불법 파견이 일상인 사업장은 어떤 법으로도 안전한 일터가 될 수 없다. 노동자의 존재를 지우고 노동력만 빼먹는 사업장에서 위험은 중대재해로 그 존재를 드러내고 사라진다. 다음을 기약하며. 불법 파견 노동자는 재해를 당하고 나서야 비로소 그 존재가 드러난다. 대개는 시신으로. 위험은 갈수록 힘없는 사람에게 전가되고, 힘없는 사람은 점점 늘어난다. 아리셀 피해자 대부분이 '여성'에 '이주' 노동자다. 이 땅에서 가장 힘없는 사람들이다. 그러나 힘이 없다고, '그래도 되는 사람'은 없다. 이제는 악순환의 고리를 끊어야 한다. 사업장의 실질적인 안전 보장이 기업 경영에 부담이 된다고 해도 이제는 그 부담을 직접 질 각오를 해야 한다. 지금까지는 노동자들이 죽음으로 그 부담을 져오지 않았는가. 아리셀 참사는 진상 규명과 책임자 처벌과 함께 불법 파견의 관행을 없애는 계기가 되어야 한다. 그래서 죽음의 외주화, 죽음의 이주화를 막아야 한다. 이것만이 참사로 희생된 23명의 고귀한 생명에 우리 사회가 보일 수 있는 최소한의 예의다. 불법 파견, 이제 그만! 아리셀 참사의 엄중한 교훈이다.

얼마 전 목포 신항에 있는 세월호를 찾았다. 세월호 참사는 우리 사회의 총체적 부실을 상징하는 사건이다. 바닷속에 가라앉은 세월호에서 이윤을 생명보다, 효율을 안전보다 앞세운 우리의 민낯이 그대로 드러났다. 우리는 세월호 이후는 그 이전과 달라야 한다고 했다. 몇 년 후 '코로나19'라는 미증유의 재난이 있었다. 그때도 우리는 코로나 이후는 그 이전과 달라야 한다고 했다. 세월호 참사 10년, 코로나19도 지나간 지금, 우리 사회는 얼마나 달라졌을까? 이제는 이윤보다 생명을, 효율보다 안전을 중시하는 사회가 되었을까? '부자 되세요' 주술에서 벗어났을까? 부두에 뉘어 있던 세월호가 바로 세워진 것처럼 이제 우리 사회도 바로 섰을까? 세상은 여전히 자본이 사람을 갉아먹는 소리로 가득하다.

지난달 27일 용산 대통령실 앞에서 서울역까지 '아리셀 희생자 가족 영정 행진'이 있었다. 쏟아지는 폭우를 무릅쓰고 행진에 함께 한 많은 시민을 보며, 행진을 보고 궁금해하는 아이에게 차근차근 자초지종을 알려주던 엄마를 보며, 거듭되는 사회적 참사에도 희망을 놓지 않는다. 희망을 만들려고 아리셀 '희망버스'를 조직한다. 희망을 나누려고 아리셀 '희망버스'를 탄다.

2024_08

2부

번영한다는 것은,
전체의 일부가 되어 함께 번영한다는 것이다.
사람은 홀로 번영할 수 없다. 자신의 땅, 작물, 동물, 장소,
공동체가 번영할 때에만 비로소 번영할 수 있다.

—웬델 배리

5장
함께 행동하면 세상이 바뀐다

바이러스가 선생이다

코로나19가 터지고 마스크와 사회적 거리 두기로 간신히 버텨온 지 햇수로 벌써 3년째다. 코로나 확진자는 한번 둑이 무너지자 가파르게 늘어나 하루 10만 명을 넘었고 방역 대책은 갈피를 잡지 못하고 흔들린다. 거리 두기는 마스크와 다르게 적응할 수 있는 게 아니라서 날이 갈수록 사회적 경제적 피해가 늘어났다. 특히 우리나라에서 비중이 높은 자영업자의 타격이 크다. 학수고대하던 백신이 개발됐지만, 개발 노력을 비웃기라도 하듯 알파에서 베타, 감마, 델타, 오미크론으로 감염력이 높거나 백신 효능을 떨어뜨리는 변이가 잇달아 등장하며 백신의 '게임 체인저' 대망론을 무색하게 만들었다.

　　코로나 사태에서 다시 한번 확인된 것은 우리가 문제의 근원을 모르거나 외면한다는 사실이다. 의도적이든 아니든 우리는 증상과 원인을 혼동한다. 당장 고통스러운 증상을 문제로 생각하지만, '진짜 문제'는 원인이다. 코로나19는 증상이지 원인이 아니다. 백신은 감염병 증상의 대응에 효과적이지만, 문제의 근본적인 해답은 아니다. 증상만 처리하려고 들면 문제는 해결되지 않을 뿐더러 양상만 바뀌며 증상이 되풀이될 것이다. 2002년의 '사스(SARS)'도 2015년의 '메르스(MERS)'도 모두 코로나바이러스 감염병이다. 백신 개발에만 치중하면 문제의 근원은 건드리지도 못한 채, 코로나 사태가 종식되면 그냥 이전처럼 살면 된다는 잘못된 신호를 주기 쉽다.

감염병 확산은 개인의 면역력 그리고 생활 환경과 밀접한 관계가 있다. 2021년 2월 영국 임페리얼 칼리지 런던은 18~30살의 건강한 성인 남녀 36명에게 코로나바이러스를 주입하는 '휴먼 챌린지' 연구를 진행했다. 최근 공개된 연구 결과에 따르면 참가자의 절반인 18명이 감염되었고, 그중에서 16명이 코막힘이나 콧물, 재채기, 인후통 등 경증에서 중등도 수준의 감기와 비슷한 증상을 보였다. 참가자 모두에게 똑같이 바이러스를 주입했는데 절반만 감염되고 감염 정도도 다른 것은 개인의 면역기능 차이 때문으로 볼 수 있다. 개인의 면역력은 선천적인 차이도 있지만, 환경에 의한 후천적인 차이도 크다. 보이지 않을 뿐, 우리는 생활 환경과 뗄 수 없이 연결되어 있다.

오스트리아의 생물학자이자 건강생태학자 클레멘스 아르바이 Clemens G.Arvay 는 면역기능을 약화하는 주요 요인으로 미세먼지와 자연 파괴를 든다(『우리는 더 잘할 수 있다』). 미세먼지는 면역력을 떨어뜨려 감염에 취약하게 만든다. 특히 미세한 금속 파편이 포함된 자동차 브레이크의 '마모분진'은 면역세포, 그중에서도 바이러스나 박테리아를 인식해 제거하는 '대식세포'를 파괴한다. 암모니아도 미세먼지를 많이 일으킨다. 화학비료와 축산업에서 대량으로 발생하는 암모니아가 공기 중 유해물질의 촉매로 작용해 미세먼지를 만든다. 이렇게 우리의 면역체계는 자동차와 화학비료와 축산업과 연결된다.

　　공장식 축산에 필요한 사료용 콩을 재배하느라 세계적으로 매년 엄청난 규모의 숲이 없어진다. 이러한 경제 활동으로 야생동물 서식처가 파괴되면 코로나바이러스의 숙주인 다양한 종류의 박쥐가 이전보다 더 밀집 서식하게 되어 바이러스의 '종간 전이' 위험이 커진다. 전이가 일어나면 바이러스의 독성과 감염성이 증가한다. 서식처가 줄어들어 먹이가 부족해진 박쥐는 먹이를 찾아 도시로 접근한다. 사람과 접촉 기회가 늘어나는 것이다. 이렇게 공장식 축산과 과도한 육식이 바이러스 감염증과 연결된다.

세상의 문제는 서로 깊이 이어져 있다. 미세먼지, 자동차, 화학비료, 공장식 축산, 과도한 육식, 숲의 파괴는 서로 연결되어 우리의 면역체계를 약화하고 감염에 취약하게 만든다. '로마클럽'을 창설한 이탈리아 사업가 아우렐리오 페체이 Aurelio Peccei는 개별적 접근으로 해결할 수 없는, 서로 긴밀하게 연결된 문제들을 '복합문제

problematique'라고 불렀다. 프란치스코 교종은 회칙 「찬미받으소서」에서 "오늘날의 문제들이 세계적 위기의 모든 측면을 고려하는 시각을 요구"한다면서 "인간적 사회적 차원을 분명히 존중하는 통합 생태론"을 제안했다. 통합적 접근을 요구하는 복합문제의 뿌리에는 끊임없이 먹이를 찾아 자기 증식을 거듭하는 자본주의 체제가 있다. 코로나 사태가 지나가도 우리가 변하지 않으면, 미세먼지도 환경파괴도 바이러스 감염병 빈발도 변하지 않을 것이다. 여기서 요행을 바라는 것만큼 어리석은 짓도 없다. 모든 것은 서로 연결되어 있다.

'더 많이' '더 크게' '더 빨리' '더 멀리'라는 자본주의 주술로 고삐가 풀린 인간의 탐욕이 이윤이 생기는 모든 영역에서 자기 생명을 갉아 먹는 중이다. 우리에게 치명적인 위험은 박쥐와 공존하는 코로나바이러스가 아니라 박쥐의 서식처마저 허용하지 않으려는 탐욕이라는 이름의 바이러스다. 멀리 열대우림까지 가지 않더라도, 얼마 전 어처구니없이 무너져내린 광주 학동의 철거 건물 현장과 화정동의 신축 아파트 현장, 경기도 양주의 채석장에 탐욕의 바이러스가 우글거린다.

기후위기와 마찬가지로 코로나19는 생명보다 이윤을 앞세우는 자본주의의 작품이다. 진짜 문제는 자본주의 체제에 있다. 이 진실을 외면하면 바이러스 팬데믹은 물론 그보다 더 혹독한 재난도 일어날 것이다. 2년이 넘는 고통의 시간을 보내면서도 배우지 못했다면 그것은 배우지 않겠다는 뜻이다. 바이러스가 선생이다.

2022_02

'코로나 학기'를 함께 지낸 학생들에게

코로나 학기에 시행된 비대면 수업으로 학기 내내 한 번도 직접 만나보지 못한 우리 학생 여러분, 안녕하세요. 지난 한 학기 우리는 '인간학'이란 교과목으로 '사람'과 '삶'에 관한 이야기를 나눴습니다. 저는 인간을 이해하는 관점으로 '세계의 근원적 유대'를 지겨울 정도로 반복해서 강조했습니다. 그래서 여러분이 이것만은 기억하리라 생각합니다. 모든 것이 서로 연결된 이 세계를 하나의 '집'으로 보면 우리는 모두 한집에 사는 식구입니다. 우리를 포함해서 집안의 모든 존재는 고유하고 소중합니다. 모두, 나름의 존재 이유가 있습니다. 그리스어로 보면, 경제οἰκονομία(오이코노미아)는 '집οἶκος'(오이코스)과 '법νόμος'(노모스)에서 왔습니다. 경제는 집을 다스리는 법입니다. 풀어서 말하자면, 경제는 집안 식구들의 삶을 돌보는 기술, 곧 '살림살이'를 뜻합니다.

근대 서구에서 세계의 모든 것을 '물질'로 균질화하는 물질주의 기계론적 세계관이 등장했습니다. 고유성과 생명이 제거된 세계는 물질과 운동으로 전환되어 기계로 재구성되었고, 세계의 모든 것은 부품으로 여겨졌습니다. 여기에는 근원적 유대가 있을 자리가 없습니다. 기계론적 세계관은 자본주의 시장 경제를 뒷받침하는 풍요로운 토양을 제공했습니다. 자원의 창고와 개발의 대상으로 여긴 자연은 산업화의 요구에 부응하여 끊임없이 파헤쳐졌습니다. 그래도 괜찮다고 생각했습니다. 자연은 생명이 없는 물질이니까요. 분업과 기계화로 생산과 소비가 비약적으로 늘었습니다. 시장이 사회의 중심이 되어서 모든 영역을 지배하게 되었습니다. 오늘 우리가 사는 '시장사회'가 나타났습니다.

시장사회는 모든 것을 상품화합니다. 시장사회에서 상품이 아닌 것은 가치가 없습니다. 사람도 마찬가지입니다. 노동력과 임금을 교환하는 임금 노동으로 사람도 상품이 됩니다. 사람과 노동력은 구별할 순 있어도 분리할 순 없으니까요. 우리의 생명을 지키는 '약'도 마찬가지입니다. 코로나19 백신은 전 인류에게 필요한 공공재지만, 일단 개발하고 나니 철저히 시장의 상품이었습니다. 물량이 한정된 백신 확보에는 뛰어난 구매력과 협상력이 필요했습니다. 죽음도 상품입니다. 죽음은 서비스 산업의 가장 안정적인 품목이고 장례식장은 대형병원에서 가장 확실한 수입원입니다. 누구나 언젠가는 죽으니까요. 인간에 합당한 품위 있는 삶에 필요한 평등과 공정과 정의도 시장 논리로 규정되고 평가됩니다.

시장은 신격화되었습니다. 사람들은 '신'이 된 시장의 충실한 신자, '호모 에코노미쿠스homo economicus'입니다. 많이 생산하고 많이 소비할수록 좋다는 시장의 '교리'를 굳게 믿고 따릅니다. 자유는 소비의 자유를 뜻하고, 소비의 자유를 얻으려고 의지의 자유, 곧 자유 의지를 포기합니다. 더 많은 상품의 생산과 소비를 뜻하는 성장이 행복을 보장한다고 믿습니다. 경쟁적으로 성장하며 더 많은 자원을 소비하고 더 많은 쓰레기를 만듭니다. 산업화로 온실가스가 과도하게 배출되어 지구가 뜨거워지면서 지구온난화는 모두의 위기가 되었습니다. 무분별한 개발과 채굴로 서식처를 잃은 야생동물이 사람의 자리로 들어오며 바이러스도 함께 따라왔습니다. 감염병이 빈발할 수밖에 없습니다. 우리가 시장의 충실한 신자인 한, 코로나19는 재난의 끝이 아니라 시작입니다. 이런 현실을 행복하다고 할 수는 없겠지요. 세상은 갈수록 더 복잡해지고 살기 힘들어집니다. 이제 성장의 환상에서 깨어날 때가 되었습니다. 사실 때는 이미 지났습니다.

경제는 성장하는데 삶은 힘들어집니다. 경제성장은 세계의 근원적 유대를 파괴하는 방식으로 이루어졌습니다. 성장과 함께 사회적 불평등과 생태적 파괴도 심해졌으니 살기 힘든 것은 당연합니다. 성장은 행복과 무관할 뿐 아니라 행복을 가로막기도 하지만, 시장의 성장 교리에 의문을 제기하는 사람은 찾아보기 힘듭니다. 다행스럽게도 우리 현실은 역사적 산물입니다. 원래부터 이렇지는 않았다는 뜻입니다. 오늘 현실은 우리가 세계를 시장으로 생각하고 시장 원리에 따라 행동한 결과입니다. 그렇지만 시장은 자연의 질서가 아니라 인간의 제도입니다. 우리가 다르게 생각하고 행동하면 현실은 바꿀 수 있습니다. 희망은 있습니다.

강의 주제마다 여러분 생각을 글로 읽었습니다. 여러분이 제출한 짧은 글에서 미래에 대한 희망과 용기, 현실에서 오는 좌절과 두려움을 보았습니다. 우리 앞에는 거대하고 탁한 흐름이 있습니다. 하지만 이 흐름에 여러분 자신을 그냥 맡겨버리지는 말았으면 합니다. 그렇게 하기에 여러분은 너무도 소중한 가능성입니다. 이세상은 앞선 세대가 만들어놓았지만, 여러분이 더 오래 살 곳입니다. 필요한 변화를 생각해보고 그 변화에 필요한 실천을 해보면 좋겠습니다. 실제로 행동하지 않으면 현실은 앞으로도 크게 변하지 않을 겁니다. 4차 산업혁명을 지나 5차 산업혁명이 온다고 해도, 이윤과 성장을 위해 사회적 불평등과 자연생태계 훼손을 기반으로 시장사회의 흐름은 파국이 올 때까지 계속될 겁니다. 세상을 그렇게 내버려 둘 수는 없다며 자발적으로 나서는 사람들이 있습니다. 그들과 함께, 여러분이 변화를 만드는 주체가 되면 좋겠습니다. 시장을 '집'으로, 시장 경제를 '삶의 경제'로 바꾸는 변화 말입니다.

　　이 거대한 흐름을 바꾸는 게 가능할까요? 당연한 의문입니다. 하지만 우리나라 민주화 역사만 보아도 변화는 성공과 승리보다 실패와 좌절로 성취되었음을 알 수 있습니다. 개인의 삶도 비슷하지요. 목표의 달성이 아니라 목표에 다가가려는 노력이 삶을 바꿉니다. '할 수 있는지'가 아니라 '해야 할 것인지'를 먼저 고민해야겠지요. 가능성보다 당위성을 고민하기 바랍니다. 정말 필요한 것이라면, 당위성이 가능성을 만듭니다.

여러분에 대한 기억은 사진으로 어렴풋이 남겠지만, 소중한 인연으로 깊이 간직하겠습니다. 몸과 마음의 건강을 빕니다.

2020_12

'일상'을 생각한다

단계적 '일상 회복'이 곧 시작될 모양이다. 코로나바이러스로 '비상'한 2년을 보낸지라 '일상'이란 말이 아스라이 그립다. 그동안 크나큰 타격을 입으며 견뎌온 자영업자에게는 길고 긴 가뭄 끝의 단비일 것이다. 하지만 지난달 국회 주변에 경찰의 저지를 뚫고 어렵사리 차려진 '자영업자 합동분향소'가 말해주듯, 막다른 골목에 몰려 스스로 세상을 등진 이들의 일상은 영영 회복될 수 없다. 견디다 못해 폐업하고 빚에 시달리는 이들의 일상은 회복될 수 있을까? '아시아나 케이오'나 '세종호텔' 해고노동자들처럼 코로나를 빌미로 해고된 노동자의 일상은 회복될 수 있을까? 강제로 거리로 내몰린 노동자에게서 정부가 방역의 이름으로 빼앗은 민주주의의 일상, 집회의 자유는 온전히 회복될 수 있을까? 중대재해처벌법을 제정했지만 지난 4월 평택항의 이선호, 이달 초 여수의 현장실습생 홍정운처럼 일하다 사고로 죽는 것이 예사인 노동의 일상은 변할 수 있을까?

야생동물 서식지 파괴가 바이러스 감염병 창궐의 근원으로 지목되지만, 채굴과 개발의 이름으로 벌어지는 대규모 자연 훼손은 지금도 일상으로 벌어진다. 한국전력은 지역주민의 반대에도 강릉·삼척 석탄화력발전소에서 생산하는 전기를 수도권으로 보낸다며 길이 220km에 송전탑 440기의 '동해안─신가평' 초고압 송전선로 건설을 밀어붙인다. 발전소를 지었으니 발전하고, 발전하니 송전한다는 기계적 논리는 10년 전 극심한 갈등과 인명 피해를 불렀던 '밀양'의 반복이다. 발전과 송전의 피해는 지역에 떠넘기고 수도권은 전기만 빨아먹는 '수도권 공화국'의 불공정·불평등의 일상은 무탈하다. 소박한 삶의 평화를 '발전'의 이름으로 짓밟는 무도한 일상은 근절될 수 있을까?

석탄발전소 건설 중단 대책을 마련하면 지역주민의 피해와 자연 훼손을 막고 온실가스도 감축할 수 있지만, 지금 정부는 그렇게 할 의지도 계획도 없다. 그 대신 정부는 2018년 온실가스는 총배출량으로, 2030년은 순배출량으로 계산해서 '2030 국가 온실가스감축목표(NDC)'를 30%에서 40%로 부풀리는 꼼수를 핀다. 정부는 지난달 확정한 '제6차 공항개발 종합계획'에서 가덕도와 새만금, 흑산·백령·서산·울릉 공항 개발을 비롯해 총 10

개의 신규 공항 계획을 발표했다. 코로나19 이전에도 기존의 지역 공항 대부분이 수요 부족으로 적자를 면치 못했는데도 공항개발을 밀어붙인다. 공항개발은 대규모 온실가스 배출량 증가로 이어지지만, 정부는 아랑곳하지 않는다. '일상 회복' 이후 토건 공화국의 일상은 더욱더 활기찰 전망이다.

대선이나 총선이 다가오면 정책 제안과 토론은 사라지고 '아니면 말고' 식의 비리 의혹 제기와 비방이 난무하며 정작 다뤄야 할 주요 의제를 모조리 집어삼킨다. 진흙탕 선거를 벌인 거대 양당에서 대통령을 차지하고 국회 의석도 대부분 쓸어간다. 정치권의 행태에 지쳐버린 대다수 국민은 이제 이런 선거 과정을 무심하게 받아들인다. 강요된 선택에 분노하는 주권자는 많지 않다. 코로나 이전도 이후도 우리 정치의 일상은 뻔뻔하고 무기력하다. 모든 권력이 국민에게서 나온다는, 광장의 촛불로 되찾았다는 민주공화국의 일상이 참담하다.

"비가 오고 나면 사람이 물을 줄 때보다 작물에 훨씬 더 생기가 돌아요." 지난여름 경기도 양주의 한 수녀원에 머물 때 농사짓는 수녀님이 들려준 말이다. 왜 그런 것 같냐고 물었더니 사람은 작물에만 물을 주지만 비는 밭 전체에 고루 내려서 그런 것 같다는 대답이 돌아왔다. 모든 생명체를 품는 자연의 넉넉함이라는 수녀님의 풀이가 그럴듯했다. 전체가 건강해야 부분도 건강한 법이다. 그 수녀님은 자기 농사를 짓기도 빠듯하지만, 일주일에 하루는 일손이 부족한 농가를 도우러 간다. 어떤 때는 일손을 도우러 찾아간 농가에서 자기 집보다 다른 집에 일손이 더 필요하다며 수녀님의 일손을 이웃에 양보한다. 수녀님과 농부의 마음이 비를 닮았다.

우리가 회복할 일상이 '함께 가는 일상'이면 좋겠다. 산에는 오르막길만 아니라 둘레길도 있다. 걷기 힘든 사람이 있을 때 오르막길이 아니라 둘레길을 택하면 모두가 즐겁다. 그렇게 되려면 땅을 고루 적시려는 '비의 마음'을 지닌 사람이 많아져야겠다. 그러면 적어도 그 주위 사람들 일상에는 생기가 돌지 않을까? 물론 개인의 변화만으로 사회의 변화를 이룰 수는 없다. 하지만 정부와 거대 양당이 변화의 요구에 귀를 막고 가던 길만 고집하는 '대의민주주의' 체제에서, 현재로선 다른 뾰족한 방법을 가늠하기 어렵다. 먼저 우리 자신이 이 세상에서 우리가 보길 원하는 변화를 이루지 않으면 세상도 변하지 않는다. 기꺼이 둘레길로 가겠다는 개인이 많아져 '함께 가는 일상'을 요구하는 사회적 목소리가 커지길 바란다. '고도Godot'는 마냥 기다린다고 오지 않는다. 고도는 우리가 움직일 때 온다. 기다리기만 하면 우리는 '희망'에 묶여 있고 변화는 없다. 행동하면 우리가 '변화'가 된다.

2021_10

그들은 누구인가?

그들은 국민 안전은 국가의 '무한 책임'이라고 말한다. 하지만 지난 10월 29일 밤 서울 도심 이태원 골목에서 159명이 압사한 참사에는 무한 책임이 아니라 '사법적 책임'과 유가족의 '보상받을 권리'만을 말한다. 책임은 대법원의 판결이 날 때까지 미뤄지고 생명은 돈으로 환산된다. 그들은 사회적 참사에 사과하지 않는다. 쏟아지는 비판에는 "죄송한 마음"이라며, 합리적인 비판에는 "동의하지 않는다"라며, 상식적인 물음에는 "언급이 부적절하다"라고 비껴간다. 그들은 지위가 높을수록 무책임하고 뻔뻔하다.

그들은 국민 안전에 무한 책임을 진다고 하면서 도로 위의 명백한 위험은 외면한다. 화물차 사고 사망자가 매년 700명에 이르고, 화물노동자는 하루 12시간 이상 일해야 겨우 생활비를 건지는 게 현실이다. 2020년부터 올해 말까지 컨테이너와 시멘트에 적용하는 '안전운임제'는 과속·과적·과로를 방지하여 도로의 안전과 화물노동자의 생계를 보장하자는 취지로 만든 제도다. 그러나 그들은 지난 6월 파업에 돌입했던 '화물연대'와 안전운임제의 지속적인 추진과 품목 확대를 논의하자고 합의한 후 아무것도 하지 않았다. 화물연대가 다시 파업을 선언하자 그들은 그제야 부랴부랴 안전운임제 '3년 연장 추진'과 '품목 확대 불가'를 일방적으로 통보하고 수용을 강요하여 화물노동자들을 파업으로 내몰았다.

진정으로 국민 안전에 무한 책임을 진다면, 안전운임제의 확대·강화는 화물연대가 아니라 그들이 주도해야 할 사안이다. 저임금과 장시간 노동에 시달리며 과속과 과적으로 도로를 질주하는 화물차의 위험은 '화물 품목'을 가리지 않는다. 국민 안전을 생각한다면 안전운임제 품목 확대는 당연하다. 휘발유, 고압가스, 유해 화학물질 같은 위험 물질이 안전운임제에 포함되지 않은 게 오히려 이상하다. 화물연대의 파업은 죽음과 고통을 연료로 삼는 화물 운송의 현실을 바꾸자는 결의이며 호소다.

그들은 이태원 참사가 일어난 후 시스템을 정비한다며 '범정부 재난안전관리체계 개편 태스크포스(TF)'를 꾸리더니 참사의 책임을 져야 할 행정안전부 장관이 단장을 맡았다. 그들은 자리보전에 집요하다. 자리에 눈이 먼 그들이 무엇을 얼마나 개선할 수 있을까? 시스템을 개선한들 제대로 운용이나 할 수 있을까? 그들은 화물연대 파업을 사회적 재난으로 규정하고 중앙재난안전대책본부를 꾸리더니 급기야 지금까지 한 번도 꺼낸 적이 없는 '업무개시 명령'을 발동했다. 이렇게 위기 상황을 조장하며 이태원 참사 유족들이 진짜 책임자로 지목하는 행정안전부 장관과 경찰청장이 다시 전면에 나섰다. 그들은 자리보전에 능숙하다.

그들은 불법과 관계없는 화물연대의 파업을 불법 집단행동으로 왜곡한다. 그들은 최근에 이어진 서울대병원과 지하철과 철도 등 공공부문 파업을 '정치 투쟁'으로 매도한다. 하지만 서울

대병원과 지하철 파업의 조기 타결과 철도 파업 철회가 말해주듯이 이들 파업은 '생계'와 '안전' 투쟁이다. 헌법이 보장하는 노동자의 합법적인 권리 행사다. 철도 부문에서 올해만 노동자 4명이 인력 부족에 따른 안전사고로 사망했다. 철도노조는 안전사고를 방지하려고 인력 증원을 요구해왔지만, 철도공사는 대규모 인력 감축 계획을 내놓았다. 그들은 안전과 생명보다 이윤과 효율을 더 중시한다.

그들은 112 첫 신고가 들어온 당일 저녁 6시 34분부터 참사가 터질 때까지 아무것도 하지 않았다. 신속하게 대응했다면, 이태원 참사는 막을 수도 있었다. 사고가 일어난 후, 그들은 책임 회피에 급급했다. 그들은 세월호 참사에 이어 이태원 참사 유족의 신뢰를 잃었다. 그들은 화물연대 파업을 막을 수 있었던 지난 5개월 동안 아무것도 하지 않았다. 파업이 시작된 후에는 책임 전가에 골몰했다. 그들은 노동자의 신뢰를 걷어찼다. '무신불립'이다. 그들은 정치에서 가장 중요한 '민'의 신뢰를 잃었다. 이제 그들은 '법과 원칙'을 앞세운 공권력, 합법이란 이름의 폭력밖에 가진 게 없다.

어떤 이유로든 그들이 한두 달 자리를 비운다면 우리나라는 어떻게 될까? 그들이 들으면 불편하겠지만, 별일 없이 잘 돌아갈 것이다. 그러나 화물노동자들이 며칠 자리를 비우면 어떨까? 우리나라 전체가 들썩일 것이다. 지하철이나 철도도 마찬가지다. 물류가 서면 경제가 선다. 우리나라에서 화물노동자가 맡은 공공의 역할은 그만큼 막중하다. 우리나라를 움직이는 건 화물노동자를 비롯해 묵묵히 '밑에서 뒤에서' 일하는 사람들이다. 결코, 그들이 아니다. 그러나 그들은 화물노동자를 존중하지 않는다. 대화하지 않는다. 통보하고 명령한다. 복종을 넘어 굴종을 요구한다.

이태원 참사와 화물연대의 파업에서 그들은 고통의 공감능력이 없음을 여지없이 보여주었다. 영국의 시인 윌리엄 블레이크William Blake는 외쳤다. "그들의 눈과 귀는 얼마나 다른가! 그들에게 세상은 얼마나 다른가!" 그들은 권력을 잡은 지 불과 반년 만에 갈등과 분열, 불공정과 몰상식의 세상을 열어젖혔다. 그들은 이제 '통합'도 '공정과 상식'도 말하지 않는다. 그들은 언론과 '민'의 자유를 부정하기 시작했다. 그들은 '자유'도 말하지 않을 것이다. 역사가 말하느니, 그들은 몰락의 길로 들어섰다. 그들은 스스로 무너질 것이다.

2022_12

내일을 위해 투표합시다

올해는 세월호 참사 10주기다. 지난 10년 동안 온갖 방해와 어려움 속에서도 세 차례 '조사위원회'가 꾸려져 세월호 침몰 원인을 밝히려고 했으나 아직도 명확한 결론을 내지 못했다. 현재, 침몰 원인은 '좌초설'(암초 등에 부딪혀 침몰), '외력설'(잠수함 충돌 등 외력으로 침몰), '내인설'(복원력 부족과 기관 고장으로 침몰) 이렇게 세 가지 가설로 남아 있다. 하지만 배가 왜 그리도 '빠르게 기울어져' 침몰했는지는 분명해졌다. 첫째, 증·개축이다. 전시실을 짓고 선실을 늘려서 세월호 무게는 원래보다 239톤 늘었고 선박 복원력은 줄었다. 더 많은 수익을 올리려고 무리하게 증축과 개축을 한 것이다. 둘째, 화물 과적과 '고박' 불량이다. 세월호의 화물 적재량은 987톤이었지만 당시에 2,214톤의 화물을 실었고 상당수 화물은 제대로 묶지 않았다. 선원들의 부주의 탓도 게으름 탓도 아니다. 제대로 화물을 묶으면 갑판 바닥을 많이 차지해 화물 적재량이 줄기 때문에 일부러 묶지 않았다. 과적과 고박 불량 상태에서 배가 기울자 적재 화물이 한쪽으로 쏠리며 급속히 침몰했다. 수사 과정에서 과적과 고박 불량은 '관행'이라는 진술이 나왔다. 결국, 더 많은 수익을 노린 욕심이 침몰을 재촉했다. 이윤에 눈먼 운항으로 304명이 속절없이 바다에 쓸려 들어갔다.

세월호는 안전과 생명은 뒷전이고 효율과 이윤만 앞세우는 우리 사회의 실상을 통렬하게 고발했다. 세월호가 폭로한 우리나라는 철저히 자본의 논리로 돌아가는 사회였다. 하지만 우리는 세월호가 비춰준 비루한 자기 모습을 직시하지 않고 서둘러 일상으로 돌아왔다. 진정한 반성이 없으면 과거는 반복한다. 세월호 이후에도 당연하다는 듯 참사가 계속됐다. 2022년 우리나라에서 1만 2,906명이 자살했다. 하루에 35명, 한 달에 1,075명이 스스로 세상을 등졌다. 힘들어 죽겠다는 소리 없는 비명이 곳곳에서 끊임없이 새어 나온다. 일상이 생존을 위협하는 현실에서 아무리 수백조 원에 이르는 천문학적 예산을 쏟아부어 온갖 정책을 세워도 출산율은 낮아질 수밖에 없다. 고용노동부의 '2022년 산업재해 현황'을 보면 2022년 산업재해로 2,223명이 사망했다. 874명은 사고로, 1,349명은 질병으로 죽었다. 매일 2명 이상이 일하러 나갔다 영영 집으로 돌아오지 못했다. 2022년 10월 서울 이태원 골목에서 한순간에 159명이 압사한 사건은 세월호에 이어 또다시 우리 사회에 큰 충격을 주었다. 이태원 참사는 안전과 생명을 무시하는 사회에서 언제든 터질 수 있는 인재였지만, 정부는 철저한 진상 규명과 책임자 처벌, 재발 대책 마련 대신 진상 축소와 책임 회피에 급급했다. 세월호 참사처럼 이번에도 정부는 없었다. 이태원 참사는 세월호 참사의 반복이다. 우리 사회에서 세월호는 10년째 침몰 중이다.

일상의 참사와 불의의 참사, 사회적 불평등 심화, 기후와 생태 위기 악화를 겪으면서 안전한 생명 존중 사회, 자연과 조화를 이루는 사회를 바라는 목소리가 커졌다. 그러나 이 요구에 귀를 기울여야 할 정치, 공동선을 증진해야 할 정치는 오래전에 그 기능을 상실했다. 지난 4월 제22대 총선에서 극명하게 드러났듯이, 우리나라 정치를 장악한 거대 양당인 더불어민주당과 국민의힘은 언제부턴가 서로 경쟁이 아니라 '전쟁'을 해왔다. 상대는 경쟁자가 아니라 '적'이다. 정치의 장이 네가 죽어야 내가 사는 살벌한 싸움

판이 되었다. 증오로 똘똘 뭉친 극단적 진영 싸움으로 긴급히 논의해야 할 중대한 사회적 의제는 모두 실종 상태다. 사회적 소수자의 목소리를 대변할 정치 세력의 입지는 극도로 좁아졌다. 총선이 다가오자 대통령까지 팔을 걷어붙이고 싸움판에 들어섰다. 윤석열 대통령은 여야의 주요 경합 지역에서 24번의 민생토론회를 열어 마치 나라를 말아먹을 기세로 '묻지 마 정책'을 남발했다. 규제를 해제해서 그린벨트도 농지도 개발한다고, 부동산 규제도 모두 풀겠다고 했다. 대통령의 입에서 나오는 거라곤 돈타령뿐이었다. '수백조 원의 경제효과' 운운하는 근거 없는 추임새도 빠지지 않았다.

세월호는 선거 때마다 우리에게 묻는다. 당신은 무엇을 위해 투표합니까? 세월호는 배를 멋대로 늘리고 고쳐서, 화물을 너무 많이 싣고 제대로 묶지 않아서 빠르게 바다 밑으로 가라앉았다. 우리는 어떤 사회를 만들었고 만들려고 하는가? 우리는 묶어야 할 것을 제대로 묶고 있는가? 우리나라 정치는 이러한 물음에 고민도 대답도 하지 않는다. 세월호 이후 반복하는 각종 참사는 이런 정치를 바라보고만 있으면 아무것도 변하지 않는다고 알려준다. 지난달 21일 '기억과 안전의 길'로 명명된 이태원 참사 현장에서 유가족인 유정 씨가 대자보를 써 내려갔다. 그는 대통령이 참사의 진상 규명 요구를 "가장 잔인하고 모욕적인 방법"으로 거부했다고, 지난 2년간 지금 정부가 "우리 사회를 더 짙은 어둠 속으로, 더 고립된 개인주의"로 몰아넣었다고 비판했다. 그는 시민을 향해 호소했다. "지겨운 절망을 넘어, 내일을 위해 투표합시다." 절망을 넘으려면 아무리 힘들어도 무기력과 무관심을 떨치고 일어나야 한다. 안전과 생명을 중시하는 내일, 불평등과 차별 철폐, 기후와 생태 위기 대응에 진력하는 내일을 향해 일어나 걸어야 한다. 그런 내일은 저절로 오지 않는다. 작지만 수많은 우리의 날갯짓이 나비효과를 일으켜 정치를 움직일 때, 그때 그런 내일이 온다. 그런 내일은 거대 양당의 독식 정치로는 오지 않는다. 사회적 약자와 자연을 중심으로 한 따뜻한 정치를 원하고 요구하는 사람이 많아질 때, 그때 그런 내일이 온다. 언제인지 알 수 없지만, 불현듯 불어오는 바람처럼 그렇게 온다. 우리의 투표는 그런 내일을 위한 작은 날갯짓이다.

"내일을 위해 투표합시다."

2024_04

희망은 어떻게 오는가?

『녹색평론』 발행인 김종철 선생의 1주기를 앞두고 선생이 쓴 『비판적 상상력을 위하여』를 다시 꺼내 보았다. '녹색평론 서문집'이라는 부제가 달린 이 책에 잡지를 발행했던 선생의 마음이 잘 녹아 있다. 책머리에서 선생은 자신의 글을 다시 읽다가 받은 충격두 가지를 언급한다. 첫째, '상식적이고, 현실주의적 생각'으로 일관한 자신의 글을 '이상주의적이고 근본주의적'으로 여기는 현실에서 받은 충격이다. 병은 뿌리를 뽑아야 한다고 하면서도 오늘의 총체적 위기를 산업 문명과 자본주의라는 근원에서 접근하면 비현실적이라고 무시하는 게 현실이다. 하지만 이런 '현실적인' 태도야말로 비현실적이 아닌가. 자본주의에서 불변의 상수로 군림해온 '성장'은 기후위기 시대에도 탄소중립의 확고한 동반자로 자리 잡았다. 그러나 온실가스 배출을 늘리지 않는 성장은 없다. 그렇다면 기후위기 시대에 성장을 근본 문제로 짚는 것은 상식이다. 하지만 진실과 상식을 거부하는 이 시대의 '근원적인 어둠'은 성장 비판을 비현실적이라며 외면한다. 보아도 보지 못하고 들어도 듣지 못하는 어둠의 시대는 오늘도 계속된다.

둘째, 『녹색평론』 창간 이후에 썼던 자신의 글이 17년이 지난 2008년에도 전혀 낯설어 보이지 않는 데서 오는 충격이다. 현실은 '본질적으로 열악'해졌고 '근대의 어둠'은 더 깊어졌다. 그리고 다시 13년이 흐른 2021년 오늘, 어둠은 더욱더 깊어졌다. 경제성장이 가져왔다는 물질의 풍요 속에서 삶은 한층 그악스러워졌다. 2018년 12월 태안화력발전소에서 비정규직 노동자 김용균이 야간에 혼자 일하다 석탄 이송 컨베이어벨트에 끼어 그 자리에서 몸이 찢겨 죽었다. 이 참사를 계기로 노동자가 일하다 죽지 않게 하자는 취지로 '중대재해기업처벌법'이 발의되었지만, 재계는 경영 부담을 들며 강하게 반발했다. 발의된 법 이름에서 '기업'이

빠지는 등 우여곡절 끝에 '중대재해처벌법'이 제정되었지만, 이후에도 노동 현장에서 계속되는 죽음은 돈 앞에 법은 여전히 무용지물이라고 고발한다. 이윤 증대와 비용 절감이 지상 목표인 사업장에서 오늘도 노동자는 죽고 정치인은 조문하고 검찰은 수사한다. 사람들은 하루빨리 코로나 이전으로 돌아가고 싶다고 말하지만, '그 이전'이 어떤 현실이었는지 '그 이후'인 지금은 얼마나 변했는지 아무도 묻지 않는다. 망각과 무감각의 시대에 어둠이 깊어간다.

세상과 개인의 내면을 짙게 덮은 이 어둠은 어디서 왔을까? 선생은 자본주의가 몰고 온 탐욕의 문화가 농사로 일구어온 자족의 문화를 밀어내버린 현실을 애통해했다. 먹을 것을 기르는 농사가 삶의 근본일진대, 산업화로 농촌이 해체되고 농사가 '산업농'이라는 돈벌이로 전락한 현실에서 삶인들 온전할 리 없다. 경제성장과 함께 우리 내면의 공허와 불안도 커졌고 그럴수록 성장에 집착하는 악순환이 되풀이됐다. 농사는 자연의 이치에 순종하는 겸손을 가르치지만, 자기 증식이 본질인 자본주의는 오만을 불어넣는다. 선생은 삶의 근본이 무너지는 현실을 외면하고 풍요만을 쫓는 시대의 어둠을 더욱 애통해했다.

구약성서의 예언자 예레미야는 유다 왕국의 멸망을 예고하며 애통해했다. 하지만 예레미야가 더욱 애통해했던 것은 너무나 분명한 민족의 비극적 종말에 대한 자신의 경고를 동족이 외면하는 어둠의 현실이었다. 유다는 가던 길을 재촉했고, 예레미야가 경고한

대로 기원전 587년 바빌론 제국의 침공으로 멸망한다. 온갖 파국의 징후가 짙어진 오늘 우리에게 절실한 것은 현재를 정직하게 대면하는 일이다. 하지만 예나 지금이나 성장과 풍요에 중독된 현실에서 죽음의 싹이 자라는 것을 직시하기란 매우 어렵다.

위기가 눈앞에 닥쳐도, 지배 권력은 현재의 지속, 곧 현상 유지를 원한다. 새로운 미래는 기존 질서의 변화와 기득권 상실을 뜻하기 때문이다. 그래서 현재를 '영원'으로 절대화하며 미래의 새로운 전망을 그릴 상상력을 제거한다. 권력에 복무하는 지배 이데올로기는 진실을 외면하고 현실을 왜곡한다. 지금 이대로 괜찮다고, 좀 더 열심히 하면 된다고 우리를 설득한다. 그렇게 우리도 현재에 안주하며 '또 다른 세상'을 그려볼 상상력과 의지를 포기한다. 변화를 요구하는 내면의 소리를 두려워하며 억누른다. 대안을 찾자고 외치는 사람을 외면하고 배척한다. 맹목적인 현실 집착에 길을 잃은 절망감이 숨어 있다. 시대의 어둠은 우리의 무관심과 무감각과 무기력을 먹으며 깊어진다.

문제의 본질과 위기의 근원을 외면한 채 현재를 고집하면 결과는 파국이다. 어둠이 눌러온 현실에 대한 '비판적 상상력'을 회복할 때, 새로운 미래를 보는 눈이 열린다. 그 첫걸음은 죽음을 잉태한 현실을 있는 그대로 보고 애통해하는 것이다. 예레미야가 그랬듯이, 김종철 선생은 정직하게 현재의 위기를 애통해했다. 비판과 냉소를 감수하며 시대의 어둠을 애통해했던 예언자의 삶을 살았다.

예언자는 현실을 보고 애통해하지만, 결코 미래의 희망을 잃지 않는다. 1991년『녹색평론』창간사에서 김종철 선생은 물었다. "우리에게 희망이 있는가?" 선생의 현실 진단은 어둡지만 솔직하다. "지금 상황은 인류사에서 유례가 없는 전면적인 위기"다. 선생의 제언은 무겁지만 단호하다. "손쉬운 처방이 없다는 사실", "부분적, 임시적, 외면적 수습책으로는 절대로 극복될 수 없다는 사실"을 직시해야 한다. 선생의 처방은 소박하지만 근원적이다. 교만을 겸손으로 바꾸어 죽음의 문화에서 생명의 문화를 다시 세워야 한다. 그렇게 할 때 우리에게 희망이 있다.

희망은 막연한 바람만으로 오지 않는다. 현실과 동떨어진 낙관은 희망이 아니라 '희망 사항'일 뿐이다. '지금 여기'의 현실을 직시하고, 해야 할 것을 기억하고, 최선을 다해 그것을 실천할 때, 오늘은 어제와 다르고 내일은 오늘과 달라진다. 달라짐은 새로움이고 새로움에서 희망이 움튼다. 희망은 그렇게 온다.

진솔하고 겸손한 눈길로 바라보면, 세상이 우리 모두의 소중한 '집'이라는 진실을 깨닫는다. 그 눈길은 우리 집의 약하고 아픈 존재에게 내미는 연민의 손길이 된다. 그 눈길과 손길이 모여 무너져가는 우리 집을 다시 세울 힘이 된다. 그때, 희망이 온다. 희망은 그렇게 온다.

2021_06

직접, 민주주의 할까요?

아침저녁 선선한 기운이 돌면서 그토록 뜨겁던 여름도 서서히 지나간다. 그렇다고 내년이면 더 뜨거워질 올여름을 잊어선 곤란하다. 세계기상기구(WMO)는 올해 7월이 역대 가장 더운 달이라고 발표했다. 안토니우 구테흐스António Guterres 유엔 사무총장은 지구온난화global warming 시대가 끝나고 지구가 들끓는global boiling 시대가 시작됐다고 경고했다. 우리나라를 포함한 세계 곳곳의 가뭄과 산불과 폭우는 갈수록 심해지는 기후재난의 현실이다. 가뭄에 곡물이 말라 죽고 병충해가 급증하니 기후위기는 곧 밥상 위기다. 현실은 총체적 위기 상황이지만, 우리나라 정부가 내놓는 기후 대책은 미봉책일 뿐 근본적인 대책은 찾아보기 힘들다. 기후 관련 법안은 국회에서 잠들어 있다. 정부도 국회도 무관심한 우리나라가 '기후 악당' 국가로 복귀하는 것도 시간문제인 듯하다.

지난해만 해도 가뭄이나 폭염이 심해지면 기후 관련 보도가 자주 나왔다. 하지만 올해는 그런 보도를 본 기억이 별로 없다. '용산'에서 문제가 하도 많이 터지는 바람에 기후 문제는 아예 묻혀버린 것 같다. 우리나라 대법원은 일본 기업이 일제 강제노역 피해자에게 배상금을 지급하라고 판결했지만, 대통령은 피해자가 반대하는데도 국내 재단에 의한 '제삼자 변제'를 막무가내로 밀어붙인다. 삼권분립을 비롯해 우리 헌법의 근간을 흔드는 작태다.

대통령이 국민 대다수가 반대하는 후쿠시마 방사성 오염수 해양 투기를 옹호하더니 급기야 반대 세력과 싸울 수밖에 없다고 위협한다. 일본의 오염수 방출로 우리 어민 피해가 있으면 우리 돈으로 보상하겠다고 한다.

무난히 진행되는 듯하던 해병대원 순직 사건 수사가 대통령실 외압 정황으로 평지풍파에 휩싸인다. 친일파 군인 백선엽을 띄우고 독립군 홍범도 장군을 헐뜯으며 뜬금없이 역사전쟁을 벌인다. 실체도 모호한 '반국가세력'과 생경한 '공산전체주의'를 들고나와 이념전쟁을 벌인다. 대만 문제를 거론하며 중국을, 우크라이나 무기 지원을 시사하며 러시아를 자극한다. 미국 장단에 맞춘 일방적인 '한·미·일 협력체제'로 북·중·러의 결속을 부추긴다. 신냉전의 선봉에서 행동대장을 자임하며 한반도의 군사적 긴장을 높인다. 건드리지 않아도 될 사안들을 들쑤시는 통에 정작 논의와 대책 마련이 시급한 사회적 의제들이 뒷전에 묻혀버렸다.

기후위기는 민주주의 문제다. 우리나라 국민의 80% 정도는 기후위기가 심각하다고 인식한다. 헌법 제1조가 천명하듯이 우리나라는 모든 권력이 국민에게서 나오는 민주공화국이다. 그러니 국민적 관심사인 기후 문제가 제대로 다루어지지 않는 현실은 우리나라 민주주의에 심각한 문제가 있다는 뜻이다. 주권자의 권력을 위임받은 공직자가 국민의 뜻을 무시하고 자기 뜻대로 행동하면 대의민주제는 작동하지 않는다. 지금 우리나라만이 아니라 전 세계의 대의제가 처한 우울한 현실이다. 상황이 이런 데도 주권자인 국민이 가만히 보고만 있으면 민주주의는 껍데기만 남고 추락한다.

민주주의는 주권자인 '민δῆμος(데모스)'이 '힘κράτος(크라토스)'을 행사하는 정치체제다. 개인은 힘이 없다. 개인이 모여야만 힘이 있다. '민'은 결집한 개인들을 뜻한다. 따라서 개인들이 결집하는 집회와 시위는 민주주의에서 불가침의 권리이자 자유다. 집회로 발생하는 피해와 불편은 최소화하되 감내할 것이지 집회 금지나 제한의 이유가 될 수 없다. 집회에 위법한 사안이 발생하면 그때 가서 처리할 일이지 결과를 예단해서 집회를 제한할 수 없다. 이것이 우리나라 법원과 헌법재판소의 일관된 견해다. 이를 뻔히 알면서도 경찰은 권력의 눈치를 보느라 집회와 시위에 사사건건 시비를 건다. 이게 이 나라 경찰의 현주소다.

우리나라 '민'은 대의민주주의가 고장 나면 거리에서 직접, 민주주의를 살려낸 면면한 전통이 있다. 이승만·박정희·전두환 독재, 박근혜 국정 농단에 대한 주권자의 심판과 저항은 모두 거리에서 시작했다. 집회는 '민'이 힘을 과시하고 행사하는 직접민주주의의 실천과 체험의 현장이다. 그러니 '민'에게서 권력을 위임받고도 민의를 무시하는 권력자, 곧 독재자는 집회와 시위를 싫어하고 폄훼한다. 대통령은 "경찰과 관계 공무원들은 불법 행위에 대해 엄정한 법 집행"을 하라고 독려한다. 여당은 "물 대응으로는 난장 집회를 못 막는다"라며 강경 대응을 주문한다. 경찰

청장은 "불법 집회 전력이 있는 단체는 집회를 불허"하겠다고 엄
포를 놓는다. 사실, 대통령과 여당과 경찰청장은 '민'이 두려운 거
다. 그래서 경찰청은 수사·치안 관련 예산을 줄여서 '차벽 트럭'
을 신형으로 교체하는 등 집회·시위 관련 예산을 늘린다. 이명박
정권의 사람만이 아니라 '명박산성'도 돌아올 판이다.

"내게는 꿈이 있습니다." 1963년 마틴 루터 킹 목사는 역사적인
'워싱턴 행진'에서 인종 차별 없는 세상을 건설하자고 호소했다.
안타깝게도 킹 목사가 꿈꾸었던 평등 세상을 이루려면 아직 갈 길
이 멀다. 매년 9월이면 세계 곳곳에서 수많은 사람이 정의로운 기
후 대책을 요구하며 행진한다. 기후정의의 꿈도 아직은 현실과 거
리가 멀다. 먼 길을 줄이려면 최대한 많은 사람이 모여서 '민'의
힘을 보여주어야 한다. 지난 9월 2일 '전국 50만 교원 총궐기 추
모 집회'에서, 그리고 이틀 뒤에 열린 '공교육 멈춤의 날'에서 '혼
자서는 미약한 검은 점'들이 수없이 모이자 검은 너울이 되었다.
'민'은 힘이 있다. 많이 모일수록 '민'의 힘은 커진다. 매년 9월이
면 돌아오는 '기후정의행진'에 함께 모여 걸으며 '민'의 힘을 보
여주면 어떨까. "우리 직접, 민주주의 할까요?"

2023_09

6장
'힘에 의한 평화'는 거짓이다

교육 경쟁에 반대한다

지난달 하순 기획재정부가 '2022 개정 교육과정' 시안에 자유시장 경제의 핵심 개념인 '자유경쟁'이라는 표현이 빠졌다며 교육부에 시정 의견서를 전달했다. 학생들이 경제에 대한 균형적인 시각을 길러야 한다는 이유에서 의견을 냈다고 했지만, 이례적인 일이다. '교육부도 경제부처'라는 윤석열 대통령의 질책성 발언이 일조했겠지만, 여하튼 기획재정부 관료를 비롯해 지금 정부가 자유경쟁을 얼마나 신봉하는지 잘 보여주는 대목이다. '자유경쟁'은 자유와 경쟁을 구체화한다. 자유는 경쟁할 자유, 배타적 자기실현의 권리다. 경쟁은 자유로운 경쟁, 제약 없는 싸움이다. 윤 대통령은 취임사에서 수십 번 반복한 자유가 '승자독식'이 아니라 '연대'를 동반한 자유라고 강조했지만, 자유경쟁의 맥락에서 보면 그건 그냥 듣기 좋은 말일 뿐이다. 자유경쟁에 연대를 위한 자리는 없다.

　흔히 경쟁은 인간의 불가피한 본성이라고 한다. 하지만 경쟁이 인간의 본성이라는 것은 만들어진 신화다. 러시아의 철학자이자 아나키스트 표트르 크로포트킨Pyotr Kropotkin이 지적했듯이, 인간 경쟁의 근거로 자주 끌어오는 동물의 경쟁은 예외적인 기간에 한정적으로 일어난다(『만물은 서로 돕는다: 크로포트킨의 상호부조론』). 생존은 '상호부조'가 경쟁을 억제할 때 더 유리해진다. 자연이 보여주는 경쟁은 언제나 제한된 경쟁이다. 자연의 먹이사슬은 순환 과정이자 공생의 원리다. 먹이사슬을 경쟁으로 보는 것은 인간의 경쟁 중심 문화를 자연에 투사한 결과다. 경쟁은 학습으로 우리 내면 깊이 심어진 이데올로기다. 경쟁이 불가피하다고 여길수록 우리는 경쟁적으로 행동한다. '세상은 원래 그렇다'라고 여기게 된다.

　　선의의 경쟁을 말하지만, 일단 시작하면 승부가 나야 끝나는 것이 경쟁이다. 경쟁이 효율을 높인다는 주장은 근거도 약하지만, 무엇보다 경쟁은 효율이 아니라 승부에 집착하게 한다. 성과를 높이기보다 상대를 이기는 데 열중하게 한다. 미국의 교육심리학자 알피 콘Alfie Kohn의 표현을 빌리면, "타인의 목표 달성은 방해하면서 자신의 목표는 이루려고" 한다(『경쟁에 반대한다: 왜 우리는 이기기 위한 경주에 삶을 낭비하는가?』). 그러나 무엇을 잘하기 위해서 남을 이길 필요는 없다. 심해질수록 폭력적으로 변할 수 있는 경쟁은 효율적이 아니라 파괴적이다.

소우주microcosm라고도 불리는 우리의 몸은 다양한 지체의 경쟁이 아니라 협동으로 움직인다. 어느 하나가 너무 승하면 조화가 깨어지고 병이 난다. 그런데 우리는 왜 몸 밖의 세계는 정반대의 원리인 경쟁이 지배한다고 생각할까? 바깥 세계는 나와 관계없는, 나를 위협하는 곳이라는 생각 탓일까? 하지만 나와 타자를 분리하는 세계 인식은 오늘날 철학이나 자연과학에서 이미 폐기된 지 오래다. 불교의 연기론 같은 종교적 통찰 또한 모든 것이 긴밀하게 연결된 세계를 보여준다.

경쟁은 상호의존의 관계망으로 이루어진 세계 질서를 거스른다. 세계 질서에 역행하는 삶이 순조로울 리 없다. 경쟁하는 삶은 긴장의 연속이다. 경쟁하면 상대를 이기려고 효율을 따지게 되고, 그렇게 되면 모두 내 적수가 된다. 경쟁은 타자를 함께 지내야 할 이웃이 아니라 이겨야 할 적수로 만든다. 경쟁 사회를 움직이는 동력은 두려움이다. 누가 이기고 지든 마찬가지다. 좋은 삶을 생각한다면, 경쟁이 아니라 협동이 맞다.

교육의 목적은 산업 인재 양성이 아니고 학교는 직업연수원이 아니다. 우리나라 '교육기본법'은 교육의 목표를 인격 도야, 자주적 생활능력, 민주시민의 자질 양성에 둔다. 인격은 '나'에서 '너'에게로 향하는 과정에서 형성된다. 경쟁은 타자 지향을 가로막아 온전한 인격 형성을 저해한다. 상반된 평가를 받는 두 부류의 사람을 생각해보자. '저 사람은 경쟁적이야.' '저 사람은 협력적이야.' 당신은 둘 중 누구와 함께 지내고 싶은가? 경쟁적인 사람과 지내길 바라는 사람은 별로 없다. 교육이 지향해야 할 유형의 사람은 누구인가? 경쟁은 민주시민의 양성에도 좋지 않다. 이기는데 몰두하면 주위를 돌아볼 여유가 없어진다. 앞만 보며 쉴 새 없이 뛰게 만드는 경쟁은 무관심과 현실 순응을 조장한다. 타자와 경쟁하면 패배에 대한 두려움이 커지고 자유가 줄어든다. 타자와 협동하면 두려움은 줄고 자유는 커진다. 현실을 비판적으로 둘러볼 여유, 타자를 배려할 여유가 생긴다. 민주시민의 기본 자질을 키우는 것은 경쟁이 아니라 협동이다.

기획재정부는 학생들이 균형적인 시각을 기를 수 있도록 교육과정에 자유경쟁을 넣자고 한다. 하지만 학교가 아니라도 우리 사회에 경쟁을 가르치는 곳은 차고 넘친다. 지나친 경쟁 중심의 현실을 생각하면 학교에서는 경쟁이 아니라 협동을 강조해야 한다. 학교마저 경쟁을 강조하면 학생들은 경쟁을 '자유시장 경제'를 넘어 사회 전체의 필연적인 원리로 알아듣기 쉽다.

경쟁을 삶의 원리로 여기고 살아온 우리는 지금 행복한가? 우리가 사는 이 세상은 미래 세대에게 물려줄 만한가? 만일 그렇다면, 세계 최저 출산율과 최고 자살률은 어떻게 설명할 것인가? 살만한 세상은 서로 따뜻한 말 한마디 주고받는 마음에서 시작된다. 경쟁은 우리에게서 바로 그 마음을 앗아간다. 교육의 목적은 타인을 이겨야 할 적수가 아니라 함께 살아야 할 이웃으로 여기는 사람을 양성하는 것, 어려운 처지인 사람에게 기꺼이 연대의 손길을 내미는 관대한 자유를 지닌 사람을 양성하는 것이다.

방을 비우며, 퇴직 단상

요즘 학교에 있는 연구실을 비우고 있다. 치워야 할 가장 큰 짐은 역시 책이다. 요즘은 책을 준다고 반가워하는 곳도 별로 없다. 그렇다고 그냥 다 버릴 수도 없는 노릇이라 앞으로 꼭 필요할 듯한 책은 옮기고, 나머지는 나누고 그래도 남는 건 버렸다. 이렇게 책을 정리하면서 퇴직을 실감한다. 삶에 작은 매듭 하나가 더해지고, 이제 나도 노년에 들어섰음을 새삼 깨닫는다. 자연스럽게 살아온 날들을 돌아보고 얼마나 남았을지 모를 살아갈 날들을 내다본다.

학교에서 지냈던 날들을 돌아보니 강의실 안팎으로 좋은 인연이 많았다. 고마운 일이다. 강의실에서 만났던, 지금은 대부분 이름을 기억하지 못하는 학생들을 생각한다. 그 학생들이 있어서 내 학교생활이 있었다. 가톨릭 동아리, 총학생회, 학내 자치 공간과 대안 문화를 고민하던 생활도서관 '단비(일단은 비빌 자리)', 학교 청소노동자와 연대하던 '맑음'에서 만난 학생들이 떠오른다. 봄 축제 첫날 저녁 '엄마표 음식'을 판매한 수익금으로 '민들레 장학금'을 만들고 매 학기 손수 마련한 따뜻한 차를 학내 구성원들과 나누던 청소노동자들도 생각난다. 모두, 작지만 아름다운 기억이다. 신영복 선생에 따르면, 중국의 양명학자 이탁오는 "사제가 아니라 사우 정도가 좋다"고 했다. "친구가 될 수 없는 자는 스승이 될 수 없고 스승이 될 수 없는 자는 친구가 될 수 없다."(『담론』) 학교에서 만나 세월이 흐르며 점점 친구처럼, 동지처럼 다가오는 학생들이 있다. 참으로 고맙고 기쁘다.

안타깝고 아쉬운 만남도 있었다. 그때 그 학생은 내 강의실 앞쪽에 앉았다. 앞쪽에 앉는 학생은 대체로 수업 집중도가 높은 편이라 그도 그러려니 생각했다. 내 예상은 완전히 빗나갔다. 그는 언제나 모자를 꾹 눌러쓰고 강의실에 들어왔고 자리에 앉으면 바로 눈을 감았다. 수업을 시작해도 눈을 뜨지 않았다. 수업 시간 내내 조는 게 아니라 그냥 잤다. 그것도 매번. 참다못한 나는 중간시험 후 그의 수업 태도를 강하게 지적했고, 그는 당황한 얼굴로 사과했다. 하지만 그 후에도 자는 건 변함이 없었다. 나도 더는 지적하지 않았다.

그즈음 학교에서 남모르는 고충을 겪는 학내 구성원의 간담회가 열렸다. 간담회에 나온 한 학생이 자기는 아르바이트가 너무 많아서 강의실에 앉기만 하면 졸음이 쏟아져 공부를 제대로 할 수 없다고 털어놓았다. 그 말을 듣는 순간 갑자기 머리에 번개가 쳤다. 다음번 수업이 끝난 후 바로 그 학생을 만났다. 그는 의외로 솔직하게 자기 형편을 얘기했다. "저는 대학 입학 후 지금까지 경제적 가장 역할을 해왔습니다. 과외를 많이 해서 늘 피곤하고 그래서 수업 때 깨어 있기가 정말 힘듭니다. 죄송합니다." 혹시나 했던 우려가 사실이었다. 이야기를 듣고 나서, 조심스레 장학금을 받을 수 있는 곳이 있다고 얘기했더니 학비는 이제 걱정하지 않아도 된다고 담담하게 말했다. 이미 제적 경고를 2번이나 받았고 이번 중간 성적도 너무 나빠서 이번이 마지막 학기라고 했다. 그는 고맙다는 인사를 하고 떠났다. 안타깝지만 크게 배운 만남이었다. '대인춘풍, 지기추상待人春風 持己秋霜', 타인은 봄바람처럼 부드럽게, 자신은 가을 서리같이 엄격하게 대하라. 남의 행위는 잘 보이지만 속 사정은 잘 보이지 않으니 남의 잘못을 섣불리 판단해선 안 된다. 현실은 대개 거꾸로다.

만나는 사람에게 곧 정년이라고 얘기하면, 이제부턴 뭘 할 거냐고 묻는다. 아직 뭘 새롭게 할까 생각해보진 않았다. 내 소속 수도회인 예수회에서도 별다른 말이 없다. 예수회 대학인 서강대학교에서 일하는 동안 신부와 교수의 정체성이 서로 분리되거나 대립하지 않고 겹치는 부분이 많다고 믿었고 나름대로 그렇게 하려고 애썼다. 그래서 퇴직한다고 뭐가 크게 달라질 것 같진 않다. 교수직은 멈추지만, 사제직은 계속된다. 솔직히 말하면, 이제부터는 좀 더 자유롭게 일할 수 있다는 기대와 홀가분함이 크다.

정년停年은 '멈추는 해'라는 뜻이니 성서의 '안식년'과 통한다. '안식'은 어원상 멈춘다는 뜻이다. 일곱 해마다 돌아오는 안식년은 경작을 멈추고 땅을 묵히는 때다. 묵힌 땅의 소출은 땅 주인이 아니라 모든 생명체의 양식이다. 안식년은 경작을 멈추어 땅을 포함한 모든 것을 살리는 때다. 현대 세계에서 안식년은 대학에서 명맥을 유지해왔다. 그런데 언제부턴가 대학에서 안식년이 연구년으로 변했다. 자본주의에서 멈춤은 생소한 말이다. '24시간 연중무휴'가 웅변하듯 더 많은 생산과 이윤으로 끊임없이 자기 증식에 급급한 자본의 축적 운동은 멈춤을 용납하지 않는다. 신자유주의의 수렁에 빠진 대학도 안식년에 멈추지 말고 더 많은 연구 성과를 내라고 교수를 닦달한다.

첫 번째 안식년은 8년 만에 얻었다. 그해는 길에서 시간을 꽤 많이 보냈다. 학교의 일상을 멈추고 길에 나서자 길에 나설 수밖에 없는 많은 사람을 만나게 되었다. 부당한 해고에 맞서 싸우던 해고노동자들과 맺은 인연으로 '비정규노동자의 집 꿀잠'을 함께 시작했다. 설악산 오색케이블카 사업에 반대하는 오색−대청봉 오체투지에 함께하며 '녹색연합'을 만났다. 고리·영광핵발전소에서 서울 광화문까지 '탈핵희망 국토 도보 순례'를 하며 생명과 평화를 소망하는 사람들을 만났다. 정년을 맞는 지금 우리 사회는 그때보다 전반적으로 상황이 더 어려워졌다. 무엇보다 자본주의가 우리 정신과 마음마저 포획하며 무소불위의 힘을 떨친다. 철벽처럼 강고한 현실을 바라보면 힘이 빠지기도 하지만, 어떻게든 함께 살자고 애쓰는 이들 덕분에 세상이 이만큼이라도 지탱된다고 믿으며 마음을 추스른다. 견뎌내야 할 때다.

서강대학교 정문에 들어서면 하늘을 향해 솟아 있는 학교 상징물 '알바트로스탑'이 있다. 탑 가운데에는 'OBEDIRE VERI-TATI', 진리에 순종하라는 학교 교훈이 보인다. 성서에서 진리는 사랑과 생명과 통한다. 하지만 대학에서도 진리와 사랑과 생명은 경쟁과 효율과 성과에 밀려난 지 오래다. 이제 정년이라는 '기한 없는 안식년'을 시작하며, 그동안 바쁘게 달려오느라 무심히 지나쳤던 것들을 조금은 더 잘 볼 수 있길 바란다. 그동안 밀렸던 진리와 사랑과 생명의 빚을 조금씩 갚으며 살았으면 좋겠다.

2024_02

무위당无爲堂 장일순에 길을 묻다

우리는 덫에 걸렸다. 우리나라의 극도로 낮은 출산율과 높은 자살률은 이 나라가 얼마나 살기 힘든 곳인지 직관적으로 보여준다. 지난 연말에 나온 한국은행 보고서 「초저출산 및 초고령사회: 극단적 인구구조의 원인, 영향, 대책」에 따르면 초저출산의 근원은 청년이 느끼는 높은 '경쟁압력'과 '불안'에 있다. 경쟁과 불안은 동전의 양면이다. 낮은 출산율은 높은 자살률과 뗄 수 없다. 실제로 1992~2005년 자살자 수는 3.3배 늘었고 출산율은 1.76명에서 1.08명으로 줄었다. 당연하다. 자살이 많은 나라에서 출생이 많을 리가 없다. 문제는 자본주의 체제에서 경쟁은 자연의 질서와 같다는 것이다. 1980년대 신자유주의가 본격적으로 등장하면서 보았듯이 경제 여건이 어려워지면 경쟁은 더 치열해진다. 그래서 국가 소멸 위기라며 호들갑을 떨면서도 정부나 정치권은 과도한 경쟁을 해소할 근본적인 대책은 엄두도 내지 못한다. 지금까지 나온 대책을 보면 주로 아이를 낳으면 이런저런 현금성 혜택을 준다는 제안이다. 돈으로 해결하겠다는, 지극히 자본주의 사회다운 발상이다. 그런데 정부의 현금 공세로 태어난 아기는 나중에 그렇게 태어난 자신과 부모와 사회를 어떻게 생각할지 궁금하다.

우리는 길을 잃었다. 얼마 전 헌법재판소에서 첫 기후소송 공개 변론이 열렸다. 정부는 경제성장과 산업 구조 등 경제에 미칠 영향을 고려해서 현실적으로 온실가스 감축 목표를 정했다고 주장했다. 이에 반해 청구인 측은 탄소중립기본법의 온실가스 감축 목표가 불충분해서 헌법상의 생명권, 환경권, 건강권 등 기본권이 침해된다고 주장했다. 정부가 고려했다는 경제성장은 생산과 소비의 증가를 뜻한다. 다시 말해서 성장은 에너지 사용을 늘려 온실가스 배출량을 적기에 필요한 만큼 줄일 수 없게 한다. 문제는 자본주의 체제에서 성장은 불문율이요 성역과 같다는 것이다. 그래서 이대로 가면 어딘가에 감당 못 할 재앙이 도사리고 있지만, 정부와 기업은 성장에 몰두한다. 다른 길을 모르니 그저 가던 길을 꾸역꾸역 갈 뿐이다.

덫에 걸리고 길을 잃은 오늘, 무위당 无爲堂 장일순을 다시 생각한다. 올해 30주기를 맞는 장일순 선생은 고향인 원주에서 교육, 신용협동조합, 반독재 민주화운동을 하다 70년대 후반 운동의 방향을 근본적으로 바꾸겠다고 결심한다. 장일순은 농약 중독으로 땅과 농민이 죽는 당시의 현실에서 부의 분배를 넘어서 자연과 공생해야 하는 시대가 왔음을 깨달았다. 문제의 근원은 산업문명과 자본주의에 있었다. 그는 '땅의 죽음'을 대전환을 요구하는 시대의 징표로 읽었다. 성장지상주의에 빠진 자본주의는 오늘도 땅이야 죽든 말든 생산과 소비를 늘리기에 바쁘다. 비정규노동과 플랫폼 노동 등 갈수록 착취의 강도가 높아지는 노동 환경에서 사람 또한 자본의 먹잇감으로 떨어졌다. 이 거대한 죽음의 덫에서 벗어나려면 지금과 다른 길을 가야 한다.

장일순은 '생명사상'을 우리가 가야 할 길로 제시했다. 생명은 '하나'다. 하나인 생명이 온 우주에 스며들어 있으니 모든 것이 이 생명에 참여하여 생명을 얻고 하나를 이룬다. 장일순은 생명사상의 자양분을 동학과 불교와 노자 등의 가르침에서 얻었다. 천지만물天地萬物 가운데 '한울님'을 모시지 않은 것이 없으니, 하늘과 사람과 사물을 두루 공경하는 '삼경三敬'이 삶의 도리다. 천지가 나와 한 뿌리요, 만물이 나와 한 몸이다. '나락 한 알' 속에도 우주가 있다. 모든 것은 서로 연결되어 있고 고유한 존재 이유가 있다고 보는 생태학 또한 생명사상과 동일한 세계를 전망한다. 자연의 이치를 거스르는 '인위人爲'는 위僞, 곧 거짓을 뜻한다. 장일순의 호 '무위당无爲堂'은 온갖 거짓에서 벗어나 자연의 이치를 따르겠다는 의지의 표명이다.

장일순은 자본주의가 당연하게 여기는 경쟁을 단호히 거부했다. 경쟁과 효율을 따지기 시작하면 모든 것이 이용의 대상이 되고 생명이 무시되는 탓이다. 하나인 생명에 기반한 세계에 상응하는 삶의 원리는 경쟁이 아니라 협동, 효율이 아니라 절제다. 승자독식의 경쟁 지상주의가 판을 치는 세상이지만, 패자가 없으면 승자도 없는 법이다. 삶은 함께 기대며 걸어가는 것이다. 우리나라의 출생률과 자살률, 기후위기에서 보듯이 삶의 이치에 반하는 행동 양식인 경쟁이 치열해질수록 하나인 생명 공동체는 더 위험해진다. 경쟁은 남이 아니라 오늘의 '나'와 하는 경쟁, 곧 본연의 삶의 원리인 협동과 절제의 능력을 기르는 노력이어야 한다. '천지여아동근天地與我同根, 만물여아일체萬物與我一體', 하늘과 땅은 나와 한 뿌리고 만물은 나와 한 몸이다. 모든 것이 하나의 집을 이루고 그 안에서 서로의 덕분으로 산다. 내가 존재하고 사는 것이 다른 모든 존재 덕분이라는 진리를 겸손히 받아들일 때, 경쟁이 아니라 협동, 배제와 독점이 아니라 연대와 공유의 원리가 작동한다.

　　주판도 잘못 놓게 되면 털고 다시 가야 한다. 지금껏 그래 왔다는 이유만으로 잘못된 것을 고집하면 열심히 할수록 잘못만 커진다. 장일순의 생명사상은 산업문명과 자본주의 체제가 잘못이라는 선언이다. 지금까지 걸어온 잘못된 길을 버리고 가야 할 길로 가자는 제안이다. 서로를 죽이는 경쟁을 서로를 살리는 협동으로 바꾸자는 각성이다. 1985년 원주에서 발원한 '한살림운동'은 생명사상을 땅과 농사에 적용한 생명운동이다. 장일순은 한살림운동으로 그저 몸에 좋은 농산물을 먹자고 한 게 아니라 생명의 근본적 존재 양식인 협동과 공생의 삶을 확산하고자 했다. 장일순이 너무 이상적이고 급진적인가? 하지만 덫에 걸리고 길을 잃은 오늘, 문제의 뿌리에 닿지 않는 대책은 모두 미봉책이다. 편한 길이 아니라 갈 길을 가야 한다.

2024_05

아이들을 보며 평화를 생각한다

지난해 가을부터 성북구 정릉 근처의 한 수녀원에서 지내고 있다. 이 수녀원은 뜰이 참 좋다. 수녀원 뜰은 아름드리나무와 꽃이 어우러져 일 년 내내 아름답고, 꽤 넓은 데다 잔디가 깔려서 아이들 놀기에 안성맞춤이다. 수녀원이 근처의 여러 어린이집에 뜰을 개방한 후로 아이들이 이곳에 자주 찾아온다. 아이들이 뜰에서 신나게 웃으며 뛰노는 모습은 평화롭다. 아이들이 노는 걸 보고 있으면 정말 시간 가는 줄 모를 정도로 행복하다.

수녀원 근처에 정릉천이 있다. 북한산 계곡에서 이어지는 정릉천은 그리 크지는 않아도 자연미가 살아 있고 아기자기해서 여름이면 아이들에게 인기 만점인 물놀이터다. 엄마 아빠의 손을 잡고 아장아장 걷는 아이들, 첨벙첨벙 '물살이'를 쫓아다니는 아이들, 도시에서 사라진 지 오래된 풍경이 정겹다. 이 모두가 일상의 평화가 주는 소중한 선물이다.

지난 5월 31일 아침, 사이렌과 경계경보 문자로 한바탕 소동이 벌어졌다. 잠시 후 잘못 발령되었다는 알림 문자가 왔지만, 이른 아침에 벌어진 이 소동은 일상의 평화가 한순간에 깨질 수도 있는 이 땅의 위태로운 현실을 일깨워주었다. 소동이 가라앉고 나자 40년 전 일이 떠올랐다. 1983년 2월 25일 오전, 북한에서 이웅평 조종사가 전투기를 몰고 내려왔다. 수도권 지역은 '실제상황'이라며 경계경보가 요란하게 울렸다. 마침 어머니와 함께 외출했다 집으로 돌아오던 길이었다. 전쟁을 직접 겪으신 탓일까 하얗게 질린 어머니의 얼굴이 지금도 잊히질 않는다. 어머니를 어디로 모시고 가야 하나, 내 머릿속도 하얘졌다. 40년이 지난 지금도 사정은 마찬가지다. 이른 아침 갑작스러운 사이렌과 경계경보 문자에 놀란 시민들이 무엇을 준비하고 어디로 피할 것인가.

　　지난 7월 27일로 정전협정 70년이 지났다. 한국전쟁은 이 땅에서 다시는 전쟁이 있어서는 안 된다는 엄중하고 절박한 교훈을 남겼다. 정전 상태의 한반도에서 전쟁의 부재不在를 뜻하는 '소극적 평화'는 절대로 양보할 수 없는 마지노선이다. 윤석열 대통령은 북한보다 압도적인 전력으로 '힘에 의한 평화'를 추구하겠다고 한다. 북한의 선의에 기댄 평화는 '가짜 평화'로 일축한다. 하지만 힘으로는 평화를 누릴 수 없다. 긴장과 불안만 커질 뿐이다. 현실적으로 핵과 발사체를 보유한 북한을 압도할 군사력이 어떤 것인지 궁금하다. 지난 4월 한·미 정상이 '워싱턴 선언'을 발표하고 '핵 협의 그룹'을 결성하자 북한은 대륙간탄도미사일을 시험 발사했다. 미국의 탄도유도탄 핵잠수함이 부산에 들어오자 북한은 단거리탄도미사일과 순항미사일을 동해와 서해로 날렸다. 한국과 미국이 "북한의 어떠한 핵 공격도 북한 정권의 종말로 귀결"될 것이라고 경고하자, 북한은 미국 전략핵잠수함의 부산 기항이 "핵무기 사용 조건에 해당"한다고 받아쳤다. 힘에 의한 평화는 무력시위를 동반한 '강 대 강' 대치 수위를 높일 뿐이다. 이 악순환의 끝은 무엇일까? 평화일까? 그렇게 획득한 평화는 어떤 종류의 평화일까? 필시 늘 긴장과 불안에 싸인 조마조마한 평화일 것이다. 그거야말로 가짜 평화가 아닌가.

함께 살면서 평화를 누리려면 이웃의 선의가 필수다. 그래서 선린善隣, 좋은 이웃을 얻으려는 노력이 언제나 중요하다. 좋은 이웃을 얻으려면 내가 먼저 좋은 이웃이 되어야 한다. 힘에 의한 대립과 대결이 아니라 대화에 의한 이해와 협력이 평화 공존으로 가는 길이다. 상대를 밀어붙일 게 아니라 보듬어 안아야 평화의 길이 열린다. 윤 대통령은 한국이 먼저 대승적인 태도를 보여야 일본이 움직인다며 일제 강제노동에 관한 대법원판결과 피해당사자의 의견, 압도적으로 부정적인 여론을 무시하는 무리수를 두면서까지 일본 정부를 감싼다. 후쿠시마 오염수를 30년 이상 바다에 버리겠다는 일본 정부를 알아서 대변한다. 그런데 왜 북한에 대해서는 전혀 노력하지 않고 힘을 내세워 적대적 대립 관계를 조장하는지 도저히 이해할 수 없다. 남북한의 긴장을 끌어올리려는 어떤 정치적인 의도가 있지 않은지 매우 의심스럽다.

우리의 힘을 키운다며 상대의 적의를 키울 필요는 없다. 지금 정부가 들어서고 나서 이른바 '가치 외교'와 한·미·일 군사협력 강화처럼 한반도의 긴장을 고조하는 행보가 활발해졌다. 하지만 긴장을 완화하는 노력은 도대체 찾아볼 수가 없다. 통일부는 '북한 지원부'가 아니라는 대통령의 비판을 북한은 어떤 의도로 받아들일까. 지난해 지금 정부가 내놓은 '담대한 구상'이 실효성 있는 제안이 되려면 북한이 받을 만한 것이 있어야 한다. 일방적인 요구는 제안이 아니라 명령이고 지시다. 일방적인 요구는 담대할수록 위험하다.

정전 70년, 그동안 이 땅의 현실은 어떻게 변했는가? 우리는 평화가 아니라 긴장만 키우지 않았는가. 이 땅에 평화를 심으려 '종전 선언'을 외친 이들을 '반국가세력'으로 규정하는 지금 정권이 진정으로 원하는 것은 무엇인가? 평화인가 대결인가? 평화는 남북의 군사력 대치가 아니다. 고대 이스라엘의 예언자 이사야는 외쳤다. "그들은 칼을 쳐서 보습을 만들고 창을 쳐서 낫을 만들리라." 칼과 창은 생명을 없애는 무기이고, 보습과 낫은 생명을 살리는 도구다. 평화는 평화적인 방법으로만 가능하다. 평화로 가는 길은 따로 없다. 평화가 길이다.

해맑게 웃고 뛰노는 아이들을 보며 문득 프란치스코 교종의 물음이 떠오른다. "지금 자라나는 어린이들에게 어떤 세상을 물려주고 싶습니까?"(「찬미받으소서」)

2023_07

팔레스타인을 더 많이 이야기하자

"존재하는 것이 저항하는 것이다To exist is to resist." 2014년 이스라엘 성지 순례 때 팔레스타인 서안지구에 있는 베들레헴에 들른 적이 있다. 예수 탄생 성지라고 방문했던 베들레헴이지만, 정작 지금껏 기억에 남아 있는 것은 끝이 보이지 않는 거대한 잿빛 콘크리트 분리장벽과 그 벽에 쓰인 절규의 그라피티다. 이스라엘은 1948년 건국 이후 지금까지 팔레스타인 땅 대부분을 무력으로 점령했지만, 팔레스타인은 저항 수단이 자신들의 존재뿐이었다.

지난 10월 7일 하마스의 기습 공격을 계기로 이스라엘은 가자지구에서 아예 팔레스타인 사람의 존재마저 지워버리겠다는 듯, 연일 폭탄을 퍼부었다. 학교와 난민촌, 심지어 병원도 가리지 않는다. 11월 현재, 가자 지구에서 살해당한 사람은 1만 5,000명에 이르렀다. 아이들이 6,000여 명, 여성이 4,000여 명 죽었다. 유엔 구호 직원도 100명이 넘게 죽었다. 이스라엘은 전쟁범죄를 저지르고 있고, 살상 무기를 공급하는 미국은 이스라엘의 공범이나 다름없다.

하마스가 기습 공격을 감행한 지 한 달 후인 지난 6일 아키바 토르Akiva Tor 주한 이스라엘 대사는 한국 언론에 하마스의 기습 영상을 공개하고 언론 보도가 불공정하다고 지적했다. 자기네와 마찬가지로 하마스의 공격도 학살이라는 것이다. 싸울 의사도 능력도 없는 민간인 학살은 어떤 경우에도 정당하지 않다. 하지만 하마스의 학살이 이스라엘의 학살을 정당화하지 않는다. 안토니우 구테흐스António Guterres 유엔 사무총장이 "이번 하마스의 공격이 진공 상태에서 일어나지 않았다"라고 지적했듯이, 팔레스타인은 75년째 '나크바(대재앙)'를 겪고 있다. 이번 하마스의 기습 공격도 이스라엘에 의한 팔레스타인 강점의 역사를 빼고는 설명할 길이 없다.

미국을 등에 업은 이스라엘이 막강한 군사력으로 얻은 것은 평화가 아니라 무고한 이들의 피다. 윤석열 대통령이 기회가 있을 때마다 강조하는 '힘에 의한 평화'란 결국 힘없는 이들의 희생을 불러온다. 지난 12일 윤 대통령은 한·미안보협의회 미국 대표단에 "북한이 오판해 하마스식 기습 공격을 포함한 어떠한 도발을 감행하더라도 즉각 단호히 응징할 수 있는" 태세를 당부했다. 가자 전쟁을 보고 나서도 이런 주문을 하다니 기가 막힌다. 북한이 도발을 감행하면 한·미가 아무리 즉각 단호히 응징해도 그때는 이미 우리가 상상하기 힘든 피해를 본 후일 것이다. 더구나 군사력에서 북한은 하마스와 차원이 다르다. 팔레스타인도 한반도도 문제 해결의 시작은 상대의 인정과 공존 의지다. 그리고 손은 힘이 센 쪽에서 먼저 내미는 법이다.

분리장벽으로 만들어진 세계 최대의 노천 감옥에 갇혀 이스라엘의 무차별 공격을 받는 가자지역 주민은 '게토'에 갇혀 살았던 유대인을 떠올리게 한다. 홀로코스트의 희생자임을 내세워 이스라엘 국가를 폭력적으로 세웠던 시온주의자들은 팔레스타인을 점령하면서 홀로코스트의 가해자로 변했다. 가자지구는 홀로코스트가 역사의 "일시적 광기"가 아니라 "합리적인 현대 사회"의 산물이고 그래서 언제든 재발 가능한 사건이라고 했던 폴란드의 사회학자 지그문트 바우만Zygmund Bauman의 진단을 다시 한번 확인해 준다(『현대성과 홀로코스트』).

지난 9일 미국은 가자지구 북부의 주민이 남부로 대피하도록 매일 4시간씩 '교전 중지'를 이스라엘과 합의했다고 발표했다. 그러나 지금 가자지구에서 안전한 곳은 없다. 결국, 가자지구 북부 주민은 강제로 쫓겨나는 것이다. 이스라엘이 교전 중지 합의를 준수하면, 하루 중 4시간을 뺀 나머지 20시간은 사람을 죽여도 괜찮은가? 그래도 되는 시간은 없다. 지난 24일 이스라엘과 하마스는 4일간의 임시 휴전에 들어갔고 양측은 이스라엘 인질과 팔레스타인 수감자를 교환했다. 4일이 지나면 다시 가자지구 주민을 살해해도 괜찮은가? 그래도 되는 때는 없다. 이스라엘과 미국 정부에 팔레스타인 사람들은 '호모 사케르', 죽여도 되는 사람들인가? 그들은 없어져도, 아니 없어지면 좋을 사람들인가? 그래도 되는 사람은 세상에 없다. 하마스에 끌려간 이스라엘 인질도 이스라엘이 살해하는 가자지구 주민도 모두 똑같은 사람이다.

지난 10월 27일 열린 유엔 총회에서 요르단이 주도한 즉각적인 가자지구 휴전 결의안에 압도적 다수인 120개국이 찬성했지만, 미국과 이스라엘 등 14개국은 반대했다. 한국은 결의안에 하마스 규탄과 인질 석방 요구가 빠졌다는 이유로 기권했다. 윤 대통령은 취임사에서 국제사회의 연대를 강조하며 "공권력과 군사력에 의한 불법 행위로 (…) 자유 시민으로서의 존엄한 삶이 유지되지 않는다면 모든 세계 시민이 자유 시민으로서 연대"해야 한다고 말했다. 우리나라는 지금 누구와 연대해야 할까? 자기 땅에서 살해당하는 고립무원의 가자지구 사람과 연대하지 않는 것은 보복의 이름으로 학살을 자행하는 이스라엘과 연대하는 것과 같다. 그건 연대가 아니다. 연대는 언제나 약한 쪽, 고통받는 쪽으로 흐르는 '하방연대'다.

성지 순례 때, 역시 서안지구에 있는 예리코에서 만난 팔레스타인 아이들이 떠오른다. 예리코의 고대 도시 터를 돌아보고 주차장으로 돌아오니, 아이들이 버스 안에서 수줍게 웃으며 손을 흔든다. 내게 하는 인사인지 애매해서 그냥 웃으며 고개를 돌려보니 뒤편에 또래 아이들이 탄 다른 버스가 있었다. 아, 자기들끼리 하는 인

사였구나, 쑥스러운 마음에 얼른 버스에 타려는데, 아이들이 활짝 웃으며 손을 크게 흔든다. 오, 내게 하는 인사였다. 아이들의 그 천진한 웃음과 손짓에 잠시 행복해졌다. 하지만 이 아이들 앞에 놓인 미래, 그들 부모의 현재를 생각하니 금세 우울해졌다. 10년이 지났으니 이제는 모두 어른이 되었을 텐데, 지금은 어디서 무엇을 하고 있을까. 모두, 안녕할까.

　　이날은 숙소에 일찍 도착해서 오후는 꽤 여유가 있었다. 순례 안내인과 함께 숙소 근처에 있는 동네 카페에 들어가 봤다. 아직 이른 시각이라 카페는 비어 있었다. 포도주와 '물담배'로 오랜만에 느긋한 시간을 보내고 호텔로 돌아오는데, 카페 청년이 허겁지겁 달려왔다. 잠시 머뭇거리더니 물담배값을 잊었다며 돈을 더 달라고 했다. 당연히 할 말을 하면서도 얼마나 수줍어하는지 몰랐다. 그 순박함에 팔레스타인의 현실이 겹쳐 다시 우울해졌다. 그때의 기억이 무엇이라도 해보라고 채근하지만, 분리장벽만큼이나 거대한 현실 앞에 서면 어느새 무력감이 스멀스멀 올라온다. 하지만 가만히 있으면 체념하게 되고, 체념은 무관심이 된다. 영국의 역사학자 이언 커쇼Ian Kershaw가 통렬히 지적했듯이, "아우슈비츠로 가는 길은 증오로 건설되었지만, 무관심으로 포장되었다." 무관심을 떨치기 위해서라도 무언가를 하는 것은 의미가 적지 않다. 팔레스타인 서안지구 라말라의 인권운동가 이야드 바르구티Iyad Barghouti는 "한국에서 우리에게 관심을 갖고 이해하는 이들이 있다는 것만으로도 행복하다"고 호소했다. 우리가 무관심한 사이 가자지구가 또 다른 홀로코스트의 현장이 되는 것을 막으려면 팔레스타인을 더 많이 이야기하고 더 크게 외쳐야 한다. 팔레스타인에 해방을! 팔레스타인에 평화를!

2023_11

2024년 가자지구, '소녀가 온다'

가을이 깊어가며 이런저런 생각이 많아진다. 창문 아래 놓아둔 빈 의자에 신문에서 스크랩한 사진 세 장이 빛이 바랜 채 놓여있다. 모두, 지금까지 1년 넘게 이스라엘의 무차별 학살을 견뎌내고 있는 팔레스타인 가자지구 사진이다. 한 사진을 보니 가자지구 남부 라파의 난민촌에서 어린 소녀 하나가 쪼그려 앉아 물 한 컵으로 설거지를 하고 있다. 소녀 앞에 놓인 빈 냄비 세 개에 어떤 음식이 있었을까? 소녀는 무엇을 먹었을까? 뭐라도 먹었을까? 소녀는 무표정하다. 그 무표정한 얼굴 속에 감추어진, 그 또래가 감당할 수 없고 감당해서도 안 될 경험을 생각해본다. 다른 두 사진을 보니 이스라엘이 소개령을 내린 가자지구 제2의 도시 칸유니스에서 사람들이 한밤중에 아이들의 손을 잡고 도시를 떠나고 있다. 머리에 이고 어깨에 짊어진 피난 보따리가 너무 단출하다. 짐이 줄어든 만큼 일상의 삶이 파괴되었다. 엄마 손을 잡은 아이는 다른 손으로 물 한 통을 꼭 잡고 있다. 이들도 모두 표정이 없다. 그 무표정함 깊은 곳에 숨겨진 절망과 분노를 가늠해본다. 내가 사는 수녀원 뜰에서 재잘대며 마음껏 뛰노는 이곳 아이들의 모습과 겹치면 어느 한쪽이 비현실처럼 보인다. 혼란스럽다.

가자지구 보건부는 전쟁 발발 1년째인 지난 10월 7일 기준 총 4만 1,909명이 숨졌다고 밝혔다. 매일 약 115명이 죽임을 당한 셈이다. 어린이 사망자는 3명 중 1명꼴로 첫돌을 맞기 전에 죽은 영아만 700명이 넘는다. 사람들은 거주지와 난민촌에서, 대피소와 병원에서, 심지어 구호 차량 앞에서도 피살됐다. 부상자가 10만 명에 달하고 실종자도 2만 명이 넘는다고 알려졌다. 그야말로 의도적인 무차별 살상이 끊임없이 이어진다.

가자지구의 참상에 분노해도 이스라엘이 거침없이 저지르는 거악 앞에서 무력감에 싸이기 쉽다. "여기서 뭘 할 수 있을까?" 하지만 지난해 11월 팔레스타인 인권운동가 이야드 바르구티Iyad Barghouti가 한겨레의 인터뷰에서 말했듯이, 극심한 고통에 처한 사람들에게는 세계 저편에서의 관심과 이해와 지지가 우리가 생각하는 것보다 훨씬 큰 힘이 된다는 걸 잊지 말아야겠다. 그리고 진정한 관심과 이해와 지지는 행동을 고민하기 마련이다. 그래서 다시 묻게 된다. "여기서 뭘 할 수 있을까?"

가자지구 학살은 기본적으로 자기 이권을 관철하려는 강자 이스라엘이 약자 팔레스타인에 퍼붓는 거대한 폭력이다. 여기서 강자는 약자를 자기와 같은 인간으로 생각하지 않는다. 그래서 마음대로 죽여도 되는, 보호받지 못하는, 저주받은 인간 '호모 사케르'에 대한 대량살육이 자행된다. 아메리카 인디언 학살이 그랬고 유대인 학살이 그랬다. 이렇게 보면 가자지구에 대한 폭력은 양상만 달리하여 오늘도 세계 곳곳에서 암묵적이거나 노골적으로, 종종 '국익'이라는 이름으로 행해지거나 방치된다. 우리나라도 예외가 아니다. 당장 지난 6월 아리셀 참사에서 드러난 이주노동자나 난민에 대한 우리나라의 전반적인 인식과 태도를 생각해보자. 그들에게는 우리가 바로 '이스라엘'일 수 있다. 가자지구 주민을 학살하는 이스라엘을 비판할 때 '우리 안의 이스라엘', '우리 주위의 이스라엘'도 함께 반성해야 하는 까닭이다.

한강 작가가 노벨 문학상을 받았다. 『소년이 온다』는 작가가 "압도적인 고통"으로 썼다고 밝힌 소설이다. 예전에 처음 읽을 때, 나도 계속 읽어나가기가 힘들어 책을 덮었다 펼쳤다 했던 기억이 난다. "저건 광주잖아." 작가는 에필로그에서 용산 참사를 보고 바로 광주를 떠올린다. "그러니까 광주는 고립된 것, 힘으로 짓밟힌 것, 훼손된 것, 훼손되지 말아야 했던 것의 다른 이름이었다." '광주'는 이미 1947년 제주라는 고립된 섬에서, 그리고 다시 2009년 서울 용산의 고립된 망루에서 일어났다. 어디 그뿐이랴. "관동과 난징에서, 보스니아에서, 모든 신대륙"에서도 일어났다. 그리고 2007년 분리장벽으로 봉쇄된 가자지구는 지금까지 고립된 채 짓밟히고 훼손된 것 그러나 훼손되지 말아야 할 것의 대명사가 되었다. 스웨덴 한림원이 노벨 문학상 선정 이유로 밝힌 작가의 "역사적 트라우마에 맞서고 인간 삶의 연약함을 드러내는 강렬한 시적 산문"은 제주와 광주를 넘어 오늘 가자지구는 물론 고립된 채 폭력을 견디는 세계 모든 곳을 보듬는 애도와 연민의 서사다.

　　우리는 '광주의 정신'을 제대로 살리지 못했다. 광주항쟁 당시 양동시장 어머니들이 사람들에게 나눠준 주먹밥에 들어있던 연대와 협동의 공동체 정신을 지금은 찾아보기 어렵다. "모든 사람이 기적처럼 자신의 껍데기 밖으로 걸어 나와 연한 맨살을 맞댄 것 같던 그 순간들"은 이제 희미한 기억으로 남았다. 그러는 사이 경쟁과 효율만을 강요하는 신자유주의 체제가 확고해졌다. 각자도생과 승자독식의 질서에 순응한 우리는 약자와 소수자들이 삶 밖으로 밀려나는 걸 방관한다. 언제 내 차례가 될지 모른다는 두려움에 싸인 채.

　　우리가 지금 여기서 가자지구에 보내는 연대는 우리 내면과 주위에서부터 "고립된 것, 힘으로 짓밟힌 것, 훼손된 것, 훼손되지 말았어야 했던 것"들이 더는 생기지 않도록 하는 것으로 시작해야 한다. 그래서 거듭 물어야 한다. "인간은 무엇인가. 인간이 무엇이지 않기 위해 우리는 무엇을 해야 하는가." 한강 작가는 지금 전쟁으로 수많은 사람이 죽임을 당하고 있다며 수상 기념 기자회견도 잔치도 열지 않았다. 타인의 고통을 껴안는 이 연민의 마음은 작가가 가자지구와 폭력으로 고립된 모든 곳에 내미는 연대의 손길이다.

　　이번 노벨 문학상 수상을 계기로 많은 사람이 한강 작가의 작품을 읽었고 또 읽을 것이다. 아무쪼록 작가의 글 곳곳에 스며 있는 세상을 향한 호소를 마음에 새기는 계기가 되었으면 한다. "어떻게 벌써 분수대에서 물이 나옵니까. 무슨 축제라고 물이 나옵니까. 얼마나 됐다고, 어떻게 벌써 그럴 수 있습니까." 타자의 고통을 잊지 않으려는 마음이 모여 세상을 감쌀 때 저 빛바랜 사진 속 난민촌 소녀도 무표정을 거두고 옅은 미소를 띤 채 "밝은 쪽으로, 빛이 나는 쪽으로, 꽃이 핀 쪽으로" 오지 않을까.

2024_10

7장
텃밭이 가르쳐준 것들

■

소소한 상을 차려보자

지난해 10월 초, 서강대학교 '예수회 공동체'에서 살다가 성북구 정릉 근처 한 수녀원에 있는 사제관으로 이사했다. 대학교 안에서 16년을 살다가 주택가로 옮겼으니 꽤 큰 변화다. 새로 이사한 곳에 오니 조그만 주방이 하나 있다. 주방도 있으니 이참에 음식을 한번 해보면 어떨까 하는 생각이 들었다. 소박하게 음식을 차려내고 사람들이 모여 함께 얘기하며 먹는 모습을 그려보니 그럴싸했다.

　모여서 함께 먹는 걸 생각하니 2017년 여름에 문을 연 '비정규노동자의집 꿀잠'이 떠오른다. 꿀잠의 특징이자 장점은 '잘 먹는 것'이다. 집 구조 자체도 그렇게 생겼다. 꿀잠에 들어서면 바로 카페 겸 식당 그리고 주방이 있다. 꿀잠에서는 끼니때는 물론이고, 수시로 주방에서 뭔가를 만들어 식당에서 함께 먹고 마시며 담소를 나눈다. 밥을 같이 먹으며, 처음 보는 사람들은 자연스레 서로 알게 되고 삶에 지친 사람은 힘을 얻는다. 위험한 노동, 부당한 노동으로 자식과 남편을 잃은 유족들도 꿀잠의 밥심으로 긴 싸움을 이겨냈다.

1996년부터 2000년까지 신학 공부를 하느라 미국 보스턴의 예수회 공동체에서 4년 반을 살았다. 거기서는 매일 돌아가며 저녁 식사 당번을 맡았는데, 거의 매주 한 번꼴로 차례가 돌아왔다. 그전에 요리해본 적이 별로 없는 나는 부담이 꽤 컸다. 급한 대로 근처 한국 교민들에게 물어물어 불고기, 볶음밥, 카레, 잡채 같은 식단을 정해놓고 4년 내내 순서대로 돌렸다. 물론 요리법도 정식이 아니라 약식이었다. 저녁 준비가 쉽지는 않았지만, 그래도 내가 차린 상에서 맛있게 먹으며 이런저런 얘기를 나누는 모습이 근사해 보였다. 뿌듯했다.

어느 해 내 생일이었다. 오늘 점심은 '특식'으로 라면을 먹을까 생각하고 있는데, 수업을 마치고 돌아온 공동체 동료가 생일 축하한다며 그릇 하나를 내밀었다. 뚜껑을 열어보니 그릇에 미역국이 담겨 있었다. 한국 사람은 생일에 미역국을 먹는다고 들었다며, 먹고 힘내라고 한다. 너무나 뜻밖의 선물이었다. 어디서 구했냐고 물으니, 학교에 같이 다니는 한국 교민에게 부탁했다고 한다. 미역국을 먹으며 그 친구의 우정에 감동했다. 직접 만든 건 아니지만, 따뜻한 마음으로 마련한 미역국은 맛있었다. 힘이 났다.

예수회에 들어간 뒤, 가끔 집에 가면 어머니는 언제나 똑같은 질문을 하셨다. "거기선 뭐 먹는데?" "언제 또 오는데?" 어머니는 내가 밥은 제대로 먹고 지내는지 늘 걱정하셨다. 어디 멀리 떠나는 것도 아닌데 내가 돌아갈 때면 늘 아쉬워하셨다. 한 번은 언제 다시 올 거냐고 묻는 어머니에게 농을 했다. "엄마가 뭐 맛있는 거 해 주시면 금방 또 올게요." "이제 다 까먹어 가, 할 줄 아는 게 뭐 있나." 어머니는 금방 온다는 말에 반색하면서도 멋쩍어하셨다. 그땐 이미 아버지가 주방을 맡고 계셨을 때였다. 그런데 다음에 미리 연락을 드리고 집에 가보니, 어머니가 육개장을 한솥 가득 끓여놓고 나를 맞으셨다. 아버지는 어머니가 얼마나 공들여 장을 봤는지 모른다고 말씀하셨다. "이게 간이나 맞을지, 맛이나 있을지" 하면서도 어머니는 한 그릇 가득 육개장을 내오셨다. 육개장은 간도 맞았고, 맛도 있었다. 집에 있는 며칠 내내 어머니가 만드신 육개장을 먹었다. 어머니는 아직 살아 계시지만, 그 육개장이 다시는 맛보지 못할 어머니의 마지막 손맛이었다. 그래서 고기를 잘 먹지 않는 요즘도 육개장은 예외다. 그러고 얼마 지나지 않아 집에 가면 내가 어머니에게 상을 차려드려야 했다. 어설프기 짝이 없는 상차림이었지만, 어머니가 맛있게 드셨다고 믿고 싶다.

이전에는 없다가 생긴 주방에 이런저런 기억이 더해지고 방학이라 시간도 좀 나길래, 별 준비도 없이 몇 번 손님을 불렀다. 한국 음식은 아직 무리고, 파스타와 거기에 어울리는 소소한 것들을 곁들여 상을 차렸다. 어설픈 상이지만 그래도 오붓한 공간에서 모두 즐겁게 지내고 돌아갔다. 예상 밖의 '성공'에 고무되어, 올해는 짬이 날 때마다 상을 차려보자고 다짐한다. 당분간 메뉴는 이거 하나로도 괜찮지 않을까 싶다. 오는 사람은 계속 바뀔 테니까. 그런데 학기가 시작되면 어떨지 솔직히 자신은 좀 없다.

　　우리가 개인적으로 하는 일이 사회적으로는 다른 사람에게 상을 차려주는 것일지도 모르겠다는 생각이 든다. 그래서 내가하는 일이 나는 물론 다른 누군가에게 힘을 주는 밥이 되었으면 좋겠다. 지위가 높고 권한이 클수록 '다른 누군가'는 더 많아지고 상차림의 책임도 더 커질 것이다. 그렇게 보면 대통령은 우리나라 모든 사람에게 상을 차려주는 사람이 아닐까. 그런 대통령이 요즘 툭하면 밥 대신 법을 들이대니 황당하고 난감하다. 내 말을 먼저 잘 들어야 상을 차려주겠다는 건 골목대장이나 할 법한 우격다짐이다. 안전하게 밥 먹을 권리를 요구하는 노동자들을 억압하는 것은 그들의 상을 걷어차는 것이다.

　　희망을 말하기가 참 어려울 때다. 그래서 더욱더 희망을 말하며 새해를 시작해야겠다. 짬을 내고 마음을 내어 소소한 상을 차려보자. 그렇게 차린 상에 둘러앉아 함께 희망을 길러내자.

2023_01)

나의 게으른 텃밭 일지

내가 사는 수녀원 구내에 조그만 텃밭이 있다. 지난봄에 나도 농사를 좀 지어볼 요량으로 밭 한 이랑을 얻었다. 폭 50cm, 길이 4m 정도 되는 작은 밭에 상추와 아욱과 흰 당근 씨앗을 심고, 토마토 모종 5주도 밭 가장자리에 심었다. 생각해보니 지금껏 다른 사람의 농사를 도와만 주었지 '내 밭'에 거름을 주고 씨를 뿌린 건 처음이다. 텃밭을 드나들다 보니 몇 해 전 돌아가신 아버지가 생각났다. 아버지는 겨울을 빼곤 거의 매일 아침저녁으로 집 근처 공터의 텃밭에 나가셨다. 현관에는 언제나 삽, 호미, 곡괭이 같은 흙 묻은 농기구가 있었다. 아버지는 상추, 파, 감자, 들깨, 배추, 무 등 다양한 작물을 기르셨고 가을에는 김장까지 해서 자식들에게 나눠줄 만큼 소출도 상당했다. 농작물은 농부의 발걸음 소리를 듣고 자란다는 말처럼, 풍성한 소출은 농사 경험도 경험이지만 아버지가 밭에 들인 정성 덕분이었을 것이다. 농사에 쏟은 아버지의 지극한 정성을 생각하자 내 생애 첫 번째 텃밭의 소출에 걸었던 기대가 금방 사그라들었다. 그래도 어떻게 얼마나 자랄지, 호기심은 여전히 컸다.

씨앗을 흙에 넣고 꽤 시간이 지났는데 아무런 소식이 없다. 슬슬 조바심이 나는데 싹이 텄다. 어제만 해도 아무것도 보이지 않던 밭 여기저기서 싹이 살포시 올라왔다. 상추다. 씨앗에서 싹이 트고 그 여린 새싹들이 흙을 밀고 세상에 나왔다. 볼수록 신통하고 신비하다. 해거름에 흙에 물 준 것뿐인데 상추는 하루가 다르게 쑥쑥 자란다. 여린 상춧잎을 조금 따서 샐러드를 해서 먹었다. 맛있다. 상추는 관대했다. 따고 또 따도 잎이 계속 올라왔다. 상추가 웃자라 더는 먹기 힘들 때까지 따서 먹었다. 그 작고 딱딱한 씨앗에 이렇게 풍요로운 생명이 깃들어 있다니. 생명을 품은 씨앗이 경이롭다.

땅은 씨앗을 받아서 그 안에 잠든 생명을 깨워 세상에 내놓는다. 성서가 말하는 대로다. "어떤 사람이 땅에 씨를 뿌려 놓으면, 밤에 자고 낮에 일어나고 하는 사이에 씨는 싹이 터서 자라나는데, 그 사람은 어떻게 그리되는지 모른다. 땅이 저절로 열매를 맺게" 한다. 일해서 소출을 내는 건 사람이 아니라 땅이다. 사람은 옆에서 도울 뿐이다. 땅에 몸 붙여 사는 농부는 땅을 '어머니'로 여기고 공경한다. 농부는 땅 앞에서 겸손하다.

사람은 땅 없이 아무것도 할 수 없다. 아무리 뛰어난 기술도 무용지물이다. 사람(아담)은 흙(아다마)에서 나왔다는 성서의 관점에서 봐도 당연한 이치다. 땅은 누구나 필요하지만 아무도 만들 수 없다. 그래서 땅의 소유권을 거슬러 올라가면 그 기원은 결국 땅의 점유에 있고, 소수에 의한 점유는 필시 강제 점유일 수밖에 없다. 기원으로 보면 땅의 소유권 주장은 근본적으로 불의하다. 자기가 만들지도 않은 땅을 자기 것이라 주장하는 오만과 탐욕이 온갖 갈등과 폭력의 뿌리이며 온상이다. 성서는 땅은 '하느님의 것'이라고 선언하여 인간이 땅을 영구적, 배타적으로 소유하는 것을 금한다. 오늘날 토지 공개념의 원조 격이다. 지금 팔레스타인 가자지구에서 자행되는 무차별 학살도 이스라엘의 폭력적이고 불법적인 땅의 점령에서 시작했다. 땅에 대한 성서의 정신을 정면으로 부정하며 팔레스타인 강점의 정당성을 성서에서 찾는 이스라엘은 얼마나 뻔뻔하고 무지한가.

밭에서 내가 심지도 않은 들깨가 나왔다. 지난해 심었던 게 올해 다시 자라 깻잎이 무성해지는 걸 보며 성서의 '안식년' 생각이 났다. 일곱 해마다 돌아오는 안식년에는 경작을 멈추고 땅을 묵히는데, 그해에 나오는 소출은 땅 주인이 독점해서는 안 된다. 안식년의 소출은 "너희뿐만 아니라 너희의 남종과 여종과 품팔이꾼, 그리고 너희와 함께 머무르는 거류민의 양식이 될 것이다. 또한 너희 가축과 너의 땅에 사는 짐승까지도 땅에서 나는 온갖 소출을 먹을 것이다." 땅은 인간만이 아니라 뭇 생명체를 살리려고 일한다. 안식년은 적어도 7년에 한 번은 땅을 쉬게 하고, 그해에 나오는 땅의 결실은 모든 생명체에게 돌리라고 말한다. 땅이 관대하듯이 우리도 관대해지라는 요청이다. 그러나 땅이 거저 내주는 걸 독차지하려고 온갖 모진 짓을 서슴지 않는 욕망에 찌든 인간들은 땅까지 망가뜨린다. 땅이 거저 준 깻잎을 몇 사람과 나누었다.

　　토마토 줄기가 조금씩 올라와 그 옆에 버팀목을 세웠다. 예전에 괴산의 솔뫼농장 농부들과 지낼 때 토마토 순을 땄던 것은

194
195

기억하지만, 어떻게 땄는지 생각이 잘 나지 않는다. 알아봐야지 하며 시간만 보내던 어느 날, 토마토가 나타났다. 순을 제대로 따주지 않아서 그런지 씨알이 작고 아직은 푸르지만, 분명히 토마토다. 벌써 새들이 와서 쪼아먹는다. 다 익길 기다리다 맛도 못 볼까 싶어서 눈에 잘 띄는 데 달린 토마토부터 따서 집안 양지바른 곳에 놓아두었다. 며칠이 지나자 토마토가 조금씩 익어간다. 수줍은 듯 발그스레 변하는 모습이 먹기 미안할 정도로 예쁘다.

땅은 누구에게나 아낌없이 내어준다. 올해 텃밭은 게으른 내게도 풍성하게 베풀어주었다. 땅의 마음이다. 그러고 보니 텃밭에서 받은 것 못지않게, 배운 것이 많다. 내년에는 텃밭에서 마음 농사도 부지런히 지어야겠다.

2023_12

작두콩과 바질, 나의 게으른 텃밭 일지·2

올봄에는 텃밭에 상추와 루꼴라, 바질을 심고 가장자리에는 작두콩을 심었다. 한 2년 전에 우연히 커피를 끊었는데, 그때부터 수녀님들이 만든 작두콩 차를 종종 얻어 마셨다. 자극적이지 않은 부드러운 향이 좋았고 투박한 생김새도 마음에 들었다. 그래서 올해는 작두콩을 키워서 직접 차를 만들어보기로 했다. 마침 전에 얻어둔 작두콩이 세 개 있어서 그걸 밭에 심었다. 씨앗이 좀 오래돼서 싹이 잘 틀까 걱정하고 있던 어느 날 아침, 콩 하나가 살며시 땅 위로 머리를 내밀었다. 앗, 소리가 절로 나게 반가웠다. 아쉽게도 나머지 둘은 다시 볼 수 없었다. 며칠이 지나자 콩이 양쪽으로 쩍 갈라지더니 그 사이에서 연두색 새싹 두 잎이 나왔다. 세상에 갓 나온 싹에 살며시 손을 대니, 부드럽고 촉촉하다. 생명을 만지면 이런 느낌일까.

작두콩은 별로 해 준 게 없는데도 무럭무럭 자랐다. 콩 덩굴은 옆에 세워둔 지지대를 타고 부지런히 올라가더니 어느새 내 키를 훌쩍 넘었다. 어느 날 콩잎 사이로 꽤 큼직한 콩꼬투리가 달린 게 보였다. 세어보니 모두 열두 개다. 8월이 지나자 꼬투리가 내 손바닥만 하게 커졌다. 이렇게 큰 게 어디서 나왔는지 신기하고 신비하다. 생긴 모양을 보아하니, 왜 작두콩이라고 하는지 알겠다. 꼬투리가 꼭 작두날처럼 생겼다. 꼬투리 두 개는 씨앗을 받으려고 남겨두고 나머지로 차를 만들었다. 콩꼬투리 가운데를 가르니 영근 콩 10알이 얇은 막 속에 나란히 누워 있다. 앙증맞다. 콩은 따로 모으고, 빈 꼬투리를 적당한 크기로 잘랐다. 다 자르니 양이 꽤 된다. 며칠 말려 꾸덕꾸덕해졌을 때 정석대로 아홉 번을 덖었다. 드디어 작두콩 차 완성. 다음날 차를 우려서 맛을 보니, 괜찮다. 매번 얻어 마시기만 하던 작두콩 차를 직접 만들어 마시니, 뿌듯하다. 만나는 사람에게 직접 만든 거라며 작두콩 차를 선물하니까 모두 좋아한다.

식물은 번식력이 정말 놀랍다. 상추와 루꼴라도 그렇지만 바질도 뒤지지 않는다. 바질 잎이 자라는 대로 따서 요리조리 먹어보고 이리저리 나눠도 바질은 잎을 쉼 없이 내주었다. 바질의 관대함을 당하질 못해 바질페스토를 만들기로 했다. 조리법대로 조금 만들어 맛을 보니 밖에서 먹던 것과 얼추 비슷하다. 빵에 발라서 먹고 파스타도 만들면 되겠다 싶어서 잎을 있는 대로 따서 페스토를 만들고 작은 유리병에 나눠 담아 냉동실에 보관했다. 그때부터 누가 찾아오면 바질페스토 파스타를 만들어 먹었다. 조리도 간편하고 맛도 꽤 괜찮다. 직접 밭에서 키워서 만들었다고 하니 다들 좋아한다.

사는 데 필요한 꽤 많은 것을 직접 만들어 쓰던 때가 있었다. 내 부모님도 그러셨다. 아버지는 이사하면 장판과 도배를 직접 하셨다. 풀도 직접 쒔다. 가족이 모두 나서서 도왔다. 초배지로 먼저 신문지를 바르고 그 위에 장판을 바른 다음 콩기름을 몇 번씩 먹였다. 지금도 장판에서 나던 구수한 냄새가 어렴풋이 기억난다. 어머니는 밀가루 반죽을 직접 해서 칼국수와 수제비를 하셨고 만두피와 속을 만들어 만두를 빚으셨다. 된장도 간장도 직접 만들어 먹느라 때가 되면 집에는 메주 뜨는 냄새가 진동했다.

그때는 대개 집에 망치와 톱, 대패 같은 연장과 못이나 철사 같은 재료가 있었다. 연장을 능숙하게 다루는 사람도 꽤 됐다. 그래서 선반이나 평상, 개집 같은 걸 뚝딱뚝딱 만들었는데, 모양은 좀 투박해도 쓸모로는 시장에서 파는 것 못지않았다. 집에 없는 도구나 재료는 이웃집에서 빌렸고 어떤 때는 이웃의 손을 빌리기도 했다. 그렇게 하면서 정이 생겨났다. 이웃이 사촌이 되었다. 지금보다 물질은 풍족하지 못했지만, 삶은 풍요로웠다.

돈으로는 살 수 없는 소중한 자립과 협동의 영역이 언제부턴가 시장과 상품에 밀려나 거의 사라졌다. 오늘 우리는 상품사회에 산다. 내 방만 둘러봐도 상품이 아닌 게 별로 없다. 삶에 필요한 것을 으레 상품으로 충당하면 그만큼 사람을 만날 기회, 정이 생길 기회가 줄어든다. '삭막해지는 세상'은 상품사회의 정상적인 현상이다.

상품은 삶을 편리하게 해주지만, 상품이 많아질수록 우리는 수동적으로 변한다. 삶이 상품에 맞춰 규격화된다. 삶의 자율성이 줄어들고 타율성이 늘어난다. 상품은 돈이 있어야 구할 수 있으니, 우리는 갈수록 돈에 얽매인다. 돈이 삶에서 절대적 위치에 오른다. 상품사회는 물신사회다. '돈만 아는 세상', '돈이 최고인 세상'은 상품사회의 정상적인 현상이다.

상품은 이윤을 내려고 만든다. 이익을 많이 내려면 그만큼 많이 만들어 팔아야 한다. 그러려면 절약이 아니라 소비를 권장해야 한다. 많이 사서 많이 써야 한다. 상품사회는 소비사회다. 대량생산과 대량소비는 그만큼 많은 물질과 에너지를 소비한다. 쓰레기도 대량으로 나온다. 쓰레기 처리에도 물질과 에너지가 든다. 생태위기와 기후위기는 상품사회의 정상적인 현상이다.

많이 소유하고 소비할수록 더 좋은 삶이라는 믿음이 적절함과 충분함의 감각, 절제와 소박함의 기쁨을 앗아간다. 유한한 지구에서 서로 더 많이 가지려는 고삐 풀린 욕망 앞에서 타인은 함께 살아갈 동반자가 아니라 내가 이겨야 할 경쟁자로 변한다. 상품사회는 끝없는 경쟁사회다. 인간 정체성의 위기 또한 상품사회의 정상적인 현상이다.

상품사회에 살수록 가능한 한 무엇이든 직접 해보는 것이 중요하다. 사람은 무언가 직접 키우고 만들고 돌보면서 자율과 협동의 기쁨, 상품에서 얻을 수 없는 충만함을 느낀다. 작은 것에도 만족하고 기뻐하는 검약과 절제의 덕을 배우고 익힌다. 더욱더 '사람'이 된다. 올 텃밭에서 작두콩과 바질과 함께 거둔 소중한 수확이다.

2024_09

농촌이 살면 모두가 산다

의식주가 삶의 기본이라면, 땅은 의식주의 바탕이다. 우리는 땅에서 입을 것과 먹을 것을 얻고 땅에 집을 짓는다. 의식주는 사람이 만들고, 필요하면 더 만들 수 있다. 땅은 사람이 만들 수 없고 필요하다고 더 만들 수도 없다. 오스트리아–헝가리의 경제인류학자 칼 폴라니 Karl Polanyi 가 간파했듯이 "자연의 다른 이름"인 땅은 시장에서 사고파는 상품이 될 수 없다. 상품이 될 수 없는 땅을 상품화한 것이 바로 '부동산'이다. 부동산은 "허구 상품"이다(『거대한 전환』). 땅을 부동산으로 보는 것 자체가 모순이고 문제다.

요즘 땅 문제로 온 나라가 시끄럽다. 땅이 좁은 우리나라에서 부동산이 문제가 아니었던 때가 없었지만, 이번에는 한국토지주택공사(LH) 임직원이 내부 정보를 이용해서 투기했다는 의혹이 집 문제로 시달리던 민심에 불을 질렀다. 보궐선거를 앞둔 정부와 정치권이 앞다투어 관련 대책을 쏟아내는 걸 보고 생각해본다. 이번 사건을 계기로 완벽한 부동산 투기 근절책이 나온다고 하자. 그러면 이제 부동산 시세 차익을 바라는 사람은 없어질까? 우리의 주거 문제는 웬만큼 해결될까? 청년들은 '영끌'하지 않고도 내집 마련의 꿈을 이룰 수 있을까? 이런저런 앞날의 계획을 서로 주고받다가 집 얘기만 나오면 갑자기 풀이 죽는 일은 사라질까?

우리나라 수도권 면적은 전 국토의 약 12%다. 여기에 인구의 거의 절반이 모여 산다. 극도의 과밀 지역인 수도권에 집을 아무리 많이 짓는다고 해도 문제는 해결되지 않는다. 길이 좁다고 길을 넓히면 차량 통행만 늘어나듯이 집이 없다고 집을 늘리면 인구의 수도권 집중과 집값 상승만 부추긴다. 대증요법의 한계다. 해답은 주택 공급보다 인구 분산에 있다. 수도권같이 인구가 몰리는 곳에서 투기와 투자는 종이 한 장 차이다. LH 임원의 땅 투기는 불법이고 공정을 해치는 '공공의 적'이 분명하다. 그런데 땅을 합법적으로 취득하기만 하면, 소유만으로 얻는 불로소득은 정당한가. 간디는 '노동 없는 부', '도덕 없는 경제'를 나라를 망치는 사회악으로 꼽았다. 땅의 소유로 얻는 불로소득이 공정하다는 주장은 사회 정의를 훼손하고 사회를 갈라놓는다. 땅은 아무도 만들 수 없지만, 누구나 필요하다. 땅은 모든 삶에 필수다. 땅은 사유 재산 이전에 인간의 온전한 실현에 필요한 사회적 재화다.

누구나 필요한 땅을 아무나 가질 수 없게 되면서 땅에 대한 욕망이 자라났다. 불안도 함께 커졌다. 우리 내면 깊숙이 똬리를 틀고 앉은 이 욕망과 불안을 직시해야 한다. 우리 안에 문제의 근원을 놓아둔 채 주거 문제를 해결하기는 어렵다. 주거 문제라고 하지만 사실은 주로 서울을 중심으로 한 수도권 문제다. 다른 지역은 집값이 웬만하다. 그런데 집값이 웬만한 곳은 일자리, 교육, 문화 등 전반적인 삶의 여건이 서울보다 너무 열악하다. 그래서 서울을 떠나려고 하지 않는다. 기회만 되면 서울로 오려고 한다.

주거 문제는 '국가균형발전'의 문제와 직결된다. 서울이 인구의 블랙홀인 것은 그럴만한 혜택과 매력이 있기 때문이다. 지역 활성화는 공기업 하나 내려보낸다고 될 일이 아니다. 공기업 위주로 조성한 '혁신도시'는 매일 수도권을 오가는 전세 통근버스가 즐비하고 주말이면 인구 대이동이 일어난다. 이게 현실이다. 이 현실을 바꾸려면 지역마다 기본적인 생활 인프라와 함께 그 자체의 고유한 매력이 있어야 한다. 모두가 '서울 바라기'를 하는 한, 서울에서 내 집 마련은 많은 사람에게 불가능한 꿈이고 좌절과 절망의 대상이다. 집 한 칸 마련에 평생을 바쳐야 하는 삶이란 얼마나 허망하고 굴욕적인가. 이제 사람들을 절망으로 몰아가는 현실을 바꿔야 한다.

　　우리나라 농촌은 서울과 가장 대비되는 변경이다. 지금 농촌은 비어 있다. 농촌을 사람이 살고 싶은 곳으로 만들어야 한다. 빈사 상태에 빠진 농촌을 생각하면 황당한 말 같지만, 보기와 달리 농촌은 잠재적 매력이 상당한 곳이다. 도시의 복잡하고 빡빡한 삶에서 벗어나 자연을 가까이하며 살기를 원하는 사람은 의외로 많다. 단지 엄두가 나지 않을 뿐이다. 도시에서 주말농장은 여전히 인기가 많다. 여건만 제대로 조성한다면, 농촌에 눈을 돌리는 사람은 늘어날 것이다. 늦었지만 이제라도 정부가 적극적으로 그 여건을 마련해야 한다.

기후위기는 식량위기다. 기후위기 시대에 농촌의 중요성은 말할 필요가 없다. 2020년 기준 우리나라 농가 인구는 대략 265만 명으로 계속 감소 추세다. 고령 인구 비율은 41.7%로 전체 비율보다 2.6배 높다. 우리나라 식량자급률은 45.8%이고 축산 사료를 포함한 곡물자급률은 20.2%다. 말하기가 부끄러울 지경이다. 쌀 다음가는 주요 곡물인 밀 자급률은 0.7%로 거의 전량 수입에 의존한다. 식량위기 상황을 전담하는 부서나 대책도 변변히 없다. 이제는 반도체나 스마트폰을 팔아서 먹을거리를 사 오면 된다는 무지한 말은 하지 말아야 한다. 식량위기에 대비하는 차원에서도 농촌을 살려야 한다. 농촌에 사람이 많이 몰려와 북적이게 되면, 도시도 주거와 일자리 면에서 숨돌릴 여유가 생긴다. 바이러스 감염병이 늘어나는 시대에 농촌의 번영은 자연스럽게 전국적인 거리 두기 효과도 가져온다. 농촌이 살면 모두가 산다.

2021.04

■

봄, 농자천하지대본

지난 3월 초 대구시 군위군 부계초등학교, '나홀로' 신입생이 분홍색 가방을 메고 교실로 걸어가는 뒷모습이 신문에 실렸다. 사진을 보니 마음이 짠하다. 나홀로 입학은 그나마 나은 편이다. 올해 신입생이 아예 없는 초등학교가 전국에 157곳이나 된다고 한다. 우리나라 저출산의 현실이다. 초저출산에 더해 고령화도 빠르게 진행된다. 여기저기서 국가 소멸 위기라며 걱정들이 크다.

저출산과 고령화가 심각한 사회 현안으로 불거지기 훨씬 전, 농촌에서는 사람들이 도시로 빠져나갔고 아이들 웃음소리가 사라졌다. 통계청의 '2023년 농림어업조사 결과'를 보면, 우리나라 농가 인구는 전체 인구의 4.07%, 약 209만 명이다. 전년 대비 3.5%, 7만 7,000명 정도 줄었다. 65세 이상 고령 인구 비율은 52.6%로 전체 고령 인구 비율 18.4%의 거의 3배다. 농촌 없이

나라가 있을 수 없다. 하지만 이렇게 늙고 쪼그라드는 농촌을 걱정하는 말은 별로 들어본 적이 없다. 나는 국가 소멸보다 농촌 소멸이 더 걱정스럽다.

농촌소득을 한번 보자. 앞의 통계청 자료를 보면 우리나라 전체 농가 64.5%의 연간 농축산물 판매금액은 1,000만 원 미만이었고 18.2%의 농가는 연간 120만 원을 밑돌았다. 통계청의 '2023년 농가경제조사' 결과를 보면 농가소득은 5,082만 8,000원인데 이 가운데 농업소득은 1,114만 3,000원에 불과하다. 농업 외 소득과 이전소득 등으로 벌충해서 버티는 꼴이다. 농촌의 먹고 사는 형편이 이런데도 인구가 줄지 않으면 그게 더 이상하다. 지난 2월 말, 에마뉘엘 마크롱Emmanuel Macron 프랑스 대통령은 '농산물 최저가격 보장제' 입법을 전격 선언했다. 품목별 생산비 보장을 위해 농산물 하한가를 정하여 제조업체나 유통업체가 그 이하로는 구매할 수 없게 한다는 내용이다. 우리 농촌에 꼭 필요한 제도지만, 표만 좋는 우리 정치는 늙고 쪼그라든 농촌에 별로 관심이 없다.

농촌 인구만이 아니라 농지도 줄었다. 농지면적은 2017년 162만ha에서 2022년 152만 8,000ha로 줄었다. 농지가 줄어드니 농산물 생산량도 줄었다. 2015~2017년 평균 23%였던 우리나라 곡물자급률은 2020~2022년 평균 19.5%로 떨어졌다. 같은 기간 전 세계 곡물자급률은 100.3%였다. 우리나라는 세계 최하위 수준이다. 최근 생산량 급감으로 과일과 채소 가격이 치솟아 나라 전체가 시끄럽다. 생산량 급감 요인으로 이상기후와 병충해를 꼽지만, 고령화와 인구 감소로 농지 재배 여력이 줄어들고 농지 면적이 감소하는 등 농촌의 구조적 요인도 무시할 수 없다. 그런데도 정부는 농지를 줄이지 못해서 안달이다. 비효율적인 농지를 합리적으로 이용한다며 예사로 농지에 공장을 짓고 도로를 낸다.

선거철이 다가오자 정부에서 불어오는 규제 해제 바람이 거세다. 본디 사회적 규제란 삶을 보호하자고 만들었을 텐데, 언제부턴가 삶을 옥죄는 걸림돌로 구박받는 신세가 되었다. 윤석열 대통령이 전국을 돌며 개최하는 '민생토론회'에서 내놓은 그린벨트 해제와 농지 규제 완화는 난개발과 환경파괴가 뻔한, 이제는 정말 하면 안 될 선심성 정책이다. 정말 심각한 문제는 기후위기를 부채질하는 이따위 정책이 아직도 먹혀든다는 사실이다. 무엇인가 크게 잘못된 게 분명하다. 우리는 이제 삶의 근본인 '땅'과 '농農'마저 생명의 이치가 아니라 자본의 논리로 재단한다. 하지만 누구나 먹어야 살 수 있는 법이니, '농자천하지대본農者天下之大本'은 변치 않는 진리다. 망본초란忘本招亂, 근본을 잊으면 온갖 혼란이 일어난다. 난장판이 된 정치는 물론이고 어느 것 하나 제대로 돌아가지 않는 오늘의 현실도 여기서 비롯한 게 아닐까. 진정한 위기는 우리 밖이 아니라 안에서 밀려온다.

밥을 먹기 전 매일 밥상에 오르는 밥과 국과 김치를 잠시 바라본다. 이 소박한 먹을거리가 내 삶을 지탱해준다. 이 소중한 음식이 내게 온 경로를 거슬러 가면 결국 '땅'에 이른다. 도시에서만 살아온 나는 그렇게 '농'과 연결된다. 평소에 잊고 살 뿐이지, 내 삶의 토대는 내가 거의 산 적이 없는 농촌이다. 누구나 마찬가지다. 농사가 없다면 우리가 으레 있는 것으로 여기는 일상의 먹을거리도 없다. 어디나 마찬가지다. 먹을거리는 시장에서 돈으로 구매하는 상품 이상의 것이다. 먹을거리는 자연의 힘과 농부의 땀으로 이루어진, 돈으로 사는 상품이면서 돈만으로는 구할 수 없는 선물이다. 먹을거리는 당연하게 먹을 것이 아니라 감사하며 먹을 것이다.

날이 풀리자 아이들이 밖으로 나온다. 땅에서 뛰어노는 아이들은 마냥 즐겁고 행복하다. 땅에서 뛰노는 아이들의 모습을 보면 땅에 대한 사람의 친화력은 타고나는 것 같다. 자라나면서 땅과 만날 기회가 줄어들자 친밀감이 줄어드는 것뿐이다. 우리가 땅의 감각을 회복한다면, 그래서 논과 밭만이라도 이윤과 효율이 아니라 우리 삶의 근본으로 여긴다면 세상은 지금과 많이 달라지지 않을까.

봄, 한해의 농사를 시작하는 때다. 땅의 감각을 회복하는 데 농사보다 좋은 게 없다. 우리는 대부분 도시에서 살지만, 농사로 땅과 가까워질 수 있는 길이 있다. 아무리 작아도 텃밭 경작은 훌륭한 농사다. 텃밭이 없으면 베란다 같은 공간이나 화분을 활용하는 것도 괜찮다. 그것도 여의치 않으면 농민에게서 농산물을 직접 사는 것도 좋겠다. 봄이다. '농'이 삶의 근본임을 깨닫는 때가 되면 좋겠다.

2024_03

농촌, 아픈 우리 손가락

지난 6월 말 북한산에 갔다가 손을 다쳤다. 평소 자주 다니던 익숙한 길이었는데 발이 꼬이면서 몸이 그대로 땅바닥에 엎어졌다. 일어나 보니 다른 데는 괜찮은 듯한데 오른손 중지와 약지가 몸에 깔려 좀 심하게 접질렸다. 다음 날 아침에 보니 손가락이 많이 부었다. 바로 동네 병원에 갔더니 한 3주 정도 손가락을 쓰지 않으면 괜찮아질 거라고 했다. 그런데 그냥 가만히 뒀더니 시간이 갈수록 손가락이 더 불편해졌다. 아프기도 하지만 무엇보다 자고 나면 손가락이 뻣뻣해져 굽혀지질 않는다. 손가락을 천천히 힘껏 당겨야 겨우 주먹을 쥘 만큼 굽혀진다. 그대로 두면 안 되겠다 싶어 다른 병원에 갔더니 인대를 다쳤는데 제때 재활 운동을 하지 않아서 그렇다고 했다. 그곳 의사 선생님이 일러준 대로 아픈 관절 부위를 힘껏 누르고 제치는 운동을 하면 손가락이 조금 편해진다. 그런데 금방 다시 뻣뻣해진다. 손가락이 제대로 돌아오려면 시간이 꽤 오래 걸릴 듯하다.

손가락이 아프니까 '몸의 중심은 머리나 심장이 아니라 지금 가장 아픈 곳'이라는 말이 새삼스럽다. 요즘은 다친 손가락이 내 몸의 중심이다. 시간과 신경을 가장 많이 쓴다. 그렇게 하면 몸이 편안하고 그렇게 하지 않으면 불편하다. 어디 사람 몸만 그럴까. 우리 사회도 가장 아픈 곳을 중심에 놓을 때 더 좋은 세상이 되지 않을까 싶다.

추석을 얼마 앞두고 강원도 철원, 경기도 안성, 충남 부여 등에서 '논 갈아엎기'가 벌어졌다. 농부들이 나락이 그득한 논을 트랙터로 갈아엎었다. 지난해 가을 쌀 80kg 한 가마에 20만 원대였던 산지 가격이 최근 17만 원대로 떨어졌다. 농민 5,000여 명이 여의도에서 '밥 한 공기 쌀값 300원 보장'을 외친 게 2018년 가을이었다. 한 가마로 치면 24만 원이다. 최소한 그 정도는 돼야 벼농사를 지을 수 있다는 말이었다. 그리고 여섯 해가 지났고 쌀 한 가마 값은 20만 원이 안 된다. 이게 오늘 농촌의 현실이다. 정부는 농부의 발길 손길이 여든여덟 번 가야 한다는 가을 논을 갈아엎는 농심을 얼마나 헤아렸을까.

정부는 2005년 '추곡수매제'를 폐지하고 쌀 '목표가격제'를 도입했다. 2020년 목표가격제를 폐지한 정부는 쌀값이 떨어지면 쌀을 매입해 적정 가격을 보장하겠다고 했다. 2022년 쌀값이 폭락했고 약속은 제대로 지켜지지 않았다. 지난해 정부는 야당이 주도한, 정부의 쌀 매입을 의무화하는 양곡관리법 개정안을 거부하고 대신 '쌀 한 가마 20만 원'을 약속했다. 2019년 목표가격 21만 4,000원보다도 적은 액수였지만, 올해는 결국 그마저도 지키지 못했다. 오락가락하는 쌀 정책과 그 결과를 보면 역대 정부가 지금까지 농촌과 농민을 얼마나 무시했는지 알 수 있다.

최근 배추를 비롯한 각종 채소 가격이 폭등했다. 산지에서는 배추가 '녹아내렸다'라고 말할 정도로 이번 '금배추' 사태는 폭염과 폭우 탓이다. 특히 올가을 폭염과 폭우는 기후위기를 새삼 실감하게 했다. 여름은 더 더워졌고 길어졌다. 농민들은 이제 정부의 무관심에 더해 기후와 씨름해야 한다. 배추 가격이 폭등해도 농민들은 생산비가 급등해 '금배추 팔아 동전 줍는' 형편이다. 정부는 부랴부랴 중국산 배추를 수입해 소비자 가격을 안정시킨다고 나섰다. 대책은 언제나 소비자 중심이고 생산자 농민은 소외된다. 기후위기로 극한 폭염과 폭우는 앞으로 더 심해질 텐데 단기 대책만 있고 농민을 중심에 둔 근본 대책은 보이지 않는다. 올해 초 에마뉘엘 마크롱 프랑스 대통령은 자국 농민에게 '농산물 최저가격 보장제'를 약속했다. 우리도 이제 쌀은 물론이고 밀과 콩, 옥수수 등 주요 작물의 생산비를 보장하는 정책을 세워야 할 때가 아닌가.

우리 농촌은 산업화 과정에서 소외되고 희생됐다. 농촌에 기생해온 도시는 비대해졌고 도시를 먹여 살린 농촌은 쪼그라들었다. 이제 농촌 인구는 전체 인구의 4.2%에 불과하다. 그나마 65세 이상이 절반가량이다. 농지면적도 줄고 있다. 정부는 식량이 부족하면 수입하면 된다고 생각한다. 그래서 반도체나 자동차, 스마트폰이 우리나라를 먹여 살린다고 말한다. 어이없는 발상이다. 사람을 먹여 살리는 건 예나 지금이나 변함없이 농사다. 게다가 급변하는 국제 정세와 코로나19 같은 바이러스 팬데믹, 농사에 결정적인 기후의 불안정 등으로 해외 식량 공급망의 안정적 확보는 갈수록 불확실하고 어려워진다. 자유무역에 의한 식량 조달이 가장 효율적이고 안전하다는, 실제로는 세계 곡물 메이저의 배만 불리는 신자유주의 '식량안보' 개념에 매달려서는 안 된다는 뜻이다. 이제는 한 나라에서 필요한 식량을 자체적으로 생산할 능력을 뜻하는 '식량주권' 확보에 힘써야 한다. 그렇게 하려면 사그라드는 농촌을 이제라도 우리 사회의 중심에 놓아야 한다. 사람은 먹어야 살고 먹을 것은 농촌에서 온다는 상식을 우리는 발전의 이름으로 부정했다. 상식을 외면하는 우리 사회가 농촌을 병들게 했다.

생각해보면, 우리 농촌이 뻣뻣하게 부어있는 내 손가락 같다는 생각이 든다. 온갖 먹을 것을 우리 입에 넣어준 농촌이 곧 우리 손가락이 아닌가. 그런 농촌이 병든 지 오래되었다. 딱하고 미안하기 짝이 없다. 재활 시기를 놓쳐 늦긴 했어도 정성껏 보살피니 아픈 내 손가락이 조금씩 나아지는 걸 느낀다. 농촌, 아픈 우리 손가락도 그리되어야 한다.

2024_10

3부

고도성장의 산물처럼 보이는 오염과 싸우는 데
또다시 고도성장이 요구된다면,
이런 악순환에서 벗어날 수 있는 희망은 어디에 있는가?

―에른스트 슈마허

8장
기후위기를 건너는 디딤돌

탄소중립, 무엇이 문제인가?

2023년 여름, 안토니우 구테흐스 유엔 사무총장은 "지구온난화 시대가 끝나고 지구가 들끓는 시대가 시작됐다"라고 경고했다. 우리는 이미 지구 가열화 시대로 들어섰다. 지구를 뜨겁게 달구어 온 온실가스 배출량을 줄이는 것이 인류의 발등에 떨어진 불이라는 진실을 외면할 수 없게 되면서 2015년 12월 파리에 195개국 대표가 모여 '파리기후변화협약'을 체결했다. 2021년 발효한 파리협약의 골자는 지구 표면 평균 온도 상승을 2도로 제한하고 가능하면 1.5도로 막는 것이다. 파리협약 참가국은 이 목표를 달성하기 위해 자발적으로 '국가온실가스감축목표(NDC)'를 정해 유엔에 제출하기로 했다.

협약 체결 3년 후인 2018년 우리나라 인천에서 열린 '기후변화에 관한 정부 간 협의체(IPCC)' 제48차 총회는 「지구온난화 1.5도 특별보고서」를 채택했다. 이 보고서는 당시 추세라면 지구 평균 온도가 늦어도 2052년에 1.5도 오르리라 예측하며 2100년까지 온도 상승을 1.5도로 제한하라고 권고했다. 파리협약의 목표치인 2도까지 상승했을 때 발생할 기후재앙은 인류가 감당할 수 없다는 것이다. 상황이 급해졌다. 보고서는 1.5도로 억제하려면 2030년 전 세계 온실가스 배출량을 2010년 대비 45% 이상 감축하고 2050년 '탄소중립'을 해야 한다고 밝혔다. 매우 힘거운 과제다. 이 보고서를 기점으로 '2050 탄소중립'이 기후위기 대응의 핵심 목표로 떠올랐다. 우리나라는 2020년 10월 탄소중립을 선언했고 2021년 9월 '탄소중립·녹색성장기본법'을 제정했다. 2023년 4월에는 '제1차 국가 탄소중립 녹색성장 기본계획'을 확정했다.

최근의 각종 기후 보고서는 세계적으로 온실가스 감축이 계획대로 이행되지 않고 있으며 온도는 더 빨리 상승하고 있다고 경고한다. 2022년 10월 기후변화협약 사무국의 '2022 NDC 종합보고서'는 세계 각국이 현재의 온실가스 감축 약속을 지킨다면 2100년 지구 평균 온도가 2.5도 상승한다고 예측했다. IPCC가 권고한 1.5도를 1도나 초과하는 수치다. 더구나 이 예측은 감축 약속의 준수를 전제한 것으로 실제로 약속을 지키는 국가는 거의 없는 실정이다. 2023년 3월에 나온 IPCC '제6차 종합보고서'는 산업화(1850~1900년) 이후 지구 평균 온도가 1.09도 올랐으며, 현재 추세라면 2040년에 1.5도 오른다고 예측했다. 「1.5도 특별 보고서」의 예상보다 10년 이상 당겨졌다. 상황은 더 급해졌다.

탄소중립은 기후위기 대응에 중요한 개념이긴 하지만, 대중적이고 단선적인 접근을 부추길 우려가 크다는 점을 잊지 말아야 한다. '1.5도 상승까지 남은 시간 몇 년'이라는 식의 종말론적 주장은 두려움과 포기나 냉소와 무관심을 조장하기 쉽다. 지구 평균 온도가 1.5도 올라간다고 바로 인류가 멸종하거나 문명의 전면적 붕괴가 일어나지는 않을 것이다. 다만, 삶의 조건이 지금보다 훨씬 더 가혹해질 것이고 그 피해는 고르게 분담되기보다 아래에서부터, 사회적 약자 순으로 전가될 것이다. 위기 대응을 내세우며 권위주의 독재정권이 들어설 가능성도 크다.

탄소중립에 집중하느라 지구온난화의 역사적·사회적·경제적 맥락이 배제되면 이 과정에서 발생한 희생자와 지역 문제, 기후정의 문제가 묻히기 쉽다. 오늘날 지중해를 건너는 아프리카 난민 대부분은 가뭄과 가난을 피해 고향을 떠날 수밖에 없는 기후 난민이다. 아프리카의 극한 가뭄과 가난, 내전 등은 유럽의 식민지 통치의 산물이다. 또한, 에너지를 적게 쓰는 가난한 나라와 사람이 기후위기의 피해를 더 먼저 더 많이 본다. 온실가스 주요 배출원인 석탄화력발전소 같은 시설의 노동자는 기후위기 대응 과정에서 대량 실업과 생계 위협에 내몰린다.

탄소중립에 초점을 맞춘 기후 대책은 온실가스의 양적 감축에 집중하고 그럴수록 기술과 시장에 의존하게 된다. 기술과 시장은 대량생산과 대량소비를 촉진하여 전 세계 온실가스 배출량을 획기적으로 늘렸다. 이런 역사가 있는 기술과 시장에 기대어 온실가스 배출량을 적기에 필요한 만큼 감축한다는 발상은 환상이거나 사기다. 기술과 시장을 지배하는 자본은 기후 문제를 또 하나의 거대한 사업으로 여긴다. 태양광과 풍력 같은 재생에너지도 자본의 논리에 잠식되자 산과 바다가 망가지고 지역민의 삶이 훼손되었다. 기술과 시장에 의존하다 때를 놓치면 기후 문제는 더는 손쓸 수 없는 지경에 빠지게 된다.

탄소 포집·활용·저장(CCUS)기술은 기후위기 대응의 대표적인 기술이다. 그러나 CCUS는 상용화가 언제 될지 모르는, 앞날이 매우 불투명한 미래 기술이다. 이 기술로 우리에게 요구되는 만큼의 온실가스 배출량을 줄이겠다는 것은 무모한 발상이다. 온실가스를 감축하는 대표적인 시장의 접근 방식으로 온실가스 '배출권거래제'가 있다. 배출권거래제는 정부가 온실가스 배출 사업장에 연간 온실가스 배출권을 할당하고 실제 배출량을 평가하여 남거나 부족한 배출권을 거래하는 제도다. '거래'는 온실가스 배출을 시장의 거래 상품으로 여기는 발상이며 대기라는 공공재의 사유화를 암시한다. 배출권거래제는 온실가스를 배출할 권리, 곧 모든 사람이 공유하는 대기를 가열할 권리를 돈으로 살 수 있다는 뜻으로 새로운 투기를 유발할 수 있다. 비윤리적이다.

2023_09

기계론적 세계관에서 생태론적 세계관으로

기후위기는 불평등, 젠더, 인종, 식민주의 등 다양한 사회·경제·정치 문제와 얽혀있고, 이 다양한 문제의 근원은 '자본주의'로 수렴된다. 캐나다의 작가이자 사회운동가 나오미 클라인_{Naomi Klein}의 저서 『이것이 모든 것을 바꾼다』는 부제가 '자본주의 대 기후'다. 이 부제가 천명하듯이 기후위기는 바로 자본주의 문제다. 기후 문제는 자본주의에 내재하는 '성장' 동학에서 비롯한다. 대체로 두 가지 이유로 자본주의 체제는 필사적으로 성장을 추구한다. 첫째, 개별 기업은 이윤을 최대화하기 위해 끊임없이 성장하려고 한다. 둘째, 자본주의 체제는 성장하지 않으면 실업자가 늘어나 사회적 혼란과 고통이 커진다. 성장 압박 요인이 체제 내에 구조적으로 상존한다는 뜻이다. 개별 기업은 시장의 경쟁 속에서 이윤을 내야 하므로 늘 노동생산성 향상에 매달린다. 생산성이 올라가면 생산에 드는 총노동량이 감소해 생산 비용이 감소하고 이윤이 늘어난다. 상품 가격을 인하할 수 있어 시장 경쟁력도 높아진다. 하지만 개별 기업의 고용 수요 감소는 사회적으로 실업 요인의 증가를 뜻한다. 이른바 '생산성의 함정'이다. 동일한 경제 규모를 유지한 채 생산성을 계속 향상하면 사회적으로 실업자가 늘어난다. 실업자가 늘어나 사회 전체의 구매력이 저하되면 소비가 침체하여 기업도 어려워진다. 생산성 향상은 이윤을 늘리려는 개별 기업의 합리적 선택이지만 사회적으로 실업자 증가라는 심각한 문제를 초래한다.

생산성 향상으로 생기는 실업 증가를 막으려면 일자리를 늘려야 한다. 일자리를 늘리려면 생산을 늘려야 하고, 생산을 늘리려면 소비를 늘려야 한다. 팔리지 않는 것은 생산하지 않기 때문이다. 바로 이 생산과 소비의 증가가 성장의 실체다. 자본주의 체제에서 성장은 수단이 아니라 목표다. '무엇을 위한 성장'이 아니라 '성장을 위한 성장'이다. 성장이 숙명인 자본주의 체제에서 성장이 발전이요 진보라는 성장 신화가 생겨났다. 성장은 무조건 좋은 것이고 반드시 해야 한다는 믿음, 성장하면 모든 문제가 해결된다는 믿음이 우리를 지배한다.

자본주의 성장 체제에서 소비주의는 필연적 귀결이다. 생태적 부담과 피해가 늘어날 수밖에 없다. 생산과 소비를 늘리려면 더 많은 자원과 에너지가 필요하고 온실가스를 비롯한 쓰레기와 오염물질이 더 많이 나온다. 성장은 우리가 이전보다 자연에서 더 많이 추출하고 생산하고 소비했고 그래서 더 많은 쓰레기를 만들었다는 것을 뜻한다. 성장을 지속하는 한, 온실가스 배출량을 적기에 필요한 만큼 줄일 수 없다. 하지만 자본주의는 그 자체의 동학에 따라 자기의 터전을 먹어 치울 때까지 성장을 멈추지 않는다.

자본주의는 소수에게 물질적 풍요로움을 안겨 주었으나 다수의 삶은 피폐해졌고 불평등은 늘었다. 자연은 파괴되었고 기후위기가 닥쳤다. 오늘의 총체적 위기는 우리 대다수가 세계를 인식하는 방식과 얽혀서 해결책을 찾기가 더 어려워졌다. 근대 이전, 동양과 서양 모두 자연을 생명의 원천, 일종의 '어머니' 같은 존재로 여기는 유기체적 관점이 우세했다. 자연에 생명이 깃들어 있다고 보는 유기체적 세계관은 인간이 자연을 존중하고 함부로 다루지 못하게 제어하는 기능을 했다.

16세기가 되면서 상황이 변했다. 코페르니쿠스, 케플러, 갈릴레오와 같은 천문학자들은 우주를 생명이 없는 '죽은' 물질로 보았고 우주의 변화를 기계적 질서와 운동으로 인식했다. 17세기, 데카르트는 세계를 사유 주체(정신)와 사유 객체(물질)로 분리하는 철저한 이원론적 세계관을 정초했다. 물질은 '연장res extensa'이고, 연장은 '길이·넓이·깊이'를 가진 것을 총칭했다. 세계는 다양성과 고유성, 생명을 잃고 물질이라는 단일 범주로 균질화되었다. 세계는 물질과 기계적 운동으로 이루어진 거대한 기계가 되었고 세계의 모든 것은 기계의 부품이 되었다.

기계론적 세계관은 유기체적 세계관에 있던 인간 행동의 제어 기능을 제거하고 인간이 자연을 마음대로 다룰 수 있는 사상적 근거를 제공했다. 이를테면, 모든 생명의 원천으로 보았을 때 물水은 우리가 존중하고 소중히 대해야 할 것이다. 하지만 화학 기호 H2O로 보게 되면 물은 우리가 원하는 대로 조작할 수 있는 물질이다. 기계론적 세계관의 등장으로 자연은 인간 앞에 물질 덩어리로 놓이게 되었다.

이제 물질인 자연을 지배하고 통제할 '힘'을 획득하는 일이 인간의 과제로 남았다. 과학기술이 그 힘을 인간에게 선사했다. 인간은 자연을 탐구하여 자연의 지배자와 소유자가 된다(데카르트). 아는 것이 힘이다(베이컨). 이 힘은 인간이 지배자와 소유자로서 자연에 휘두르는 힘이다. 자연을 마음대로 사용할 수 있는 힘을 얻은 인간은 자연에서 최대한 많은 것을 추출하여 더 많은 이윤을 얻는 데 몰두했다.

기후위기는 성장의 구조적 요인이 내재한 자본주의와 자연을 물질로 보는 기계론적 세계관의 합작품이다. 물질적 성장이 근원인 기후 문제는 기존의 성장 패턴을 벗어나는 방식으로 대응해야 한다. 그러나 자본주의의 종말보다 세계 종말을 생각하는 게 더 쉽다고 할 만큼 성장 신화가 공고해졌고 성장의 대안을 생각할 우리의 상상력은 고갈되었다.

　　성장 신화는 성장에서 벗어나자는 발상을 비현실적이라고 일축한다. 그러나 기후위기의 실상을 외면하는 성장 신화야말로 비현실적이다. 무엇보다 기후위기는 이제 성장이 '한계'에 이르렀음을 엄중하게 경고한다. 또한 '이스털린의 역설'이 보여주듯 일정한 수준을 넘으면 성장은 삶의 질과 무관해진다. 성장할수록 삶의 행복도나 만족도가 떨어지기도 한다. 신체의 열량 섭취에 빗대자면, 건강 유지 비결은 과다 섭취가 아니라 균형 섭취에 있다. 열량 섭취가 부족하면 몸이 허약해지지만, 과다 섭취는 비만으로 이어진다. 성장할 때가 지나면 얼마나 많이 먹느냐가 아니라 얼마나 균형 있게 먹느냐가 건강의 관건이다(팀 잭슨, 『포스트 성장 시대는 이렇게 온다』). 한 나라도 마찬가지다. '잘 사는 나라'가 성장할 때는 벌써 지났다.

　　기후 문제는 '보이지 않는 쓰레기waste'인 온실가스 과다 배출, 곧 낭비waste의 문제다. 그리고 쓰레기 과다 배출과 낭비는 소비주의 생활양식의 문제다. 소비주의 문제는 우리 바깥뿐 아니라 안에도 있다. 우리가 극복할 대상에 우리 자신도 있다는 뜻이다. 성장의 대안을 찾기 어려운 진짜 이유도 바로 여기에 있다. 성장의 대안을 찾고 실천하려면 먼저 우리 자신의 근본적이고 총체적인 변화, 곧 '생태적 회심'이 필요하다.

그리스말 어원상 회심μετάνοια(메타노이아)은 '생각을 바꾼다'는 뜻이다. 생각을 바꾸면 행동이 바뀌고 삶이 변화한다. 생태적 회심은 기존의 인간관계를 넘어 생명, 사회, 인간과 자연의 관계를 새롭게 봄으로써 세상의 근본적인 변화를 이끄는 내적 변화다. 기후위기의 맥락에서 생태적 회심은 생산과 소비양식에서 비롯하는 사회·생태적 관계를 근본적으로 재조정하겠다는 결단이라고 할 수 있다.

　　20세기 중반 이후 자연과학은 기계론적 세계관과 매우 다른 세계상을 제시한다. 우주의 모든 것은 약 138억 년 전 '빅뱅Big Bang'이라는 대폭발과 이후의 수많은 생성과 변화 과정으로 생겨났다. 지금도 진행 중인 이 우주 형성 과정에서 약 40억 년 전 지구가 생겨났다. 따라서 모든 것은 공동의 기원에서 나왔으며 서로 존재와 생명 차원의 근원적 유대로 이어진다. 현대 과학의 세계상은 기계가 아니라 모든 것이 서로 긴밀히 연결된 공동체, 곧 '집'에 더 가깝다. '집'을 뜻하는 그리스말 '오이코스ᵒⁱκος'에서 파생한 '에콜로지ecology'를 '생태'로 옮기니 세계를 집으로 보는 관점은 생태론적 세계관이라고 할 수 있다.

생태적 회심은 기계론적 세계관을 생태론적 세계관으로 바꾸는 것에서 시작한다. 세계라는 '집'에 있는 모든 것은 서로 밀접하게 연결되고 그 자체의 존재 이유가 있다. 어떤 것이든 유용성보다 존재 자체가 먼저다. 코로나 팬데믹에서 체험했듯이, 개인의 안녕은 세상의 안녕 없이 불가능하다. 생태적 회심은 이 진실을 겸손하게 인정한다. 세계를 물질로 보는 기계론적 세계관이 자연에서 최대한 많은 것을 빼내라고 부추긴다면, 세계를 집으로 보는 생태론적 세계관은 자연을 존중하며 대하라고 권한다. 성장 신화와 소비주의를 거부하는 생태적 회심은 경쟁과 성장 일변도의 자본주의 행동 양식을 거부하는 결단이다.

2023_09

생태적 회심에서 새로운 길로

생태적 회심은 소비주의 생활양식을 벗어나 새로운 길을 모색하라고 촉구한다. 하지만 당장 자본주의와 결별할 수 없는 것이 현실이기도 하다. 생태적 회심에서 한 발짝 떼기가 쉽지 않다. 먼저 새로운 길을 여는 힘은 근본적으로 자본주의 체제를 강화해온 정부와 기업이 아니라 개인과 시민사회에 있음을 잊지 말아야 한다. 개인과 시민사회가 정부와 기업을 새로운 길로 이끄는 힘이 되어야 한다.

기후 문제에 개인의 대응은 중요하다. 다수의 개인이 무관심한 상황에서 정부나 기업의 변화를 기대할 수 없다. 먼저 우리 각자가 각성해서 가능한 한 단순한 생활양식을 택하고 불필요한 소비를 줄여야 한다. 이때 의식주 관련 상품이 어떻게 만들어지고 어디에서 어떻게 폐기되는지 아는 게 도움이 된다. 원료 확보에서 생산과 유통과 소비와 폐기까지 상품의 일생을 알면, 생산에 투입된 노동과 에너지의 성격, 이동 거리, 지역 생산의 가능성 등을 대략 확인할 수 있다. 이 과정에서 상품은 그저 돈으로 사서 쓰고 버리는 것 이상으로 인식되며, 그럴 때 우리는 맹목적 소비주의에 좀 더 효과적으로 저항할 수 있다.

기후 대응에 정부의 역할은 중요하지만, 정치 권력은 자본주의와 역사적으로 유착 관계였다는 역사를 기억해야 한다. 자본주의는 "자연과 사람 등을 지배하고 변형하는 현대 국가의 정부"
와 불가분의 관계에 있다(라즈 파텔·제이슨 무어, 『저렴한 것들의 세
계사』). 자본주의 체제는 처음부터 국가 권력의 보호로 성립했고
유지됐다. 자본주의 정부가 기후위기에 신속하고 과감한 대응을
하지 못하는 까닭도 여기에 있다. 정부는 온실가스 감축을 위해
성장에 손을 대기보다 성장을 원하는 기업의 요구에 적극적으로
움직인다. 정부는 새로운 길을 찾기보다 기존의 길을 따라 기후위
기를 방치하거나 가속할 가능성이 크다. 시민사회가 기후 문제와
관련하여 지속적인 압력을 가해야만 정부는 새로운 길을 고민할
것이다. 유럽연합이 기후위기에 적극적인 것도, 우리나라가 탄소
중립을 선언하고 아쉬운 대로 온실가스 감축 계획을 세운 것도 시
민사회의 적극적인 역할 덕분이었다.

온실가스 감축을 위한 체제 전환의 핵심은 에너지 전환이다. 화석
에너지를 재생 가능 에너지로 전환하는 일은 단지 에너지 문제가
아니라 다양한 이해관계가 달린 사회적 의제다. 체제 전환은 무엇
보다 '정의로운 전환'이어야 한다. 정부는 에너지를 비롯한 전반
적인 사회 체제의 전환이 정의롭고 공정하게 이루어지도록 노력
해야 한다. 중요한 것은 사람을 중심에 놓는 일이다. 수치가 아니
라 사람에 초점을 맞출 때 체제 전환은 사회적 약자의 일방적 회
생을 막고 공정한 책임 분배가 실현되는 과정이 될 수 있다. 온실
가스 감축에서 기업의 책임이 막중한 것은 말할 필요가 없다. 하

지만 언제나 더 많은 이윤을 추구하는 기업의 본질을 생각하면 정부는 기업이 '기후 책임'을 다하는데 필요한 환경을 조성하는 한편 기업을 철저히 감독하고 견인해야 한다. 시민사회도 적극적인 감시 역할을 맡아야 한다.

노동시간 감축은 온실가스 감축의 효과적인 수단이다. 노동시간은 생산, 곧 자원의 소비와 온실가스 배출량과 비례하기 때문이다. 1930년 영국의 경제학자 존 메이너드 케인스John Maynard Keynes는 생산성 향상으로 100년 후에는 주당 노동시간이 15시간이면 충분하다고 예상했다. 그러나 자본은 생산성이 올라갈 때 노동시간이 아니라 노동자 수를 줄였다. 고용 감축이 더 많은 이윤을 얻는 데 유리한 탓이다. 정부는 세금과 보험 제도 등 관련 제도를 정비하여 기업의 노동시간 단축을 유도해야 한다. "자원 사용에 세금을 매기는 체제로 방향을 전환"하면 "적은 인원으로 상품을 더 많이 만드는 쪽에서 사람은 더 많이 고용하고 물건을 수리하거나 되살려 자원을 덜 쓰는 쪽으로 창의성을 발휘할 것이다."(케이트 레이워스, 『도넛 경제학』)

노동시간이 줄면 임금, 곧 소득 감소 문제가 생긴다. 이 문제에 대한 해결책으로 코로나19 때 중요한 사회적 의제로 떠올랐던 '기본소득'을 생각할 수 있다. 기본소득은 사람들을 당장의 생존 위협에서 얼마간 벗어나게 해 줄뿐더러 성장으로 치닫는 자본의 움직임에 거리를 두고 생각할 사회적 여건을 조성한다.

오늘날 노트북과 스마트폰을 비롯한 많은 제품은 일정 기간 사용하면 자연스럽게 고장이 난다. 이른바 '계획적 진부화', '기술적 진부화'다. 스마트폰의 배터리를 교체할 수 없는 일체식으로 만들어 배터리가 고장 나면 새로운 것을 사도록 강요하기도 한다. '진부화'는 소비를 부추겨 성장을 촉진한다. 최근 유럽의회가 스마트폰에 탈부착 배터리를 의무적으로 사용하는 법안을 통과시켰듯이, 기업이 사용자에게 '수리할 권리'를 돌려주도록 해야 한다.

돌봄 노동은 '좋은 삶buen vivir'에 필수적이다. 돌봄이라는 재생산 노동이 없다면 생산 노동도 있을 수 없다. 세계적인 고령화 현실에서 돌봄은 더 중요해졌다. 그러나 자본주의에서 돌봄 경제는 언제나 생산 경제의 뒷전에 머물렀다. 사람과 사람의 만남이 필요한 돌봄 경제는 생산 경제보다 시간이 많이 들어 비효율적으로 보인다. 하지만 돌봄 경제는 좋은 삶에 필수적일 뿐 아니라 생산 경제보다 온실가스를 훨씬 적게 배출한다. 정부가 돌봄 경제의 가치를 인정하고 돌봄 노동을 합당하게 대우하면 온실가스 배출량이 늘어나는 물리적인 성장의 부담 없이도 양질의 일자리를 창출할 수 있다.

기후위기 시대에 농업과 식량은 생존 문제다. 기후위기가 심해지면 물과 에너지 확보가 힘들어져 현재의 '산업농'은 유지하기가 어려워진다. 이런 면에서 '생태농'에 종사하는 '소농'의 활성화가 중요하다. 기후위기 시대에 소농은 "희생자인 동시에 구원자"다. 소농은 "가난하기 때문에 기후변화의 충격에 더 취약하다. 그럼에도 소규모 농장 자체는 생태적으로 재해에 덜 취약하다.” “지속 가능한 유기농업으로 현재의 CO_2 배출량의 40%를 제거할 수 있다.”(라즈 파텔, 『경제학의 배신』) 세계 온실가스 배출량의 농업 부문 비중을 20%로 보면, 생태농의 온실가스 감축 효과는 상당히 크다. 생태농은 산업농보다 더 많은 고용을 창출한다. 생태농의 생산물은 지역 소비 중심이므로 원거리 교역보다 에너지 사용과 온실가스 배출이 준다. 기후위기 대응에 놓쳐서는 안 될 것이 바로 소농과 생태농이다.

기후재난은 이미 시작됐다. 역사는 재난의 때에 민주주의가 중요한 역할을 한다고 증언한다. 민주주의는 위기가 닥쳤을 때 진가를 드러낸다. 인도의 경제학자이자 철학자 아마르티아 센 Amartya Sen은 민주주의 정부가 있는 곳에서는 대기근이라 할 만한 사태가 한 번도 일어나지 않았다는 사실에 주목한다. 대기근은 “고대 왕국이나 근대적인 테크노크라트에 의한 독재체제, (…) 편협한 일당독재체제에 놓인 신흥 독립국가”에서 일어났다(『센코노믹스』). 사회 체제가 민주적일수록 위기로 생겨난 고통이 사회적 약자에게 일방적으로 전가되지 않고 적절하게 분담된다. 기후위기가 심해질수록 민주주의가 중요한 까닭이다.

지구 가열과 기후위기는 거대한 문제다. “내가 바뀐다고 세상이 바뀔까?”라는 의문이 수시로 올라온다. 하지만 바로 이런 생각이 오늘 위기를 만들었는지 모른다. 분명한 것은 세상의 변화는 개인의 변화 없이 불가능하다는 사실이다. 파국을 향해 거침없이 흘러가는 세상을 보면, 그냥 세상의 흐름 나를 맡기고 싶은 유혹도 커진다. 그러나 쓰레기통으로 변해가는 세상이라고 내 삶마저 쓰레기로 만들 까닭은 없다. 온 우주에서 오직 한 번뿐인 내 삶은 여전히 소중하지 않은가. 생태적 회심이야말로 내 삶을 지켜주는 보루다.

2023_09

성장중독 사회에 요구되는 상상력

'문제는 경제야'라는 말도 있지만, 사실은 '경제가 문제'다. 무조건 성장을 요구하는 자본주의 경제야말로 우리가 극복해야 할 가장 큰 골칫거리다. 우리 시대의 화두인 기후위기는 탄소배출을 신속하고 과감하게 줄이라고 요구하지만, 경제성장은 탄소배출을 늘린다. 성장 기반 체제인 자본주의는 기후위기 극복을 위한 탄소중립도 경제성장의 디딤돌로 삼는다. 자본주의는 성장하지 못하면 경기 침체와 실업 증가, 빈곤과 사회적 불평등 심화 등 온갖 문제가 터져 나오는 체제다. 이렇게 혼란이 깊어지면 위기 극복을 장담하는 권위주의 정권이 등장해서 민주주의를 파괴할 수 있다는 것이 역사의 교훈이다. 하지만 성장 사회에서 성장을 문제 삼는 것은 대단히 어렵다. 문제 제기 자체가 비정상으로 치부되기 일쑤다.

　이런 가운데서도 '문제는 성장 자체'라는 인식이 조금씩 늘며 성장의 비판과 대안으로 '탈성장'의 목소리가 차츰 커지고 있다. 탈성장 담론은 두 가지 맥락에서 살펴볼 수 있다. 첫째, 탈성장 담론은 물질적 성장은 넘을 수 없는 한계가 있고 우리는 이미 그 한계에 접근했다는 인식에서 성장을 비판한다. 성장의 한계는 자연이 부과하는 한계, "지구의 자원 생산력의 한계인 동시에 인간이 방출한 오염물질과 쓰레기를 자정할 수 있는 지구 흡수력의 한계다."(도넬라 메도즈 외, 『성장의 한계: 30주년 개정판』) 온실가스 배출에서 보듯이 한계 문제는 폐기물 흡수원으로서의 자연에 먼저 생겼지만, 자원 생산력으로서의 자연이 한계에 부딪히는 것도 시간문제다. 성장의 한계는 우리가 어떻게 할 수 없는 '벽'이다. 우리가 탄 버스는 지금까지 이 벽을 향해 고속으로 달려왔고, 이미 오래전에 충돌 경고등에 불이 켜졌다. 충돌하기 전에 브레이크를 밟든 충돌할 때까지 계속 달리든, 어차피 버스는 멈추겠지만 결과는 하늘과 땅 차이다.

　둘째, 탈성장 담론은 경제성장이 '좋은 삶'과 무관하거나 좋은 삶을 저해한다는 인식에서 성장의 대안을 제시한다. 각종 연구 결과를 보면 국내총생산(GDP)로 측정되는 물질적 성장은 삶의 행복도나 만족도와 무관하다. 1950년 이래 미국의 1인당 실질소득은 3배 늘었지만, 행복도는 거의 증가하지 않았고 1970년 중

230
231

반 이후에는 오히려 줄었다. "1970년경부터 GNP 성장이 미국의 경제적 후생을 증가시켰다는 실증적 증거가 전혀 없다."(허먼 데일리, 『성장을 넘어서』) 일본은 1960년 이후 1인당 GDP가 아무리 증가해도 만족도는 거의 변하지 않았다(다케다 하루히토, 『탈성장신화』). 물론 성장이 아무 쓸모가 없다는 뜻은 아니다. 1인당 실질소득 1만~1만 5,000달러까지는 성장과 함께 삶의 만족도가 향상했다. 그 이상은 아니다.

성장은 시장에서 거래되는 상품 생산과 소비의 확대를 뜻한다. 성장과 행복도가 무관하다고 해도, 성장은 자본주의 체제를 안정적으로 유지하는 데 필수다. 성장은 자본주의 "시스템상의 필연"이고 "자본의 필요에 따른" 것이다(앙드레 고르스, 『에콜로지카』). 생산을 늘리려면 소비를 늘려야 한다. 신용 거래와 '진부화' 그리고 광고는 소비를 인위적으로 늘리는 대표적인 수단이다. 할부 구매가 가능한 신용카드로 충동 구매를 부추기고, 계획적 진부화로 제품의 내구성을 떨어뜨리거나 수리가 어렵게 설계하고, 현란한 광고로 상품 욕구를 창출하고 확대한다. 기본적 필요가 충족되면 배타적 우월성을 선사하는 과시성 '지위재positional goods'로 소비 욕구를 창출한다(프레드 허쉬, 『경제성장의 사회적 한계』). 성장은 필요의 충족이 아니라 성장 그 자체를 목표로 한다.

성장과 함께 심해지는 사회적 불평등과 자연환경의 훼손이 분명하게 보여주듯이, 성장은 좋은 삶을 보장하지 않는다. 좋은 삶은 좋은 사회에서 가능하다. 좋은 사회는 성장이 아니라 사람과 사람, 사람과 자연의 조화로운 관계에 기초한다. 사회적 불평등과 자연환경의 훼손은 좋은 삶의 바탕을 파괴한다. 이런 사회는 불안한 사회, 질병과 스트레스에 취약한 사회로 가난한 사람만이 아니라 사회 전체가 고통을 받는다. 이제 한계에 가까워진 성장이 우리 삶의 기반을 위협한다면, 성장의 대안 모색은 근원적이면서도 현실적인 요구다. 성장 신화에서 벗어나 이제는 물어야 한다. 누구를 위한 성장이고, 무엇을 위한 성장인가?

기후위기는 현실이지만, 온실가스 배출량 증가와 성장의 관계를 인정하는 사람은 많지 않다. 자본주의 국가는 경제성장의 기조에서 기후변화에 대응한다. 우리나라도 예외가 아니다. 하지만 성장 경제 체제에서 적기에 필요한 만큼 온실가스 배출량을 줄인다는 것은 희망 사항일 뿐이다. 성장과 탄소배출 감축이라는 두 마리 토끼를 함께 잡는다는 '탈동조화decoupling'는 성장 신화의 부록이다. 물질적 성장은 탄소배출을 필연적으로 늘린다. 성장은 무엇이든 더 많이 만들어서 더 많이 쓰고 버릴 것을 요구한다. 성장은 상품을 끊임없이 생산하고 소비하는 사회, 상품 과잉 사회를 만들었다. 온실가스를 비롯한 각종 폐기물이 늘어날 수밖에 없다. 게다가 탄소배출을 줄인다면서도 '제주 제2공항', '가덕도 공항', '새만금 공항' 등 대규모 토건 사업을 계속 벌인다. 경기 부양을 통한 경제성장의 유혹을 뿌리치지 못하는 우리 사회는 성장중독 사회다.

성장중독 사회에서는 성장의 대안을 말하는 것 자체가 어렵다. 성장에서 벗어나야 기후위기에 대처할 수 있다고 말하면 '대안은 없다'라며 입을 막는다. 성장이 문제라고 생각해도 성장의 대안이 더 심각한 문제를 초래할지 모른다는 우려와 두려움에 입을 닫는다. 우리 시대의 패권 이데올로기인 성장 신화는 새로운 전망을 차단한다. 성장 기반의 자본주의에서 소비주의는 필연적으로 확산한다. 개인도 사회도 강박적이고 집착적인 소비주의의 덫에 걸렸다. 우리는 한때 많은 것을 직접 만들어 썼지만, 이제는 시장의 소비자와 고객으로 변했다. 소비할 자유를 누리는 한, 삶이 시장에 예속되어도 개의치 않는다. 소비주의가 "삶의 정서 자체를 포획함으로써 갇혀 있다는 자각마저 원천적으로 봉쇄"됐다 (신영복, 『담론』). 우리 삶은 전적으로 시장의 상품에 의존한다. 소유하고 소비하는 상품이 사회적 지위를 나타내면서 사람들은 너도나도 '명품'으로 몰린다. 사람마저 상품화하는 세계에서 우리는 시장과 상품의 포로가 되었다.

우리 내면은 성장 이데올로기의 식민지가 되었고 성장은 자연의 질서로 행세한다. 경제뿐 아니라 삶 자체가 성장의 주술에 걸린 현실에서, 탈성장은 무엇보다 상상력의 문제다. 탈성장은 성장에 대한 문제의식과 비판에서 나왔지만, 경제적 영역에 국한되지 않는다. 탈성장은 "다른 경제, 다른 생활방식, 다른 문명, 다른 사회적 관계"를 요구하는 삶의 근원적 전환이다(『에콜로지카』). 탈성장은 성장이 삶의 터전을 갉아먹는다는 것을 깨닫고 다른 삶과 사회가 가능하다고 외치는 예언자의 목소리다. 성장주의가 의식을 마비시키고 소비주의가 삶을 잠식한 현실에서 새로운 전망의 탈성장은 '상상력의 탈식민화'에서 시작된다(세르주 라투슈, 『탈성장사회』). 우리가 물을 것은 탈성장의 가능성이 아니다. 가능성부터 따지면, 시작도 하지 못하고 주저앉게 된다. 우리는 먼저 새로운 삶의 양식과 사회 전망을 상상할 자유가 있는지 묻고 고민해야 한다(월터 브루그만, 『예언자적 상상력』).

　　경제는 성장하는데, 삶은 왜 점점 더 힘들어질까? 단순하고도 근본적인 이 물음 앞에서 성장 신화도 차츰 흔들리고 있다. 성장이 초래하는 위기가 순응해야 할 '현대성의 운명'이 아님을 깨닫고 성장의 대안을 찾는 사람이 늘어난다. 성장이 GDP의 증가라는 획일적인 방식으로 이루어진다면, 삶의 근원적 전환을 지향하는 탈성장은 다양한 방식과 모습으로 이루어질 것이다.

2021_05

■

안식일, 너와 나를 돌보는 때

성서는 우리에게 수천 년 전 강고한 지배 질서를 떨치고 새로운 전망을 찾아 나선 사람들의 이야기를 들려준다. '출애굽'은 야훼

하느님이 모세를 보내어 이집트에서 노예살이로 고통받던 이스라엘 백성을 구출한 해방 사건이다. 하느님은 시나이산에서 이집트를 탈출한 이스라엘 백성에게 '십계명'을 준다(탈출기 20장). 첫째 계명은 하느님을 '출애굽의 신'으로 소개하면서 시작한다. "나는 너를 이집트 땅, 종살이하던 집에서 이끌어낸 주 너의 하느님이다." 너에게는 나 말고 다른 신이 있어서는 안 된다.' '이집트 땅, 종살이하던 집'은 첫째 계명을 이집트의 정치·사회·경제적 맥락 속으로 가져간다. 당시 이집트는 절대군주 파라오가 통치하는 제국이었고, 이스라엘 백성은 진흙 벽돌을 생산하여 파라오의 양식 저장 성읍 '피톰'과 '라메세스'를 짓는 강제노동에 시달렸다(탈출기 1장). 하느님은 압제와 착취의 제국 이집트에서 탈출하여 자유의 몸이 된 이스라엘 백성에게 '다른 신', 곧 이집트 신을 섬기지 말라고 명한다. "너에게는 나 말고 다른 신이 있어서는 안 된다."

　　이집트 신은 절대 권력자 파라오와 이집트의 억압과 차별의 질서를 정당화하는 제국의 이데올로기 역할을 했다. 출애굽은 하느님이 보낸 모세가 이집트 신이 지지하는 파라오를 이겼고, 해방의 하느님이 압제의 이집트 신을 물리쳤음을 뜻한다. 이렇게 보면, 첫째 계명은 유일신 예배를 명하는 종교적 율법을 넘어 이집트 신이 정당화했던 사회질서를 거부하라는 정치적 요구다. 출애굽은 이스라엘 백성이 이집트의 억압과 차별을 떨치고 새로운 전망을 찾아 나선 해방 사건이다. 첫째 계명은 이스라엘 백성에게 새로운 땅에서 다시 '이집트'를 세우지 말라고 요구한다. 이제 그들은 압제와 불평등이 아니라 자유와 평등에 기초한 사회를 건설해야 한다. 사실 첫째 계명뿐 아니라 십계명 전체가 새로운 사회 건설과 운영의 근본 원리다. 새로운 나라는 자유롭고 평등하며 정의롭고 공정해야 한다.

출애굽은 옛것을 떨치고 새것을 찾아가는 희망의 여정이며, 익숙한 세계를 떠나 낯선 세계로 들어가는 모험의 여정이다. 모험은 순탄하지 않다. 이집트의 노예살이는 고되었지만, 사람은 적응에 뛰어나다. 여전히 제국의 노예살이에 익숙했던 이스라엘 백성은 광야에서 목마름과 배고픔을 겪자 차라리 '이집트'가 좋았다며 모세에게 불평과 원망을 퍼붓는다(탈출기 15~17장). 이집트 탈출 후 위기는 결핍이 아니라 탐욕에서 왔다. 이스라엘 백성은 모세가 시나이산에 올라가 머무르는 사이 금송아지를 만들어 신으로 받들었다(탈출기 32장). 다른 신을 섬기지 말라는 첫째 계명을 정면으로 거슬러 출애굽의 하느님 대신 '물신(마몬)'을 섬겼다. 물신은 사람들에게 언제나 '더 많은 것'을 요구하며 희생을 강요한다. 끝없는 재물의 축적을 위해 억압과 착취를 정당화한다. 해방의 하느님을 버리고 금송아지에 달려갔던 이스라엘 백성은 소비사회의 성실한 소비자로 살아가는 오늘 우리를 연상시킨다.

이집트를 탈출한 이스라엘 백성이 정착할 땅에 들어가는 데 40년이 걸렸다. 이 '40년'은 물질적 욕망의 폭주를 제어할 내적 자질, 특히 충분함의 감각과 절제를 익히는 사회적 학습 기간이었다. 새로운 질서를 받아들이려면 학습의 시간이 필요하다. 광야는 이스라엘 백성을 위한 '영혼의 새로운 학교'였다(마이클 왈저, 『출애굽과 혁명』). 자유와 평등, 정의와 공정은 욕망의 자유 방임을 제한할 것을 요청한다. 그리고 십계명에는 욕망의 무한 질주를 막는 제어 장치가 있다. 바로 '안식일 계명'이다.

　　십계명에서 네 번째로 나오는 안식일 계명에 따르면 이스라엘 백성은 엿새 동안 자기 할 일을 하고 이렛날은 안식일로 지내야 한다. 안식일에 "너와 너의 아들과 딸, 너의 남종과 여종, 그리고 너의 집짐승과 네 동네에 사는 이방인은 어떤 일도 해서는 안 된다." 성서는 안식일 계명을 하느님의 안식과 연결한다. 이스라엘 백성이 안식일을 지켜야 하는 것은 하느님이 "엿새 동안 하늘과 땅과 바다와 그 안에 있는 모든 것을 만들고, 이렛날에는 쉬었기 때문이다." 히브리말 어원상 '안식'은 멈춘다는 뜻이다. '멈춤'은 안식의 성격을 풀이하는 열쇳말이다. 성서의 첫 번째 창조이야기는 하느님의 엿새간 창조를 매번 "하느님께서 보시니 좋았다"라는 구절로 마무리된다(창세기 1장). '좋다'는 창조 행위에 대한 평가며, 평가는 행위가 끝나거나 멈춘 다음에 이루어진다. 따라서 '좋았다'는 평가는 창조 행위의 '멈춤' 곧 안식을 전제한다. 하느님은 이렛날 이전에도 매일 창조 결과를 멈추고 바라보셨다. 곧, 안식하시고 "보시니 좋았다." 이렛날의 안식은 하느님이 엿새에 걸친 창조 결과를 '멈추어' 바라보고 음미한 때다.

　　하느님의 안식은 창조 세계를 '관상하는 안식'이다. 안식일 계명은 하느님의 안식에 따라 우리도 이렛날에 일을 '멈추고'

엿새 동안 우리가 했던 것, 지내온 삶을 바라보라고 초대한다. 우리를 삶의 성찰로 부르는 안식은 활동과 대립하지도 비생산적이지도 않다. 안식은 우리의 활동을 평가하고 의미를 부여하는 또 다른 방식의 활동이다.

파라오는 양식 저장용 '성읍'을 따로 지을 만큼 많은 '부'를 축적했다. 성읍에 쌓이는 양식은 파라오의 권력을 상징한다. 파라오에게 양식이 집중되는 한, 생산이 늘수록 불평등도 늘어난다. 금송아지 예배가 보여주듯이, 이집트에서 탈출한 이스라엘 백성은 아직 '이집트'에서 탈출하지 못했다. 부의 유혹을 방치하면 이스라엘 백성은 언제 어디서든 다시 '이집트'로 돌아갈 수 있다. 부의 쏠림은 자유와 평등의 질서를 위협한다. 안식일 계명은 이집트 제국의 끝없는 생산과 소비 체제를 거부한다. 안식일 준수는 이집트 신이 아니라 출애굽의 하느님, 곧 안식의 하느님을 섬기라는 첫째 계명의 구체적 실천이다. 안식일은 '이집트'와 다른 길을 이스라엘 백성에게 보여준다. 너희는 계속 일하지 않아도 된다. 아니, 계속 일만 해서는 안 된다.

'만나'는 출애굽 후 광야에서 굶주리던 이스라엘 백성에게 하느님이 주신 양식이다(탈출기 16장). 그들은 40년 광야 여정에서 이 만나를 먹었다. 하느님은 만나를 주시며 당부했다. 첫째, "너희는 저마다 먹을 만큼 거두어들여라." 그렇게 하자 아무도 만나가 모자라지 않았다. 만나는 필요 이상으로 소유할 수 없다. 이스라엘 백성은 만나를 거두며 '적절함'과 '충분함'의 감각을 익혔다. 둘째, "아무도 그것을 아침까지 남겨두지 마라." 아침까지 남겨둔 만나는 썩고 구더기가 꾀었고, 낮이 되면 녹아버렸다. 끝없이 쌓아 올리는 파라오의 양식과 달리 하느님이 주시는 만나는 축적할 수 없다. 만나는 경제적 불평등을 만들지 않는다. 셋째, "엿샛날에는 너희에게 이틀 치 양식을 준다. 그러니 이렛날에는 저마다 제자리"에 머물러라. 안식일을 지켜도 만나를 먹을 수 있다. 먹을 것을 얻으려고 끊임없이 일하지 않아도 된다. 넷째, 만나를 "대대로 보관하여라. 그리하여 내가 너희를 이집트 땅에서 이끌어낼 때, 광야에서 너희를 먹여 살린 이 양식을 자손들이 볼 수 있게 하여라." 이스라엘 자손은 자기 조상이 광야에서 먹었던 만나를 보고 부의 과잉 생산과 축적 그리고 불평등을 경계해야 한다.

만나는 먹는 양식일 뿐 아니라 이집트와 다른 새로운 사회를 건설하기 위한 양식이었다. 파라오가 '모아들인' 양식은 부의 확대와 독점을 뜻했고, 하느님이 '내어준' 만나는 부의 절제와 공유를 뜻했다. 만나는 '살림살이'라는 경제의 목표가 경쟁을 통한 부의 축적이 아니라 공유를 통한 삶의 옹호임을 보여주었다. 만나는 제국의 경제와 전혀 다른 경제 전망을 열어준다. 미국의 역사학자 루이스 멈퍼드Lewis Mumford의 표현을 빌리면, 만나는 '획득의 경제'가 아니라 '필요의 경제'다(『기술과 문명』). 상품 경제가 아니라 선물膳物 경제다. 사고파는 상품은 거래 관계에 기반한 시장사회를 형성하고, 무상으로 주고받는 선물은 호혜 관계에 기반한 공동체를 형성한다. 제국은 억압적인 위계질서를 요구하고, 공동체는 자유로운 평등 질서를 요구한다. 새로운 질서를 찾아 나선 이스라엘 백성에게 필요한 것은 무엇보다 공동체였다.

성서는 안식일 계명을 출애굽 사건과 직접 연결하기도 한다. "너는 이집트 땅에서 종살이를 하였고, 주 너의 하느님이 (…) 너를 그곳에서 이끌어내었음을 기억하여라."(신명기 5장) 이스라엘 백성은 자기들이 겪었던 억압과 해방의 역사를 기억하고 이렛날에는 일을 멈추어 자식과 종과 가축 그리고 동네의 이방인이 일의 중압에서 해방되도록 배려해야 한다. 안식일 계명은 출애굽을 호출하여 안식일이 사람을 비롯한 모든 피조물의 해방과 안녕을 위한 것임을 천명한다. 안식일은 동물을 포함한 세상의 모든 '약자'를 보호하는 최소한의 규약이다. 안식일은 쉼 없는 노동과 더 많은 생산을 강요했던 이집트 제국의 질서를 거부한다.

안식일은 '안식년'과 '희년'으로 이어지며 해방과 안녕의 범위와 정도가 늘어난다(레위기 25장). 7년마다 돌아오는 안식년에는 "밭에 씨를 뿌려서도 안 되고 포도원을 가꾸어서도 안 된다." 땅을 묵히고, 묵힌 땅에서 나오는 소출은 땅 주인만이 아니라 모든 피조물의 몫이다. 안식년은 땅에도 안식을 배려하고, 약자의 양식 접근권, 곧 생존권을 보장한다. 50년마다 돌아오는 희년은 모든 이스라엘 백성에게 해방을 선포하는 '거룩한 해'다. 희년이 돌아오면 이스라엘 백성은 "제 소유지를 되찾고, 저마다 자기 씨족에게 돌아가야 한다." 희년에는 누구든 종살이에서 벗어나 자유를 되찾는다. 희년은 하느님이 창조한 '원래의 세상', 모든 사람이 자유롭고 평등한 세상을 누리는 때다.

주기의 차이가 있을 뿐 안식일과 안식년과 희년 정신은 모두 '자발적 자기 제한'으로 정의할 수 있다. 주기적으로 정한 때가 오면, 나는 무언가를 하여 더 많은 것을 얻을 수 있어도 자발적으로 멈춘다. 안식으로 나는 내 삶을 성찰하고, 내 이웃과 가축과 땅은 숨을 돌리고 원기를 회복한다. 안식은 내 행위를 제한하여 이웃이 숨을 돌릴 수 있는 '자리'를 내어준다. 안식은 나와 이웃과 자연을 위한 멈춤의 행위다. 안식은 사랑이다.

하느님은 사람이 세상을 "일구고 돌보게" 하셨다(창세기 2장). 사람은 자연을 일구어 필요한 것을 얻고 자연을 돌본다. 안식은 일굼과 돌봄이라는 삶의 과제를 주기적으로 깨닫고, 성장을 위한 성장, 공허한 행동주의, 배타적인 개인의 이득을 찾는 탐욕과 고립감에서 벗어날 계기가 된다. 안식은 자기 이익에서 벗어나 '밖으로' 시선을 돌리게 한다. 우리의 삶에 한계와 방향을 부여하여 우리 자신, 이웃, 자연과 조화로운 관계를 이루도록 도와준다. 하느님이 안식의 시간인 이렛날을 축복하고 거룩하게 하신 까닭을 짐작할 만하다(창세기 2장).

탈성장, 결단과 선택

성서는 하느님이 최초로 거룩하게 하신 것이 하느님이 안식하신 이렛날, 곧 시간이라고 알려준다. 하느님은 왜 공간이 아니라 시간을 거룩하게 하셨을까? 공간과 시간은 우리가 세계를 상상하는 두 가지 축이다. 현대 물리학은 시간과 공간이 맞물려 있다고 보지만, 일상에서 우리는 시간과 공간을 매우 다르게 체험한다. 우리는 시간보다 공간에 익숙하다. 공간은 무언가를 '하는' 곳이다. 우리는 공간에서 생산하고 소유하고 소비한다. 공간은 더 많은 이윤을 향한 치열한 경쟁이 벌어지는 소리 없는 전쟁터다. '무역전쟁'이나 '자원전쟁'이라는 말이 암시하듯이, 오늘날 국가 간의 전쟁은 주로 시장이라는 공간에서 벌어진다. 시장의 경쟁이 격화되면 진짜 전쟁이 되기도 한다. 시장에서는 가격과 속도로 승패가 갈린다. 상대보다 더 싸게 더 빨리 생산하고 판매해야 한다. 초국적 기업은 저임금과 느슨한 환경 규제를 찾아 세계 곳곳을 헤집고 다닌다.

격렬하고 화려한 경기가 벌어지는 공간에 가려진 시간은 공간에 복무할 뿐 그 자체의 의미를 잃었다. 모든 사람에게 똑같이 주어진 시간은 본디 희소하지 않다. 그러나 시간이 공간에 종속되면, 시간은 희소해진다. 공간에서 부의 축적에 몰두하는 우리에게 시간은 늘 부족하다. 그래서 시간은 돈으로 변한다. 교통과 통신이 발달해도 시간은 늘 모자란다. 아무리 시간을 아껴 써도, 그만큼 공간에서 더 많은 일을 벌이는 우리는 그만큼 더 바빠진다.

삶에서 공간의 비중이 아무리 커도 삶의 근원적 토대는 공간보다 시간에 있다. 우리가 매달리는 공간은 시간이 허락하는 한에서만 가능하다. 하지만 공간과 달리 우리가 마음대로 장악할 수 없는 시간은 낯설다. 우리는 낯선 시간을 피해 낯익은 공간으로 도피한다. 공간 속에서 우리에게 익숙한 생산과 소비의 쳇바퀴를 분주히 돌린다. 그렇게 우리는 시간을 대면할 기회를 좀처럼 얻지 못한다. 아니, 회피한다. 유한한 삶이 불안해질수록 우리는 공간으로 파고든다. 악순환의 연속이다.

안식일은 공간에 가려진 시간으로 우리를 초대한다(아브라함 요수아 헤셸, 『안식』). 안식일은 우리에게 공간의 분주함을 '멈추고' 시간 속으로 들어와 머물라고 한다. 시간 속에 머물 때, 우리는 소유가 아니라 존재 자체에 관심을 기울인다. 공간 속에는 '자기 것'이 있으나 시간 속에는 '자기'밖에 없기 때문이다. 공간은 소유의 영역이고 시간은 존재의 영역이다. 안식할 때 우리는 소유의 삶에서 존재의 삶으로 옮겨간다. 모든 사람에게 주어지는 시간은 공유 대상이고, 서로가 다투어 차지하는 공간은 소유 대상이다. 우리는 더 많은 공간을 차지하려고 경쟁한다. 더 큰 공간에 더 많은 것을 쌓으려고 한다. 공간과 달리 시간 속에서는 소유가 아니라 존재가, 움켜쥠이 아니라 내어줌이, 지배가 아니라 분배가, 정복이 아니라 조화가 목표다. 안식의 시간에 머무는 사람이 많아지는 그만큼 세상은 다툼과 지배의 장에서 조화와 공존의 장으로 변할 것이다.

　　소유가 아니라 존재의 관점에 설 때, 우리가 불철주야 쌓아 올린 세계의 실체가 드러난다. 오늘의 세계는 생명과 안전 대신 효율과 이윤에 최적화된 세계, 치열한 경쟁 속에서 생산과 소비의 톱니바퀴가 끝없이 맞물려 돌아가는 세계, 다수의 희생과 자연의 수탈로 이룬 성장의 결실을 소수가 독점하는 세계, '충분함'이 제거되고 '희소함'이 지배하는 세계다. 이것이 우리가 만든 세계의 모습이다. 안식은 쉼 없이 바쁘게 움직이는 우리에게, 성장의 무한 질주에 경종을 울린다. 성장 이데올로기는 계속해서 '더 빨리, 더 많이'를 주문한다. 이 주문에 충실하게 응하지 않으면 불행해진다고 위협한다. 자연의 물질은 희소하고 인간의 욕구는 무한하다고 우리를 세뇌한다. 무한한 욕구를 희소한 물질로 채우려면 치열한 경쟁과 끝없는 생산의 확대가 불가피하다. 인간은 '무한'을 의식하지만, 그 무한은 유한으로 채울 수 없다. 무한을 지향하는 인간은 공간에 아무리 많은 것을 쌓아놓아도 언제나 부족함을 느낀다. 이 결핍은 우리가 공간 속의 활동을 멈추고 시간 속에 안식할 때 비로소 충족으로 바뀔 것이다. 안식에 의한 내적 고양으로 우리는 충분함의 감각과 절제의 덕을 익힌다. 오늘날 필요한 새로운 전망은 무엇을 하지 않을 때, 멈출 때 비로소 열린다. 자발적 자기 제한이라는 안식일 정신을 실천할 때 우리는 '적은 것이 많은 것'이라는 확신을 얻고, '작은 것이 아름답다'라는 의미를 깨닫게 된다. 안식일은 성장주의 경제와 강박적 소비문화의 대안을 상상할 시간을 우리에게 선사한다.

"안식일에 일을 한 자는 누구나 사형을 받아야 한다."(탈출기 31장) 사형이라는 극단적 처벌은 당시 이스라엘 사회가 안식일 규정을 얼마나 중시했는지 암시한다. 출애굽으로 이스라엘 백성은 자유와 평등 사회를 향한 여정을 시작했다. 하지만 금송아지 예배 사건에서 보듯이 이들은 언제든 제국의 질서로 복귀할 수 있었다. 안식일은 익숙한 제국의 질서를 정기적으로 끊어내고 새로운 질서를 익히는 때였다. 안식일은 이집트와 다른 새로운 사회를 상상하는 시간이었다. 출애굽으로 시작한 여정을 제대로 마무리하고 새로운 사회를 세우려면, 안식일이 사회의 근본 원리로 작동해야 했다. 이스라엘 백성은 안식일 계명이 요구하는 '자기 제한'과 파라오가 추구했던 '자기 확장' 중에서, 출애굽의 하느님과 이집트 신 중에서 선택해야 했다. 이 선택이 장차 이스라엘 백성이 세울 나라의 모습을 결정할 것이다. 안식일 준수에 대한 율법의 단호함을 이해할만하다.

　　1세기 초 로마 제국의 식민지 팔레스타인, 예수는 안식일 준수를 촉구했던 구약성서의 단호함으로 이스라엘 백성에게 선언한다. "아무도 두 주인을 섬길 수 없다 (…) 너희는 하느님과 재물을 함께 섬길 수 없다."(마태오복음 6장) 재물은 사람의 소유물이 아니라 주인이며, 소유하는 게 아니라 섬기는 것이라 설파한 예수는 오늘 자본주의 사회의 정곡을 찌른다. 신이 된 재물, '물신'이 하느님과 다투는 것이 현실이다. 이스라엘 자손은 하느님과 재물 중에서 선택해야 했다. 예수의 선언은 십계명의 첫째 계명과 직결된다. 첫째 계명을 지킬 때, 재물이 아니라 하느님을 섬길 때, 이스라엘은 로마 제국의 질서에서 벗어나 새로운 질서를 누릴 수 있다. 힘에 의한 평화, '팍스 로마나'가 아니라 진정한 평화, '샬롬'을 누릴 수 있다. 예수님은 광야에서 '빵과 권력과 영광'의 유혹을 거부했다(루카복음 4장). 그 영광은 제국의 황제가 추구하는 것이었다. "황제의 것은 황제에게 돌려주고, 하느님의 것은 하느님에게 돌려" 드리라 했던 예수는 '은혜로운 해', 곧 희년의 실현에 헌신했다. 예수는 안식일 정신인 자발적 자기 제한으로 가난하고 소외된 이들을 위한 '자리'를 만들어 그들과 함께했다. 예수의 제자들은 "한마음 한뜻이 되어, 아무도 자기 소유를 자기 것이라 주장하지 않고 모든 것을 공동으로 소유했다. (…) 그들 가운데에는 궁핍한 사람이 하나도 없었다."(사도행전 4장) 그들은 로마 제국의 식민지에서 살았지만, 이미 제국의 질서에서 벗어나 새로운 질서에서 살았다.

성장 사회는 생산과 소비의 맹목적 확대와 그에 따른 폐기물 확대를 끝없이 거듭하는 비정상 사회다. 오늘 우리는 이 비정상을 정상으로 여긴다. 비정상으로 생각해도 대안이 없다며 침묵한다. 성서의 출애굽 사건과 안식일 계명은 축적과 성장의 지배 구조에 순응하지 않고 새로운 질서를 찾아 나섰던 이들의 이야기로 오늘날 탈성장 담론의 활성화에 영감과 활력을 준다. 출애굽은 지배 질서의 거부이며 안식일은 대안의 질서를 놓는 초석이다. 출애굽의 희망과 안식일 전망은 체념을 떨치고 일어나 새로운 질서를 찾는 이들을 격려한다. 사실, 우리는 이미 새로운 전망을 품고 있고 대안의 길을 알고 있다. 필요한 것은 결단과 선택이다. 성장, 생산과 소비 확대, 온실가스 배출 증가, 지구온난화, 기후위기로 이어져 온 일련의 과정은 "태양의 흑점과도 같은, 어떤 모호하고 통제 불가능한 법칙의 결과"가 아니다(루이스 멈퍼드, 『기술과 문명』). 성장은 필연이 아니라 사회적 선택의 문제다. 탈성장 또한 그렇다. 결단하고 선택할 때, 우리는 눈먼 성장의 멍에에서 벗어나 온전한 삶의 축복을 누리는 길로 들어설 것이다.

2021_06

9장
체제를 바꿔야 산다

코로나19는 '정상 사고'다

우리는 미래의 위험을 과소평가하는 경향이 있다. 미래의 위험에 대비하기 위하여 현재의 욕구를 제한해야 할 때, 이런 경향은 더 심해진다. 합리적인 개인이 비합리적으로 행동하고, 합리적으로 예측되는 사회적 위험에 합당한 대책을 세우기 어려운 까닭도 여기에 있다. '체르노빌'과 '후쿠시마'를 알면서도 우리나라 핵발전소의 사고 위험을 말하면 '설마?'로 반응하는 사람이 많다. 폭염과 홍수와 산불에 시달려야 기후위기에 잠시 관심을 보일까, '기후변화에 관한 정부 간 협의체(IPCC)'를 비롯한 기후 관련 기관의 거듭된 경고에도 여전히 반응은 '설마?'가 많다. 아직 현실로 다가오지 않은 미래의 위험보다는 현재의 편리가 더 중요한 것이다. 일말의 불안이 일어도 '뭐, 어떻게든 되겠지'라고 다독이며 일상을 고수한다.

우리는 코로나 팬데믹으로 상상하지 못했던 재난이 현실

이 될 수 있음을 경험했다. 우리는 '설마' 했던 것이 현실이 되는 세상, '뭐, 어떻게든 되겠지'라는 요행이 더는 통하지 않는 세계에 산다. 일시적이긴 했지만, 마스크를 사려고 순번을 정해 약국 앞에서 장사진을 쳤다. 언제나 북적이던 공항이 텅 비고 항공기가 하늘보다 땅에서 시간을 더 많이 보냈다. 종교, 스포츠, 공연 등 각종 모임과 행사가 취소되고 도서관을 비롯한 대중 시설이 폐쇄되었다. 학교도 예외가 아니었다. 사람이 많이 모인다고 꽃밭도 갈아엎었다. 세상은 이렇게 변할 수도 있다. 그것도 갑자기.

세상의 급격한 변화는 직접적으로는 코로나19가 아니라 코로나19 감염 대책에서 비롯했다. 물리적 '거리 두기'는 백신이나 치료제가 없는 상황에서 감염 방지에 가장 효과적인 대책이었다. 생소했던 거리 두기가 일상이 되자 우리의 일상이 생소해졌다. 사회적 연결이 일시에 단절되자, 온갖 문제가 터져 나왔다. 경제적으로 지난 '외환위기(1997년)'나 '금융위기(2008년)' 때보다도 더 심한 위기가 닥칠 거라는 암울한 전망이 이어졌다. 사람이 모여야 장사가 되는 소규모 자영업자와 순식간에 일감이 없어진 일용직 노동자가 먼저 거센 파도를 맞았다. 그 뒤로도 거대한 먹구름이 계속 몰려왔다. 거리 두기는 개인뿐 아니라 국가 차원에서도 시행되었다. 코로나19가 급속하게 세계 전역으로 퍼지자 각국은 출입국 절차 강화와 국경 폐쇄 등으로 문단속에 들어갔다. 이탈리아, 스페인, 미국은 도시 봉쇄와 외출 제한이라는 긴급조치를 발동했다. 문제는 더 많아졌고, 피해는 더 커졌다.

국제적 거리 두기로 생겨난 어려움은 주로 '세계화' 탓에 생겨났다. 세계화는 물리적으로 시간과 공간을 압축했다. 세계 전체가 빠르고 정밀한 교통과 통신 기술로 촘촘하게 연결되었다. 자력으로 움직일 수 없는 코로나바이러스가 항공을 비롯해 전 세계를 잇는 교통망 덕분에 순식간에 세계로 퍼졌다. 코로나 방역 대책으로 시행한 각국의 거리 두기는 세계화에 역행하는 조치로 특히 세계화된 경제가 큰 타격을 입었다. 하늘이 깨끗해지고 땅의 진동이 줄었다고 할 만큼 사람의 이동이 감소하자 각국의 항공, 여행, 관광, 숙박, 식당업 등이 직격탄을 맞았다. 속수무책이었다. 반도체나 자동차같이 국제적 분업으로 촘촘히 연결된 주요 제조업 분야도 크게 휘청거렸다. 제품을 생산해도 판매할 곳이 없어졌다. 글로벌 무역의 위축은 세계화로 상호의존도가 높아진 각국 경제에 심각한 부담으로 작용했다. 실물 경제가 휘청대니 금융 경제도 출렁였다. '클릭' 한 번에 자본이 세계 곳곳으로 순간 이동할 수 있게 된 지 오래다. 세계화 현실에서 국가 간 단절로 인한 피해는 세계적일 수밖에 없다.

코로나바이러스 감염으로 촉발된 전 세계의 혼란과 피해는 미국의 사회학자 찰스 페로Charles Perrow가 제안한 '정상 사고normal accidents'를 떠올리게 한다(『무엇이 재앙을 만드는가』). 페로는 '복잡한 상호작용성'과 '긴밀한 연계성'이 내재한 시스템에 불가피하게 발생하는 사고를 정상 사고라고 불렀다. 이름과 달리, 정상 사고는 드물게 일어나고 예측도 어렵다. '정상'은 자주 일어나거나 예측할 수 있다는 뜻이 아니다. 시스템 속성상 예상치 못한 다발적 장애의 상호작용이 불가피하여서 '발생하는 것이 정상'이라는 뜻이다. 정상 사고는 자본주의가 구축해온 주요 시스템의 구성 요소가 고도의 상호작용성과 긴밀한 연계성을 지닌 탓에 일어난다. 자본주의 체제 자체에 정상 사고의 씨앗이 내재하는 것이다. 다만 정상 사고가 자주 일어나지는 않기에 지금 세계의 '내재적 연계성'과 거기에 내포된 위험을 잘 인식하지 못할 뿐이다.

페로는 미국의 스리마일섬 핵발전소, 석유화학 공장, 항공기, 선박 등을 정상 사고의 사례로 다루었는데, 세계화 또한 정상 사고의 관점에서 살펴볼 필요가 있다. 세계화로 세계 전체가 수많은 하위 시스템으로 이루어진, 고도의 복잡성과 긴밀한 연계성을 지닌 하나의 거대한 시스템이 되었기 때문이다. 자연재해나 인간의 실수로 우연히 일어났고 적절히 대비하면 재발 방지가 가능한 것처럼 보이는 재난도 정상 사고의 시각에서 보면 그 성격이 완전히 달라질 수 있다. 이번 코로나 사태는 세계화 덕분에 급속히 팬데믹으로 발전했다. 코로나19는 예상할 수는 없었으나 세계화의 현실에서 일어날 수밖에 없는 사고, 일어나는 게 정상인 사고로 볼 수 있다. 그렇다면, 코로나19에 대한 직접적인 대응 못지않게 바이러스 팬데믹의 가능성이 내재한 세계화에 대한 반성과 변화의 노력도 필요하다.

정상 사고의 '작은 발단'과 '안전장치의 역설'은 세계화에도 적용되는 엄중한 경고다. 정상 사고는 작은 발단에서도 거대한 사건이 촉발된다고 일깨워준다. 복잡한 상호작용성과 긴밀한 연계성이 속성인 시스템에서는 사소한 발단도 단시간에 거대한 사태로 폭주할 수 있다. '미물'인 코로나바이러스가 어떤 경로로든 인간에게 옮아간 것이 거대한 재난의 시작이었다. 세계화가 아니었어도, 코로나19가 이런 속도와 규모로 세계를 점령했을까? 코로나 팬데믹은 일어나지 않을 수도 있었던 우연하고 불운한 나비효과의 결과가 아니라, 언젠가는 일어나는 게 불가피한 정상 사고에 속한다.

세계화의 현실에서 거대한 사태로 증폭될 수 있는 요인은 바이러스에 국한되지 않는다. 2010년 여름, 극심한 가뭄으로 밀 생산의 큰 차질을 예상한 러시아는 밀 수출을 중단했다. 러시아의 수출 중단 조치로 세계 식량 가격이 폭등했고, 이것을 계기로 일어난 북아프리카와 중동의 정치적 소요로 정권이 무너지고 대규모 난민이 발생했다. '아랍의 봄'이 일어난 주요 원인에 기후위기에 따른 식량위기가 있는 것이다. 기후변화로 인하여 가뭄과 홍수는 갈수록 더 자주 더 심하게 일어나고 있다. 산업화 이후 인간 활동이 기후변화의 주범이라면, 결국 거대한 사태의 뿌리에 우리의 '일상'이 있는 셈이다. 수많은 일상과 일상이 보이지 않는 고도의 상호작용과 연계를 통해서 거대한 재난으로 내달리게 된다.

정상 사고는 시스템에 안전장치를 부과한다고 막을 수 있는 것이 아니다. 안전장치를 설치하면 복잡성과 연계성이 늘어나 사고 발생의 가능성이 커진다. 안전장치는 시스템을 더 빨리, 더 나쁜 환경에서, 더 큰 위험과 함께 운용할 의도로 만드는 수가 많아서 새로운 사고를 일으키기도 한다. 최악의 경우 어떤 안전장치는 "부실한 조직이나 시스템 설계를 덮는 허울"일 수도 있다(『무엇이 재앙을 만드는가』). 정상 사고를 막으려면 시스템 '자체'를 전환해야 한다. 요컨대, 코로나19라는 정상 사고가 세계화에 보내는 경고는 분명하다. 복잡한 상호작용성과 긴밀한 연계성이 속성인 세계화 체제에서 세계적 재난은 예측할 수 없지만 불가피하다. 세계화는 막을 수도 없고 감당할 수도 없는 파국으로 가는 길이다. 근본 대책은 세계화에 내재한 위험을 막아줄 안전장치가 아니라 세계화에서 과감하게 벗어나는 것이다.

2020_06

다음은 더 세고 영리한 놈이 온다

코로나 팬데믹은 세계화가 감염병에 끼치는 영향을 잘 보여준다. 먼저, 시간과 공간을 압축하는 세계화로 감염의 확산 속도가 매우 빨라졌다. 지역 간의 연결 정도가 낮았던 시대에 전염병은 대개 한 지역에 국한됐다. 해상 무역과 여행이 본격화되면서 전염병은 지역 단위를 넘어 다른 대륙으로 퍼져나갔지만, 당시 평균 여행 시간은 전염병 확산을 효과적으로 차단할 만큼 길었다. 콜럼버스 시대 대서양 횡단에 소요된 기간은 천연두 바이러스의 잠복기보다 길어서 바이러스 감염자는 대부분 목적지에 도착하기 전에 죽거나 회복되었다. 그만큼 천연두가 퍼질 기회가 적었다. 코로나 팬데믹이 보여주듯이, 오늘날 바이러스는 세계화가 구축해놓은 고도의 교통망을 통해서 전 세계로 급속히 퍼진다. 코로나19 같이 '조용한 전파', 무증상 감염의 바이러스는 더 빨리 퍼져나간다.

바이러스는 혼자 움직이지 못한다. 사스, 신종 플루, 에볼라, 메르스, 코로나19, 모두 마찬가지다. 바이러스가 인간 속에 들어온 것은 인간 활동으로 연결 통로가 생긴 탓이다. 신자유주의 세계화는 자본의 논리가 세계 어디서든 최적으로 구현되도록 각종 규제를 철폐해왔다. 그 결과 개발과 채굴 사업의 장벽이 낮아졌고 세계 곳곳에서 자연 파괴와 오염이 대규모로 일어났다. 무분별한 개발과 환경 오염은 병원균의 왕성한 번식에 적합한 온상을 마련해주었다. 개발로 서식처가 줄어든 야생동물이 인간 쪽으로 다가오면서 야생동물을 숙주로 삼는 바이러스와 인간의 거리도 줄어들었다. 야생동물 매매는 이 거리마저 순식간에 없애버린다. 이렇게 바이러스가 인간의 영역으로 들어오기에 더할 나위 없이 유리한 조건이 형성되었다.

대규모 축산공장은 바이러스가 인간에게 오는 데 그지없이 편리한 중간 기착지다. 생물 다양성이 줄어들면 토착 생물의 텃세가 약해져서 바이러스를 포함한 새로운 생물이 정착하기 쉬

위진다. 대규모 단일 경작을 위한 벌목과 화재로 숲이 파괴되어 생물 다양성이 줄어든 지역이 급속히 늘었고, 새로운 바이러스는 더 쉽게 정착했다. 신자유주의 세계화로 강화된 개발과 성장, 대량생산과 소비는 기후변화를 가속했다. 기후변화는 병원균의 매개체 역할을 하는 생물의 개체 수를 변화시켜 감염병 발생에 영향을 미친다. 요컨대, 인간이 바이러스를 불러들였다. 인간이 불러온 바이러스가 인간을 삶의 자리에서 몰아냈다. 바이러스가 감염병으로 사람들을 괴롭히기 전에 자연을 파괴한 인간의 폭력이 있다. 그리고 그 배후에 세계화된 자본이 있다.

코로나19 초기 우리나라의 보건, 의료, 방역체계는 매우 모범적이라는 평가를 받았다. 메르스 감염 때의 혹독한 체험과 철저한 학습 덕분이다. 의료진의 헌신도 빼놓을 수 없다. 하지만 백신과 치료제 개발을 포함한 의료 기술적 차원의 해법에는 분명한 한계가 있다. 바이러스 감염 대책은 의학적, 생물학적 차원만이 아니라 사회적, 생태적, 경제적 차원을 함께 고려해야 한다. 인간활동, 자연환경, 바이러스 사이의 복잡한 상호작용과 긴밀한 연계를 분명하게 인식하는 것이 근원적 차원에서 감염병 발생을 막는 데 중요하다. 기술적 대응만으로는 바이러스의 잦은 출몰을 막을 수 없다. 다음은 더 '세고 영리한 놈'이 온다.

2020_06

세계화에서 지역화로

정상 사고의 관점에서 본 코로나 재난은 세계화의 문제와 위험을 분명하게 보여준다. 고도의 복잡성과 연계성으로 인하여 거대한 정상 사고의 씨앗이 내재한 세계화에 근본적으로 대응하는 길은 '긴밀한 연계'를 '느슨한 연계'로 바꾸는 것이다. 다시 말하면, 세계화를 '지역화'로 전환하는 것이다. 지역화는 지역의 단절과 고립을 뜻하지 않는다. 세계화가 지역의 고유성을 무시하고 세계를 획일적으로 단일화하는 경향을 보였다면, 지역화는 지역의 고유성을 존중하며 세계화가 초래한 과잉 연결을 적정 수준의 연결로 전환하는 것을 뜻한다.

신자유주의 세계화는 국제 분업에 기초한 자유무역을 신봉하고 신장해왔다. 비교우위를 기준으로 각국이 가장 저렴하게 생산할 수 있는 소수의 상품만 생산해 교환하는 것이 가장 효율적이라는 것이다. 지역에서 생산할 수 있어도 가격만 더 싸다면 지구 반대편에서 수입하는 '미친' 교역도 예사다. 싸게 사서 비싸게 팔 수만 있으면, 이윤만 많으면 된다는 발상이다. 하지만 비교우위를 가르는 '가격'은 정확한 지표가 아니다. 저렴한 가격 뒤에 은폐된 '비용'을 놓치지 말아야 한다. 국경을 넘나드는 기업은 이윤을 사유화하고 그 과정에서 발생하는 비용은 지역에 떠넘기며 사회화했다. 세계화에 편입된 지역은 초국적 자본의 손쉬운 먹잇감으로 전락했다.

비교우위에 따른 자유무역 시장에서 소수의 상품에 선택과 집중을 하면 당연히 대외 의존도가 높아진다. 각국은 긴밀한 국제적 연계로 외부의 사소한 충격에도 취약해진다. 이런 현실에서 우리는 농업과 식량 자급 문제를 깊이 고민해야 한다. 바이러스 감염을 포함하여 어떤 이유로든 장기간 국제 교역에 장애가 일어나면 가장 절실해지는 것은 결국 먹을거리다. 곡물자급률이 거의 300%에 달하는 호주를 위시해 평균 자급률이 100%를 넘는 세계에서 우리나라 곡물자급률은 2019년 기준 21.0%로 세계 최하위 수준이다. 식량자급률은 자급률 100%에 이르는 쌀을 포함해도 45.8%에 그친다. 식량 측면에서 우리나라의 재난 대비 수준은 거의 바닥이다. 이번 코로나19 사태로 쌀 주요 수출국인 베트남과 태국을 비롯한 일부 식량 수출국이 수출 중단이나 통제 조치를 취하자 국제 쌀 가격이 폭등했다. 여기에 가뭄이나 홍수로 곡물 수확량 자체가 줄면, 세계는 더 큰 혼란에 빠질 것이다.

세계화 지지자들은 아직도 지역화를 시대착오적 발상이라고 일축할지 모른다. 그러나 지역화는 외부와 단절을 뜻하지 않는다. 지역화 경제는 완전한 자급자족이 아니라 일정 수준의 자립적 경제를 지향한다. 지역의 자립도가 높아지면 과도한 국제 교역은 자연스레 사라진다. 불필요한 원거리 수송이 줄고 수송에 드는 에너지도 줄어든다. 세계화가 그랬듯이, 지역화도 세계의 모습을 크게 바꾸어 놓을 것이다. 세계화가 경쟁과 이윤을 중심으로 지역과 상품 등 거의 모든 것을 꽁꽁 엮어 놓았다면, 지역화는 이 매듭을 푸는 과정이 될 것이다. 지역화로 상호의존 규모가 세계에서 지역으로 줄어들고 긴밀한 연계가 느슨한 연계로 바뀌면 정상 사고의 성격을 띤 세계적 재난의 발생 가능성도 많이 줄게 된다. 경쟁과 이윤을 강조하는 세계화 경제와 달리 지역화 경제는 협력과 연대를 중시한다. 지역화는 정부 차원의 노력도 필요하지만, 개인의 변화도 중요하다. 자기 지역과 깊은 유대감을 가질 때, 우리는 자신과 이웃을 이전과 다르게 보고 다르게 행동한다. 지역의 자연 생태계에도 더 많은 관심을 기울인다. 사람들은 멀리 떨어진 낯선 곳이 아니라 낯익은 자기 지역에서 '좋은 삶'을 찾을 것이다.

2020년 4월 미국 국무부 장관을 지낸 헨리 키신저 Henry Kissinger 는 월스트리트저널 기고문에서 코로나19 이후 "세계는 그 이전과 전혀 같지 않을 것"이라며 "글로벌 무역과 자유로운 이동을 기반으로 번영하는 시대에서 시대착오적인 '성곽 시대'의 사고가 되살아날 수" 있음을 우려했다. 그러나 키신저의 진단과 우려와 달리 세계는 코로나19를 겪고도 그리 쉽게 바뀌지 않을 것이다. 자본이 계속해서 이윤과 성장 논리를 관철하려 들기 때문이다. 키신저가 찬양한 '글로벌 무역'과 '자유로운 이동'은 소수에게 번영의 시대를 선사했지만, 우리 모두에게 거대한 재난 발생이 '정상'인 위험 시대를 초래했다. 앞으로 세계는 지금의 세계화 시대나 예전의 성곽 시대가 아니라 건강한 자립 지역들이 서로 연계하는 지역화 시대로 가야 한다. 지역화야말로 포스트 코로나 시대에 완전히 달라진 세계의 모습이어야 한다.

　　코로나19로 현실이 된 바이러스 팬데믹은 합리적으로 예견되는 미래 위험을 무시하지 말라는 경고다. 이 경고가 얼마나 현실적인지, 이제는 분명하지 않은가. 코로나19는 세계적 재난의 가능성이 내재한 세계화 대신 지역화를 제안한다. 무엇을 선택해야 할지, 이제는 분명하지 않은가. 어느 날 갑자기 코로나19로 강제된 사회적 변화를 겪으며, 이전의 일상으로 무조건 돌아가기보다는 이 기회를 우리에게 더 좋은 '뉴노멀new normal'을 도입하는 계기로 삼자는 주장도 많아졌다. 이때, 다양한 뉴노멀의 토대가 될 근본적 뉴노멀은 지역화가 되어야 한다.

　　자연은 무심해 보인다. 도도해 보이기도 한다. 먹이사슬의 꼭대기에서 무소불위의 존재로 설치던 인간이 하찮은 바이러스의 습격으로 세계 곳곳에서 비명을 질러도 여느 때처럼 봄이 오고 꽃이 피고 새순이 올라온다. 길가의 고양이가 봄볕을 즐기며 한가하게 졸고 있다. 인간만 자기가 만들어놓은 아수라장에서 신음한다. 누구를 탓하랴. 지금이라도 자연을 존중하고 따르면, 자연은 인간을 다시 품을 것이다. 무시하고 거부하면, 더 심하게 내칠 것이다. 인간의 자리가 비면, 인간에게 쫓겨났던 동물과 식물이 그곳을 차지할 것이다. 코로나19로 인적이 뜸해진 도심을 찾았던 퓨마와 여우와 야생 염소가 바로 그 전조다. 이제는 진정으로 변화할 때다. 시간이 없다.

2020_06

■

무엇을 극복할 것인가?

"만약 바이러스 문제를 해결한다면 대공황이나 2008년 세계 금융 위기만큼 근본적 침체는 오지 않을 것이다. 바이러스라는 외생변 수가 문제다. 이 악재만 사라지면 상당히 빠른 속도로 반등할 것 이다." 코로나19가 한창인 2020년 8월에 열린 '2020 경향포럼' 에서 미국의 경제학자 폴 크루그먼 Paul Krugman 이 내놓은 전망이다. 크루그먼은 코로나19를 '외생변수' 곧 경제 외부에서 일어나는 불의의 사태로 규정했다. 바이러스 감염병을 현재의 경제와 무관 하게 발생한 뜻밖의 장애로 보면, 우리가 지금 주력할 것은 보건 과 방역 강화, 백신과 치료제 개발, 경제성장 회복 등이다. 모두, 우리가 지금껏 열심히 해온 것들이다.

　　하지만 바이러스 재난이 지금의 자본주의 체제와 밀접한 관련이 있다면, 문제는 달라진다. 경제가 "상당히 빠른 속도로 반 등"한다고 해도, 문제의 근원은 그대로 남고 유사한 바이러스 재난 은 반복될 것이다. 원인은 그대로인데 결과가 변하기를 기대하는 건 어리석다. 21세기에 부쩍 늘어난 바이러스 감염병이 인간의 자연 파괴에서 비롯되었다는 과학적 근거는 이제 충분하다. 최근 세계보 건기구(WHO), 유엔환경계획(UNEP)과 국제축산연구소(ILRI), 하버드 공중보건대학원은 바이러스 감염병 창궐의 주요 원인으로 야생동물 서식지 파괴 등 자연생태계 훼손과 기후변화를 꼽았다.

그리고 이들 문제의 뿌리에 대량생산·유통·소비·폐기에 기반한 자본주의 체제가 있다. 이렇게 보면, 코로나19는 경제의 '외생변수'가 아니라 진보와 발전이라고만 여겼던 경제성장에 내재한 위험을 알리는 경고다. 이제 성장 신화의 미몽에서 깨어나라고 인간을 내려치는 죽비다. 바이러스 재난의 근본 책임은 인간에게 있다. 극복할 것은 바이러스가 아니라 우리 자신이다. 싸울 것은 사람과 자연을 값싸게 갈아 넣어 성장을 거듭해온 탐욕의 체제다. 코로나19는 현상으로는 질병 문제지만 본질로는 체제 문제다.

성장 이데올로기의 눈으로 보면 지속적 경제성장이 당연한 것으로 보인다. 그러나 미국의 생태경제학자 허먼 데일리Herman Daly가 짚었듯이 인간의 경제 활동은 "유한하고, 성장하지 않으며, 물질적으로 닫혀 있는 생태계 속에서 이루어진다."(『성장을 넘어서』) 상식의 눈으로 보면, 경제성장의 한계는 너무나 자명하다. 개발과 성장의 장밋빛 전망에 들떠 있던 1970년대에 큰 경종을 울렸던 로마클럽의 『성장의 한계』는 사실 '상식'의 과학적 예견이었다. 『성장의 한계』에 쏟아진 비판이나 비난은 이데올로기가 어떻게 상식을 억누르고 현실을 왜곡하는지 보여준다. 경제는 자연에 의존하는, 자연의 하위 체계다. 자연은 경제 활동에 필요한 자원의 원천이자 경제 활동에서 나오는 폐기물의 매몰지다. 생산에 투입할 자원은 자연에서 나오고, 소비의 최종 결과인 폐기물은 자연으로 돌아간다. 미국의 경제학자 케네스 볼딩Kenneth E.Boulding이 말했듯이, 이 자명한 진실을 거부하고 "유한한 세계에서 기하급수적 성장이 영원히 계속될 것이라 믿는 사람은 미치광이거나 경제학자"밖에 없다. 자원이 유한하다는 말은 재생 속도보다 빠르게 자원을 소모하면 결국 고갈된다는 뜻이다. 아무리 기술 혁신과 대체재로 한계를 극복한다고 해도, 한계는 있다. 그런데도 성장 이데올로기는 경제 활동이 자연의 "흡수 역량(매몰)과 재생 역량(투입)"의 한계 내에서 행해져야 하고 생태적 수용성을 존중해야 한다는 현실을 부정한다(『성장을 넘어서』).

자연의 한계 내에서 이루어지는 경제 활동은 '배분'과 '분배'와 '규모'를 중시해야 한다. 배분이 자원의 효율 문제라면, 분배는 사람 간의 공정 문제고 규모는 자연이 부과하는 한계 문제다. 공정한 분배는 중요하지만, 이때도 자연이 부가하는 한계는 변함이 없다. 분배 또한 '규모' 내에서 고려해야 한다는 뜻이다. 생태적 수용성의 한계로 경제성장에는 최대 한계뿐 아니라 최적 한계가 있다. 성장이 최적 한계를 넘으면 성장의 편익보다 비용이 커진다. 최적 한계를 넘은 성장은 '비경제적 성장'이다. 성장이 이미 최적 한계를 넘었다는 징후는 날이 갈수록 커지고 있다. 기후변화로 인한 폭염, 홍수와 태풍, 가뭄과 산불 등 각종 기상 재해의 일상화와 코로나19 같은 감염병 창궐은 이제 성장의 효용보다 비효용이 커졌음을 알려준다. 생태적 수용성의 한계를 무시하고 성장을 고집하면, 경제는 언젠가 최대 한계에 이르게 된다. 그때는 경제성장이 아니라 우리의 생존 자체가 문제 될 것이다. 기후위기는 그때가 얼마 남지 않았다는 신호다. 인류의 '멸종 위기'는 과장이 아니라 지금의 성장을 계속 밀고 나갈 때 다가올 현실이다.

"역병은 우리가 누구인지를 비춰주는 일종의 거울"이다. 미국의 역사학자 프랭크 스노든Frank Snowden의 말이다. 거울에 비친 자기 모습을 부정하면 길을 잃고 헤매게 된다. 가지 말아야 할 '이전'의 길만 보인다. 지표상으로 경제는 계속해서 성장했지만, 세상은 계속해서 살기가 더 힘들어졌다. 우리는 성장의 이름으로 사회적 불평등과 생태적 훼손을 외면하거나 정당화했다. 성장이 모든 문제를 해결해준다고 강변했다. 하지만 코로나바이러스 재난은 폭력적 삶의 양식이 한계에 달했고, 삶의 양식을 바꾸지 않으면 상황은 반복하고 악화한다고 경고한다. 성장이 코로나 팬데믹의 뿌리에 있는데도 성장에서 출구를 찾는 것은 우리가 성장에 중독되었다는 뜻이다. 중독 극복은 어렵다. 담배 중독자가 담배 없는 세상을 상상하기 어렵듯이, 성장중독 사회는 성장과 다른 길을 상상하기 힘들다. 코로나19에 비친, 욕망에 찌들고 성장에 중독된 우리의 모습을 인정할 때 비로소 출구가 보인다. 해답은 단순하고 명료하다. 성장에서 벗어나기, 바로 '탈성장'이다.

탈성장은 성장 신화에 사로잡힌 세계를 근본적으로 바꾸자는 도발적이고 전복적인 구호이자 운동이다. 다양한 이론과 행동을 포괄하는 탈성장은 무엇보다 기존의 성장주의에 대한 비판이다. 탈성장은 성장이 지속할 수 없을 뿐 아니라 '좋은 삶'을 누릴 수 없게 한다는 데 주목한다. 성장은 일정 수준 이상을 넘어서면 행복과 복지와 무관하다고 밝혀졌다. 적어도 부유한 나라에서는 성장과 행복이 비례하지 않는다는 뜻이다. 앞에서 말했듯이, 최적 규모를 넘어선 경제성장은 효용보다 비효용이 더 크다. 과도한 경쟁과 긴장, 생활 환경의 오염, 감당할 수 없는 쓰레기 배출, 교통 체증, 출퇴근 시간 증가, 장시간 노동 그리고 기후위기는 모두 성장의 산물이며 성장이 적정 수준을 넘었다는 징후다. 오스트리아의 철학자이자 사회비평가 이반 일리치Ivan Illich는 "과도한 에너지 소비가 물리적 환경을 파괴하는 것 못지않게 사회적 관계를 필연적으로 퇴보시킨다"라고 경고했다(『행복은 자전거를 타고 온다』). 탈성장은 성장이 가져올 파국을 막으려는 자발적이고 적극적인 성장의 포기, 성장에서 벗어나기다.

탈성장은 기후변화 대응에 필수적인 전환이기도 하다. 성장은 온실가스 배출량을 늘린다. 성장하면서 물질적 소비와 탄소 배출을 줄인 국가는 없다. 2018년 '기후변화에 관한 정부 간 협의체(IPCC)'가 채택한 「지구온난화 1.5도 특별보고서」의 권고를 실제로 이행하려면 성장에서 탈성장으로 전환하는 것 외에 뾰족한 방법을 찾기 어렵다. 물론, 성장 기반 사회에서 성장의 포기는 큰 사회적 고통을 초래한다. 무엇보다 실업자가 늘어난다. 코로나19는 성장이 멈추었을 때 누가 더 먼저 더 많이 고통을 당하는지 분명하게 보여주었다. 따라서 온실가스 배출 감축 과정에서 '정의로운 전환'은 탈성장에서 포기할 수 없는 원칙이다. 온실가스를 많이 배출한 쪽이 더 많은 책임을 져야 하고 경제성장을 위해 강제된 기존의 불평등 구조에서 희생을 당해온 이들의 삶과 권리는 반드시 보장되어야 한다.

2020_11

어디에 버팀목을 놓을 것인가?

문재인 정부가 160조 원을 투입하는 '한국판 뉴딜'로 일자리 190만 개를 만들겠다고 한다. 어떤 근거로 일자리 숫자를 산출했는지 의문스럽지만, 실업이 증가하는 상황에서 일자리 창출이 중요한 것은 분명하다. 다만 막대한 예산을 투입해서 만들겠다는 일자리가 어떤 종류의 것인지는 꼼꼼히 짚어봐야 한다. 질문은 이렇다. "정부가 창출하려는 일자리는 해당 정책 담당자 자신들에게도 매력 있는 그런 일자리인가?" "자신들도 기꺼이 하고 싶은 그런 일자리인가?" 그렇다고 대답할 관료는 거의 없을 것이다. 정부가 일방적으로 급조하는 방식으로는 아무리 많은 예산을 투입해도 단기간의 싸구려 일자리만 양산할 가능성이 크다.

　　정부의 정책입안자들은 일자리를 너무 쉽게 '숫자'로 생각한다. 그들이 말하는 일자리는 사람의 개성, 소질, 바람이나 지역의 특성 등과 별로 관련이 없다. 중요한 것은 취업과 경제성장이다. 어떤 일자리든 상관없이 취업만 하면 실업상태는 고용상태로 변하고 실업률은 줄어든다. 우리는 먹고살려고 일하지만, 먹고살려고만 일하지는 않는다. 최대한 일에서 의미를 찾을 수 있는 일자리가 바람직하다. 단기간에 일방적으로 대규모의 일자리를 창출하려는 관료적 발상으로는 그런 일자리를 만들지 못한다. 차라리 정부는 각자가 원하는 일자리를 스스로 찾고 만들 수 있는 버팀목을 마련해주는 편이 낫다.

어디에 버팀목을 놓을 것인가? 오늘날 우리 사회에서 중요하지만 방치되고 취약해진 부문을 생각하면, 가장 먼저 농촌을 생각하지 않을 수 없다. 먹을거리를 생산하는 농사보다 더 기본인 일은 없다. 농사는 먹을거리만 생산하는 게 아니라 자연생태계 보전, 문화와 전통 보존, 지역 공동체 형성, 식품 안전성과 국민 생존권 보장 등 다양한 공익기능을 수행한다. 한마디로 농사는 '좋은 삶'에 필수다.

하지만 우리나라 농업 현실은 먹을거리만 살펴봐도 믿지 못할 정도로 암담하다. 우리나라는 세계 5대 식량 수입국의 하나로 2019년 기준 식량자급률 45.8%, 곡물자급률 21.0%를 기록했다. 지난 10년간 각각 10.4%포인트, 8.6%포인트 하락한 수치다. 그나마 이 수치는 자급률이 거의 100%인 쌀을 포함한 것이다. 식생활 변화로 이제 제2의 주식이 된 밀은 1인당 소비량이 쌀의 절반을 넘지만, 자급률은 불과 1.2%다. 거의 전량을 수입한다는 뜻이다. 충격이다. 식량은 사고파는 상품 이전에 한 나라의 주권에 속한다. 식량 주권이 없는 나라는 세계 곡물 시장에 생존을 의존하는 '식량 식민지'가 될 수밖에 없다. 세계적인 식량 위기의 가능성은 그 어느 때보다 커지고 있다. 육류 소비와 바이오 연료 사용 증가로 늘어난 곡물 수요는 곡물 시장을 더 불안정하게 한다. 코로나19로 주요 곡물 생산국이 수출 제한 조치에 나서자 곧바로 국제 곡물 가격이 치솟았다. 무엇보다 앞으로 식량 수급에 가장 큰 위협 요소는 이미 위기와 재난으로 다가온 기후변화다. 기후위기는 곧 식량위기다. 기후위기 시대, 식량 식민지의 운명은 위태롭기 짝이 없다.

농촌은 모든 삶의 뿌리지만, 우리나라 농촌은 무너진 지 오래다. 농촌이 무너지면 도시라고 무사할 리 없다. 2019년 기준 우리나라 농가 인구는 224만 5,000명으로 전체 인구의 약 4.3%다. 전년 대비 7만 명이 감소했다. 65세 이상 고령 인구 비율은 46.6%로 전국 평균 15.5%보다 3배가량 높다. 농촌에는 사람이 없어서 문제고 수도권 도시에는 사람이 많아서 문제다. 농촌에서는 일할 사람이 없고 빈집은 늘어가는데 도시에서는 할 일도 살 곳도 없다고 아우성친다. 갈수록 도시의 삶이 황폐해지자 귀농을 원하는 사람도 꽤 되지만, 실행하는 사람은 많지 않다. 실제로 농촌에 산다고 할 때 기본적인 생계 보장에 자신이 없는 탓이다. 탈성장 전환을 위한 실행 방안에 '기본소득'이 있다. 그동안 비현실적이고 심지어 비윤리적이라고 여겼던 '기본소득'에 관한 인식이 코로나19를 계기로 많이 바뀌었다. 재원만 해결되면 된다고 생각하는 사람도 많아졌다. '농민기본소득'은 성장 논리에 의해 철저히 뒷전으로 밀려난 농업을 복원하는 계기가 될 수 있을 뿐 아니라 기존의 농부는 물론 새로 농사를 짓겠다는 이들이 최소한도로 의지할 수 있는 소중한 버팀목도 될 것이다.

농민기본소득의 규모는 우리나라가 감당하기 힘든 정도는 아니다. 농촌으로 가는 사람이 늘어나면 기본소득에 필요한 예산도 늘어나겠지만, 농민이 수행하는 공익적 기여를 고려하면 그럴 만한 가치는 충분하다. 기존의 관행 농업 역시 성장주의에 매여 있고 다량의 온실가스 배출로 지구온난화에 책임이 큰 현실에서, 귀농이 늘어난다고 자연생태계 보전을 비롯한 공익적 가치가 늘어난다는 보장은 없다. 하지만 경쟁과 환경 오염이 심한 도시를 떠나 농촌으로 오겠다는 이들은 대체로 단순하고 어느 정도 자급자족하는 생태적 삶을 선호할 가능성이 크다. 그만큼 이들에게는 시장에 포획되어 상품화되는 농촌에서 생태적 전환의 주체가 될 수 있는 잠재력이 있다. 농사가 좋은 일자리로 소문이 나서 농촌으로 사람이 몰리면, 도시도 더 여유가 생기고 기업도 좋은 일자리를 만들 가능성이 커진다. 나라의 근간을 튼실하게 하며 국가균형발전에도 도움이 된다. 상상만 해도 유쾌하고 숨통이 트인다. 일단 성장중독에서 벗어나면, 또 다른 세상이 보이기 시작한다.

탈성장은 단순한 성장주의 비판을 넘는 '또 다른 세상'의 전망이다. 탈성장은 생산과 소비의 규모와 속도를 줄이면 다른 형태의 진보가 가능하다는 확신이다. 성장은 언제나 큰 것이 좋다고 말하지만, 탈성장은 작은 것이 아름답다고, 적은 것이 많은 것이라고, 단순한 게 좋다고 말한다. 탈성장은 세상을 보는 또 다른 시각이다. 성장은 소유와 소비, 경쟁과 독점, 효율과 이윤, 통제와 지배, 무한한 욕구를 추구하지만, 탈성장은 단순과 절제, 협력과 나눔, 환대와 보존, 돌봄과 공생, 자족과 충분함을 지향한다. 탈성장은 더는 성장할 수 없다는 좌절로 강요된 선택이 아니라 '좋은 삶'에 불가결하다는 확신에서 비롯한 자발적 선택이다.

역설적이지만 코로나 재난이 몰고 온 시련의 때가 지금까지 의문을 품지 않았거나 외면해왔던 성장 문제를 대면할 최적기다. 고통스럽겠지만 성장의 종말이 세상의 종말은 아니다. 성장의 한계를 부정하고 성장에 매달리는 것이야말로 세상의 종말을 초래한다. 우리는 코로나 팬데믹으로 상상하지 못한 상황이 현실이 될 수 있음을 겪었고 성장보다 중요한 가치가 있다는 것도 깨달았다. 실제로 많은 정부가 바이러스 비상사태를 맞아 성장보다 안전, 보건, 방역을 먼저 선택했다. '대안은 없다'라는 구호가 너무 오랫동안 현실을 왜곡했고 우리의 사고와 상상력을 마비시켰다. 지금이야말로 탈성장을 대안으로, '이전'과 진정으로 다른 '이후'를 상상하고 실현할 수 있는 절호의 기회다. 시간이 그리 많이 남지 않았다고 하지만, 세상이 있는 한 또 다른 세상은 가능하다. 탈성장은 '성장의 포기'가 아니라 '세상의 전환'이다.

2020_12

10장
지학순과 장일순

■

지학순, 가장 낮은 곳에 서다

원주교구 초대 교구장 지학순 주교(1921~1993). 그는 세상 한가운데에서 예수 그리스도의 복음을 선포하고 실천한 사목자였다. 지학순 주교는 사목자로서 언제나 가난한 이들과 함께했으며 불의에 저항했다. 지학순은 한국 가톨릭교회의 문을 세상에 활짝 열어젖혀 교회가 현실 세계, 특히 가난하고 억압받는 이들과 만나게 했고, 그들을 통해서 나자렛 예수를 만나게 했다. 무엇이 그를 어떤 때는 가난하고 힘없는 사람들을 말없이 보듬는 방식으로, 어떤 때는 불의한 정치 권력에 정면으로 맞서는 방식으로 진리와 사랑을 실천하게 했을까? 그의 이러한 삶의 배경으로 그가 젊은 시절 직접 겪었던 시련과 주교 서품 직후 참석했던 제2차 바티칸공의회를 들 수 있다.

　　한국전쟁 전후 정치적으로 어지러웠던 상황에서 지학순 주교는 덕원신학교 폐쇄, 100일이 넘는 감옥살이, 고통스러웠던

월남 과정, 한국전쟁과 피난살이 등 누구 못지않은 고난을 겪었다. 지학순이 직접 겪은 가난과 고통은 사제 서품 이후 사목자로서 그의 삶 전반에 큰 영향을 미쳤다. 1975년 주교로 서품된 지학순은 제2차 바티칸공의회 마지막 회기에 참여했는데, 이 경험은 교구장으로서 그의 사목 전망과 방향 결정에 중요한 역할을 했다. 공의회가 다룬 주요 주제는 '교회론'으로 교회의 '현대화aggiornamento', 곧 현대 사회에서 교회의 쇄신과 적응을 강조했다. 공의회는 '현대 세계의 교회에 관한 사목헌장'인 「기쁨과 희망」에서 교회는 세상 사람, 특히 가난하고 고통받는 모든 사람의 희망과 기쁨, 아픔과 고통에 함께한다고 선언했다. 이를 위해서 교회는 언제나 '시대의 징표'를 탐구하고 복음에 비추어 해석할 의무가 있다. 지학순은 공의회 교회론에 깊이 공감하고 로마에서 돌아온 다음 공의회 정신의 보급에 애썼다. 그는 복음에 대한 '창조적 충실성'으로 현실의 도전에 응답했다. 그 응답의 결과가 어떤 때는 가난한 이를 직접 돕거나 신용협동조합을 만드는 것으로, 또 어떤 때는 불의한 정치 권력을 비판하고 맞서는 것으로 나타났다.

　　오늘날 우리 사회는 놀라울 만큼 부의 총량이 늘었고 물질적 풍요를 구가하지만, 빈곤과 불평등은 오히려 늘어났다. 세계에서 가장 낮은 출산율과 가장 높은 자살률은 우리나라가 얼마나 살기 힘든 곳인지 바로 보여준다. 사회가 급격히 고령화되면서 노인 빈곤율도 기록적이다. 복음의 요청에 다양한 방식으로 당시 가난하고 힘없는 이들에게 헌신한 지학순 주교의 삶은 풍요 속의 빈곤이 심해지는 오늘의 현실에 시사하는 바가 크다.

1970년 봄, 서울 시내버스 차장이던 안젤라는 한국노사문제연구소를 찾아가 박청산 회장에게 고민을 털어놓았다. "회장님, 저는 버스 차장 일을 하면서 어머니의 병 치료비와 동생의 학비 때문에 하루에 300원씩 삥땅을 하고 있습니다. 그런데 저는 가톨릭 신자입니다. 양심의 가책을 받아 저는 교회에 나가지 못하고 있습니다. 제가 저지른 삥땅이 죄가 되는지 여쭤어보고 싶어서 찾아뵈었습니다."(지학순정의평화기금, 『그이는 나무를 심었다: 지학순 주교의 삶과 사랑』) 곤혹스러운 질문을 받은 박청산은 제일교회의 박형규 목사를 찾아갔지만, 속 시원한 답을 얻지는 못했다. 이어서 박청산은 가톨릭노동청년회를 찾아갔는데, 거기서 지학순 주교를 찾아가 보라는 권유를 받았다.

원주에 내려간 박청산은 지학순 주교를 만나 안젤라 문제를 상의했다. 지학순은 문제를 전해 듣고는 자기 방에 들어가 잠시 숙고했다. 그는 박청산과 점심을 함께하고 나서 대답했다. "그런 경우 삥땅은 죄가 안 됩니다. 안젤라 양은 교회에 나올 수 있습니다." 놀랍고도 기쁜 답이었다. 이것이 계기가 되어 얼마 후 서울 YMCA에서 삥땅 문제에 관한 심포지엄이 열렸다. 지학순은 그 자리에서 삥땅에 대한 자신의 견해를 밝혔다. "하루에 3~4백 원의 삥땅을 하는 것은 자기의 권리를 주장하는 것이며, 기업주들의 불합리한 경영에서 나오는 책임을 여차장들이 질 수는 없다. 교환

정의에서 볼 때도, 법적 정의에서도, 누구나 살 권리가 있는 사회 정의에서도 삥땅은 죄악이 아니다."(『그이는 나무를 심었다』)

지학순 주교는 어떻게 이런 결론을 내릴 수 있었을까? 이런 경우 대개 '사정은 딱하지만 그래도 삥땅은 죄'라고 판단한 다음 '정상 참작'으로 마무리하는 게 보통이다. 결국은 삥땅도 삥땅한 사람도 모두 잘못이라는 말이다. 하지만 지학순은 잠시 숙고한 다음 이 문제에 관해 거침없이 단호한 결론을 내렸다. 통쾌할 정도다. 안젤라 같은 경우 "삥땅은 죄가 안 됩니다." 그는 여기서 한 발 더 나아가 이 문제의 근본적인 책임은 차장들의 "정당한 권리를 부인하려는 자들", 곧 버스 회사의 경영진에 있음을 분명하게 짚었다.

지학순 주교의 과감하고 단호한 태도는 어디서 왔을까? 이 물음에 대한 실마리는 그의 교구장 취임사에서 찾아볼 수 있다. 취임사에는 대개 자기가 앞으로 맡을 직무에 관한 전망과 직무 수행의 근본 원칙 등을 담는다. "십자가를 지고 가신 그리스도와 같이 고생할 결심은 이미 되어있습니다." "오히려 그리스도의 십자가 안에서 나의 영광과 행복을 찾고 싶습니다." 이것은 지학순 주교가 1965년 신설된 원주교구 교구장을 맡을 때 했던 취임사의 일부다. '십자가를 지고 가신 그리스도와 같이', "그리스도의 십자가 안에서"라는 표현은 앞으로 그가 선택할 삶의 방향과 성격을 잘 요약해준다. 또한 그가 교구장으로서 행했던 다양한 일과 겪었던 사건에 일관성을 부여해준다. 한마디로 지학순은 '그리스도 중심의 삶'을 살고자 했다.

그리스도의 십자가는 무엇을 뜻하는가? 나자렛 예수는 하느님 나라를 선포하고 가난한 이들, 소외된 이들 곁으로 다가갔다. 예수는 "가장 작은 이들"과 함께했고 자신을 이들과 동일시했다(마태오복음 25장). 예수는 그들과 함께하는 삶으로 세상에 하느님의 정의와 사랑을 선포하고 실천했다. 아래로 또 아래로 흐르는 하느님 사랑을 상징하는 십자가는 우리에게도 동일한 사랑을 요청한다. 이 사랑은 우리가 자기 안에 안주하지 말고 '밖으로' 나갈 것을 요구한다. 제2차 바티칸공의회 마지막 회기에 참석한 지학순 주교는 교회가 자신이 아니라 그리스도를 중심에 두어야 함을, 그리스도를 앞세워야 함을 깊이 깨달았다. 그리스도 중심은 모든 자기중심주의의 배제를 요구한다. "그리스도께 가기 위한 교회의 비중심화", "하느님의 백성에게 향하기 위한 성직자의 비중심화", "세계와 인간들의 문제에 향하기 위한 교회 내적인 관심의 비중심화"가 필요하다(지학순, 『정의가 강물처럼』). 그리스도에게 다가간다는 것은 세상 사람에게 다가가는 것이고, 자기를 벗어나 세상의 기쁨과 희망, 슬픔과 근심을 함께하는 것이다.

지학순 주교는 젊었을 때 자신이 직접 겪었던 시련의 체험에 비추어 안젤라의 처지를 깊이 이해할 수 있었을 것이다. 당시 버스 차장은 한창 귀여움을 받으며 지낼 나이에 가족의 생계를 떠맡아야 했던 가난한 어린 여성, 부당한 대우에도 정당한 권리를 주장할 목소리조차 없는 힘없는 사람이었다. 지학순은 주교가 아니라 힘없는 차장의 처지에서 안젤라의 고민에 함께했다. 그녀의 딱한 처지에 연민하고 공감하면서 사안을 숙고했다. "그런 경우, 삥땅은 죄가 아니다." 이 대답으로 그는 안젤라의 목소리, 안젤라의 보호자가 되었다. 그의 결론이 상식을 뛰어넘는 파격적인 것으로 보일지도 모른다. 하지만 이것은 자의적이 아니라 그리스도의 십자가에 대한 창조적 충실성에서 오는 개방성과 유연함의 결과로 보아야 한다.

도시미화라는 이름으로 서울 달동네의 판자촌 철거가 한창이던 1973년 진눈깨비 내리는 겨울날, 상암동 판잣집에서 가족과 함께 쫓겨난, 당시 대학교 3학년이던 임춘호에게 전보가 한 통 왔다. 지학순 주교가 임춘호에게 자기를 한번 찾아오라고 연락한 것이다. "무얼 좀 먹어야 되겠군."(『그이는 나무를 심었다』) 임춘호 학생을 만난 지학순은 이 말 외에는 별다른 말을 하지 않았다. 점심을 먹고 헤어질 때 지학순 주교는 돈이 든 봉투를 내밀었다. 그 당시 전세방을 마련할 정도로 상당히 큰 액수였다. 또 임춘호 학생의 팔목에 시계가 없는 것을 보고 선뜻 자신의 시계를 풀어주었다.

　　세상에는 절박한 처지에 몰린 사람이 많다. 거리에서 울고 있어도, 이들의 울음소리는 들리지 않고, 이들의 모습은 눈에 뜨이지 않는다. 이들이 눈에 뜨인다 해도, 사람들은 그냥 지나치기 일쑤다. 이른바 '투명인간'으로 취급하는 것이다. 이런 풍경은 '무관심의 세계화'가 지배하는 세상에서는 오히려 자연스러울지도 모른다. 그렇지만 보잘것없는 이들을 자신과 동일시한 예수를 삶의 중심에 놓고 살아간다면, 이들을 보고도 그냥 지나칠 수는 없다. 이들을 위해서 무엇이든 그때 할 수 있는 일을 해야 한다. 강도를 당하고 길에 버려진 사람에게 다가가 자기가 할 수 있는 모든 것을 다했던 사마리아 사람처럼(루카복음 10장).

지학순 주교가 어떻게 임춘호의 사정을 알게 되었는지, 어떻게 서울까지 연락해서 만날 생각을 했는지는 알려지지 않았다. 다만 지학순이 십자가에 매달린 그리스도의 요청, 곧 세상 한구석에서 울고 있는 이들에게 관심을 가지고 돌보라는 당부에 충실히 응답했다는 것은 분명하다. 그는 임춘호 학생과 헤어지며 당부했다. "너 자신부터 정의를 위해 노력하고, 특히 배우지 못한 사람이나 어려운 사람한테는 늘 관심을 가지면 좋겠구나."(『그이는 나무를 심었다』) 이 당부에 그가 지향하던 삶의 핵심이 들어있다. 가장 힘없는 이에 대한 연민과 연대, 곧 그리스도의 삶의 재현이 바로 그것이다.

"근로기준법을 준수하라!" "우리는 기계가 아니다! 일요일은 쉬게 하라!" "노동자들을 혹사하지 말라!" "내 죽음을 헛되이 하지 말라!" 1970년 11월 13일 평화시장 재단사 전태일이 당시의 참혹한 노동 현실에 저항하며 분신했다. 전태일의 분신으로 한국 사회는 큰 충격을 받았다. 한국의 끔찍한 노동 현실이 폭로됐고 우리나라에서 노동운동이 본격적으로 시작되었다. 1969년부터 1975년까지 가톨릭노동청년회(JOC) 총재를 맡았던 지학순 주교도 이 사건으로 큰 충격을 받았을 것이다.

　　십자가에 달린 그리스도의 요청에 충실히 응답하려고 애썼던 지학순 주교가 산업 전사의 이름으로 혹사를 강요당하는 노동자와 막 싹트기 시작한 노동운동에 관심을 가진 것은 당연했다. 지학순은 회의 중에도 노동자들이 방문하면 회의를 중단하고 이들을 먼저 만났다. 그는 사목자로서 어려운 처지의 노동자들을 최우선으로 생각했다. 청계피복노조 정인숙은 지학순 주교에게 노조 활동비를 자주 얻어 썼다. "어려울 때만 찾아와 부탁을 드리니 정말 죄송합니다." 미안해하는 정인숙에게 지학순은 이렇게 말했다. "어려운 일이 없을 때는 다른 노동자들을 만나서 활동해야지 뭐하러 나한테 오나."(『그이는 나무를 심었다』) 1980년대 초, 노동조합원에 대한 부당 해고와 '블랙 리스트'가 횡횡하던 시절, 지학순은 자신의 회갑을 맞아 인사하러 온 박순희를 비롯한 원풍모방 노조원들에게 회갑연 축의금을 전세금으로 몽땅 내줬다. 지학순은 삶의 중심을 언제나 자기 바깥에 두었다.

2013_12

사회정의, 사람이 사람답게 살게 하는 것

지학순 주교는 가난한 이들에 대한 깊은 연민뿐 아니라 가난을 극복하는 실천적인 면모도 보여주었다. 원주교구의 책임을 맡은 지학순은 지역주민이 어떻게 하면 가난을 벗어날 수 있는지 고민했다. 이 고민의 결과는 무위당 장일순과 함께한 신용협동조합(신협) 운동으로 나타났다. 지학순은 교구장 취임 다음 해인 1966년 11월 원동 본당에 원주신협을 세웠고 장일순이 이사장을 맡았다. 1970년대 초에는 광산촌에서도 협동조합운동을 벌였다. 신협운동은 가난하고 빚에 찌든 사람들의 자립에 크게 기여했다.

지학순 주교의 사회적, 정치적 관심과 참여는 1969년 원주교구가 원주 문화방송국 설립에 참여하면서 본격적으로 시작되었다. 지학순은 방송국 개국 과정에서 재정상의 부정을 발견하고 항의했다. 하지만 그의 정당한 항의는 아무런 해명도 없이 무시당했다. 지학순은 할 말은 해야 한다고 결정했고, 이 결정은 1971년 10월 3일간의 '부정부패 규탄·추방대회'로 터져 나왔다. 이렇게 그는 사회적 불의에 정면으로 맞서게 되었다. 그는 사회에 대한 교회의 책무는 관심만으로는 부족하다고 여겼다. 교회는 사회의 제반 문제에 관심을 가져야 할 뿐 아니라 문제 해결을 위해서도 노력해야 한다고 생각했다. 부정부패 규탄대회는 그리스도 중심의 삶을 사회적 차원에서 교구민들과 함께 실천한 것이다.

지학순 주교가 권력의 부정부패에 강력한 비판과 고발로 맞선 데에도 힘없는 사람에 대한 관심이 중요한 요인으로 작용했다. 주교인 자기가 그런 불의와 횡포를 당했다면, 일반 사람들이야 어떤 대우를 받겠는가? 지학순은 억울한 일을 당한 많은 사람을 대표해 권력의 불의를 고발하고 사회정의를 요구해야 함을 깨달았다. 그가 요구한 사회정의는 단순하지만, 정곡을 찌른다. '사람이 사람답게 살게 하는 것', 그것이 바로 사회정의다.

　　사회정의의 중심에 사람, 특히 힘없는 사람이 있다. 사회정의는 십자가에 달린 그리스도가 불의한 사회에서 우리에게 요청하는 것, 사람이 사람답게 살 수 있게 하라는 것이다. 이후 지학순 주교는 당시의 사회 문제들을 지적하며 점점 더 강하게 불의한 정치 권력을 단죄하고 사회정의를 요구했다. 그리고 이 과정에서 권력과 정면으로 충돌했다. 이 충돌은 지학순의 양심선언과 구속으로 이어졌다.

1974년 4월 3일 '전국민주청년학생총연맹(민청학련)' 사건이 터졌다. 한마디로, 박정희 유신독재 정권에 의한 용공 조작 사건이었다. 이 사건으로 김지하, 이철, 유인태 등 7명이 사형선고를 받았다. 유신정권은 북한이 공작금을 대주었다며 민청학련을 반국가단체로 몰고 갔다. 사형이 집행될 수도 있는 위중한 상황이었다. 자금이 지학순 주교에서 나왔다고 김지하가 밝히고 지학순이 이를 시인함으로써 북한 공작금 설은 차단되었다. 하지만 지학순은 내란 선동 목적으로 김지하에게 자금을 제공했다는 혐의로 사건에 연루되었다. 7월 6일 오후 일본에서 귀국한 지학순은 공항에서 바로 남산 중앙정보부로 연행되었다. 이후 그는 7월 10일 석방후 연금, 7월 23일 양심선언 후 연행, 8월 12일 법정 구속, 그리고다음 해 2월 17일 구속집행 정지로 출소했다. 숨 가쁘게 이어진일련의 과정에서 그의 움직임을 결정한 것은 민청학련 구속자들의 안위었다.

당시 귀국을 일단 보류하자는 의견도 있었지만, 지학순 주교는 귀국해서 사실을 밝혀야 구속된 이들의 목숨을 구할 수 있다는 의견을 받아들여 구속을 각오하고 귀국을 감행했다. 지학순이 연금되었을 때도 구속은 피하자는 쪽과 정면 돌파하자는 쪽으로 의견이 갈렸다. 지학순은 김지하의 어머니와 아내를 면담하고마음을 굳혔다. 천주교 주교인 자신이 교도소에 함께 가야만 구속자들이 목숨을 부지할 수 있겠다고 생각한 것이다. 문화방송 사태때, 자기보다 더 심한 불의를 당해온 사람들을 대변하는 마음으로부정부패 규탄·추방대회를 열었던 것과 같은 동기가 지학순을 움직였다. 그는 힘없는 이들에게 다가가 그들을 보호하고자 했다.자신도 위태로운 상황에서 자기보다 더 힘없는 이들과 고통을 함께하는 연민의 행위는 지학순이 어떤 사람인지 잘 보여준다.

지학순 주교는 언론에 발표한 '양심선언'에서 유신정권은 무효이며 진리에 반하는 것으로 규정하며 불의한 권력에 정면으로 맞섰다. 억압받고 고통받는 이들에 대한 연민은 가해자에 대한 분노로 변했다. 지학순의 '양심선언'은 사람답게 사는 데 필요한 사회정의를 파괴하는 불의한 유신헌법과 정치 권력에 대한 정면 도전이자 단죄였다. 그 대가는 구속이었다. 지금까지 지학순이 연민으로 고통받는 이들에게 다가가 함께했다면 이제는 비로 그 연민이 그에게 직접 고통을 껴안을 것을 요청했다. 이것 또한 십자가에 달린 그리스도의 요청, 그 어느 때보다도 절박한 요청이었다. 때가 되어 나자렛 예수에게 일어났던 것처럼, 지학순에게도 자신이 직접 져야 할 십자가가 들이닥쳤다. 십자가를 지는 것은 그가 보여왔던 연민의 가장 극적인 표현과 실천이었다. 교구장 취임 때 언명했듯이, 그는 "십자가를 지고 가신 그리스도와 같이 고생할 결심"을 행동으로 옮겼다.

　　지학순 주교가 짊어져야 했던 십자가는 구속이었다. 상황이 더 엄혹했다면, 이 십자가는 그의 목숨을 요구했을 수도 있었다. 엘살바도르의 로메로 대주교에게 그랬던 것처럼. 고통 중의 형제를 찾아 함께 구속을 택한 지학순 주교는 기꺼이 '가장 작은 이'의 벗이 되고자 했다. 지학순은 갇힌 이들과 함께 갇힘으로써 자신의 소명에 충실했다.

　　지학순 주교의 구속은 십자가에 달린 그리스도가 요청하는 사랑과 화해가 어떤 것인지 보여준다. 십자가의 사랑은 고통의 감내를 요구한다. 사랑은 단순히 호감이나 자선이 아니라 고통받는 이들을 보고 흘리는 눈물이며 이들에게 기꺼이 다가가는 사마리아인의 행동이다. 그리스도의 십자가는 화해가 단순히 양보나 침묵이 아니라 진실, 공동선, 인간성의 회복임을 알려준다. 사랑과 화해의 실천은 불이익과 고통의 감내를 요구한다. 지학순 주교의 구속은 한국 교회뿐 아니라 한국 사회 전체에 큰 파문을 일으켰다. 이 사건을 계기로 한국 가톨릭교회는 제2차 바티칸공의회가 「기쁨과 희망」에서 선언한 대로 교회의 사명과 정체성을 구현하는 사회적 관심과 참여를 본격화했다.

삶의 후반기, 지학순 주교의 관심은 사회복지로 옮아갔다. 이 변화는 사목자 지학순의 삶의 본질적인 변화, 곧 사회정의에 대한 그의 관심이 식었다는 것을 뜻하지 않는다. 복음은 언제나 변화한 상황에서 적절한 방식으로 선포하고 실천해야 한다. 이제 노년에 접어든 지학순은 십자가를 지고 가는 나자렛 예수의 요청을 장애인을 비롯하여 가난한 이들 가운데서 더 가난한 이들, 가장 변두리의 삶에서 깊이 감지했다.

삶은 일관성이 중요하다. 지학순 주교의 삶 전체를 관통한 것은 십자가를 진 그리스도였다. 지학순의 삶은 십자가에 달린 그리스도의 요청에 대한 충실한 응답이었다. 그가 버스 차장과 달동네 학생에게 보여준 따스한 배려와 관심, 노동자와 노동운동에 대한 전폭적인 관심과 지원, 가난에 허덕이는 지역주민을 위한 신협운동, 부정부패와 독재정권에 대한 거침없는 비판과 단죄, 이 모두가 십자가에 달린 그리스도에 대한 창조적이고 충실한 응답에서 비롯했다.

지학순 주교는 세상 한가운데서 세상 사람과 함께 참된 그리스도인의 삶을 살았다. 그는 가장 인간적인 삶을 통하여 가장 사제적인 삶의 모범을 보여주었다. 지학순은 십자가의 그리스도가 부르는 곳으로 갔으며, 거기서 언제나 어려운 처지에 놓인 사람들, 곧 예수를 만났다. 그는 이 땅의 가난한 이들, 억압받는 이들을 찾아 함께하며 그들의 이웃이 되었다. 지학순은 우리 시대의 착한 사마리아 사람이었다.

2013_12

장일순, 원주에서 우주를 품다

오늘 우리가 당면한 총체적 위기의 뿌리에 자본주의가 있다. 자본주의 체제는 경제적 불평등과 생태적 부담을 계속해서 키워왔다. 자본주의는 자기 증식 운동으로 유지되는 체제로 자본은 시장에서 경쟁하며 끊임없이 자기를 증식한다. 경쟁은 자본주의의 기본 질서이며 자기 증식은 배타적이다. 한편, 오늘날 자연과학은 모든 것이 서로 깊이 연결된 세계상을 제시한다. 불교는 시공간을 가로질러 만물이 그물망처럼 촘촘히 엮인 세계를 말한다. 연기緣起의 세계에서 자기만 커지려고 하면 다른 누군가는 억눌리고 죽게 된다. 우주의 질서를 거스르는 배타적 자기 증식은 죽음의 힘이다.

자기를 절제하고 상대를 배려하는 자발적 자기 제한은 생명의 힘이다. 모든 것이 연결된 세계에서 번영은 함께 누리는 것이다.

배타적 자기 증식이 본질인 자본주의 체제에서도 자발적 자기 제한에 기초한 삶을 사는 이들이 있다. 이들은 자본주의로 무너져가는 세상을 보살피려는 모든 사람에게 용기와 희망의 원천이다. 무위당无為堂 장일순(1928~1994). 그는 평생의 대부분을 원주에서 지내며 우주적 전망의 생명사상을 전했고 사람과 사람, 사람과 자연이 공존 공생하는 삶을 일관되게 살았다. 자본주의가 무엇보다 생태적으로 지속할 수 없다는 것이 드러난 오늘, 장일순의 삶은 30년이 흘렀어도 '생태적 회심'과 '대전환'이 절실한 이 시대를 비추는 한 줄기 빛이다.

1928년 원주에서 태어난 장일순은 중학교 이후의 학업과 군 복무, 3년의 수형 기간을 빼고는 줄곧 원주에서 살았다. 그는 1955년 원주 봉산동에 직접 지은 집에서 줄곧 지내다 1994년 그 집에서 삶을 마쳤다. 이렇게 지역적으로 한 곳에 뿌리내린 장일순의 삶은 우리 '공동의 집'인 지구 생태계가 심각하게 훼손된 지금 집의 보전保全이란 측면에서 그 의미가 크다.

근대 이전, 공간은 동질적이지 않았다. 세계는 사람, 동물, 신神, 영靈 등이 사는 곳으로 가득했다. 자연은 생명이 깃든 곳, 모든 생명의 '어머니'로 경외와 경이의 대상이었다. 그러나 17세기 이후 상황이 달라졌다. 데카르트는 세계를 사유 주체인 정신과 사유 객체인 물질세계로 분리해서 인식했다. '길이와 넓이와 깊이' 곧 연장延長이라는 하나의 범주로 바라본 세계는 수많은 고유한 장소가 어우러진 곳에서 균질한 기하학적 공간으로 변했다. 자연은 주인 없는 물건, 정복과 지배의 대상, 자원의 창고로 전락했다.

　　동질적 공간 개념은 다양한 생명이 깃든 자연을 이윤 창출을 위한 소유와 채굴의 대상으로 전도한다. 폭력적이고 반생명적이다. 세계를 떠도는 초국적 자본에 '이곳'과 '저곳'은 이윤의 크고 적음을 빼면 다를 게 없다. 어떤 지역이든 존중할 이유도 동기도 없다. 세계화된 자본에 지역의 삶과 자연이 망가지는 까닭이다. 그러나 균일한 기하학적 공간은 추상적 관념일 뿐 실재하지 않는다. 현실 세계는 고유한 장소의 어우러짐이다. 장소의 고유성을 인정할 때 세계는 다양한 존재가 깃든 '집'이 된다. 이것이 지역에 뿌리내린 '토박이'가 세계를 보는 방식이다. 평생을 원주 한곳에서 살았던 장일순의 삶에 주목하는 까닭도 바로 여기에 있다. "봉산동 자택에서 중심가까지는 걸어서도 이십 분 정도로 족한 거리인데 보통 두 시간씩 걸리기가 다반사였다. (…) 아주머니, 아저씨, 길가의 좌판 장수, 기계 부속품 가게 주인, 리어카 채소 장수, 식당 주인, 아니면 농부들, 만나는 사람 한 사람 한 사람과 끊임없이 벌이 얘기, 아이들 소식, 농사 얘기, 살림살이며 시절 얘기를 나누는 데 보통 두 시간 이상" 걸렸다(최성현, 『좁쌀 한 알』). 김지하 시인의 전언이다. 장일순에게 '원주천 둑길'은 그저 집에서 원주 시내를 잇는 길이 아니었다. 그 둑길은 원주 사람 장일순이

다른 원주 사람들을 만나 삶을 나누는 또 다른 '집'이었다.

장일순은 길에서 만나는 원주의 장삼이사와 기꺼이 함께 시간을 보냈다. 시간은 곧 삶이니, 그들과 함께 거리에서 보낸 시간은 그가 이들과 만남을 진정으로 소중히 여겼음을 뜻한다. "삶은 지나가 버리는 시간이 아니라 만남의 시간"이라고 한 프란치스코 교종에 따르면, 장일순은 삶의 시간을 허비한 게 아니라 제대로 쓴 것이다(「모든 형제들」). 그에게 소중한 만남의 장소였던 원주천 둑길은 다른 어떤 길로도 대신할 수 없는 고유하고 소중한 곳이었다. 그 둑길뿐 아니라 원주 곳곳이 그랬을 것이다. 우리는 정든 곳이 계속 남아 있길 바란다. 어릴 때 살던 집과 다니던 학교, 낯익은 가게들이 그대로 있는 것을 보면 우리는 행복하다. 자기 집처럼 소중하기에 그렇다. 한 지역에 뿌리내린 토박이는 자기가 사는 곳을 존중한다.

물론 한곳에 오래 산다고 다 그런 것은 아니다. 장일순이 원주라는 지역과 주민을 존중한 데는 '공경'의 삶을 손수 보여주신 할아버지의 영향이 크다. 그가 기억하는 할아버지 여운旅雲 장경호는 사람과 생명을 공경하신 분이다. "할아버지는 아주 검소하고 겸손한 분이어서 곡식 한 알이라도 땅에 떨어지면 주워 그릇에 담아 모으셨어. 물건 하나라도 소중하게 다루셨지." 원주의 재력가였던 장경호는 손님을 후하게 대접했고 거지도 손님으로 대했다. 장경호는 "밥을 얻으러 온 사람이 있으면 윗목에 앉아 밥을 먹는 며느리를 불렀다." "어머니는 바로 숟가락을 놓고 일어나 동냥 그릇을 들고 온 이에게는 밥과 찬을 담아 주었고, 빈손으로 온 이에게는 윗방에 따로 상을 차려 대접했다." 장일순은 어릴 적부터 할아버지와 어머니께 가장 낮은 사람을 존중하는 법을 배웠다. 할아버지의 사람 공경은 '위아래'를 가리지 않았다. 장일순의 형은 15살에 세상을 떠났다. 출상 때 손자의 상여에 큰절하는 할아버지를 보고 장일순이 그 까닭을 물었다. "이 세상 사는 동안에는 네 형이 내 손자였지만 저승에는 먼저 갔으니 거기서는 내 어른이다." 장일순은 할아버지의 절을 "공경하는 마음을 어려서부터 심어 주려는" 뜻으로 새겼다(『좁쌀 한 알』).

장일순은 원주를 사랑했고 자랑스러워했다. 원주에서는 큰 인물이 나지 않는다는 세간의 평에 그는 이렇게 응답했다. "이 동네는 이 동네에서 최선을 다하는 사람들이 모여 살면 거룩해지는 것 아니여?"(『좁쌀 한 알』) 여기에는 어느 곳이든 그곳 사람들이 최선을 다하면 훌륭한 곳이라는 생각이 깔려 있다. 장일순은 원주를 사랑하고 자부심을 지녔던 그만큼 다른 지역도 존중했다. 그는 당시에 널리 퍼졌던, 전라도를 싫어하고 꺼리는 경향을 비판했다. 또한, 임경업과 김상룡이 태어났고 신립이 강물에 몸을 던진 곳, 좌절당한 사람의 땅, 충주를 좋은 곳이라고 했다. 자기 고장을 존중하면 다른 곳도 존중한다. 가장 지역적일 때 가장 보편적이다. 장일순에게 지역감정이 끼어들 자리는 없었다.

　　"한살림은 원주에서 시작되었다고 들으셨다구요? (…) 누가 시작했느냐는 그다지 문제가 되지 않지 않겠습니까? (…) 시대적으로 그렇게 되지 않을 수 없는 일이 시작된 것입니다."(장일순, 『나락 한알 속의 우주』) 장일순에게 한살림운동은 어디선가 시작했어야 할 시대의 요청에 부응한 응답이었고, 그곳이 마침 원주였을 뿐이다. 변화는 중앙이 아니라 주변부인 지역에서 일어난다. 기득권인 중앙은 언제나 현상 유지를 원하고, 변화는 가진 것이 없는 변두리에서 일어난다. 한살림운동은 지역에 내재한 새로운 변화의 가능성이 원주에서 열매 맺은 것으로 볼 수 있다.

원주에서 교육운동, 신협운동, 반독재 민주화운동에 헌신하던 장일순은 1977년 기존의 사회운동에서 한계를 느끼고 운동 방향을 근본적으로 바꾸려고 결심했다. "땅이 죽어가고 생산을 하는 농사꾼들이 농약 중독에 의해서 쓰러져 가고, (…) 인간만의 공생이 아니라 자연과도 공생을 하는 시대가 이제 바로 왔구나."(『나락 한알 속의 우주』) 장일순은 문제의 근원이 산업 문명과 자본주의 체제에 있다고 깨달았다. 과학기술로 발전한 생산력으로 대량생산과 대량소비를 계속하는 한 자연은 물론 인간도 온전할 수 없다. 그는 '땅의 죽음'을 문명의 전환을 요구하는 시대의 징표로 읽었다. 오늘도 자본주의는 땅이야 죽어가건 말건 생산과 소비를 늘리며 자기 증식에 바쁘다. 다단계 하청과 플랫폼 노동에서 보듯이 갈수록 착취의 강도가 높아지는 노동 환경은 사람도 자본의 먹잇감이라는 걸 보여준다. 이 거대한 죽음의 질주를 멈추려면 체제와 개인의 내적 변화, 대전환이 필요하다. 장일순은 생명사상에 기초한 생명운동으로 대전환을 시도했다.

장일순의 생명 사상은 '하나'로 요약된다. 하나인 생명이 온 우주에 스며 있고, 모든 것은 이 생명에 참여하여 생명을 얻을 뿐 아니라 하나를 이룬다. 생명운동의 핵심은 '전일성全一性'이다. 전일성은 여럿이 서로 밀접하게 연결되어 '하나의 전체'를 이루는 것을 뜻한다. 모든 생명체는 하나인 생명의 힘으로 하나의 공동체를 이룬다. 생명은 물질에서 나왔으니 이 공동체는 생명체를 비롯한 모든 것을 포함한다. 바로 자연이다.

"경쟁과 효율을 따지면서 일체가 이용의 대상이 되는데, 그렇게 해서는 (…) 생명이 존재하기가 어렵게 되고, 생명이 무시된다."(『나락 한알 속의 우주』) 모든 것이 '하나인 생명'을 기반으로 하는 세계 질서에 상응하는 삶의 이치는 경쟁과 효율이 아니라 협동과 절제이며, 배타적 자기 증식이 아니라 자발적 자기 제한이다. 세계 질서를 거스르는 경쟁과 효율을 내세울수록 하나인 생명 공동체는 더 위험해진다.

2024_06

티끌 안에 우주가 있다

장일순의 생명사상은 어릴 때 할아버지께 배워 익힌 '사람 공경'에서 비롯했다. 그의 '사람 공경'은 동학, 노장, 불교, 성서 등의 가르침에서 자양분을 얻어 인간을 넘어 우주 만물로 그 지평이 넓어졌다. '천지여아동근天地與我同根, 만물여아일체萬物與我一體.' 하늘과 땅이 나와 한 뿌리이며, 만물은 나와 한 몸이라는 선시禪詩는 생명이 곧 하나임을 말한다. '일미진중함시방一微塵中含十方', 조그마한 티끌 안에도 우주가 있다. 모든 것 안에 다른 모든 것이 들어 있는 연기緣起의 세계에서 무시할 수 있는 것은 아무것도 없다. 모든 것이 소중하고 고유한 존재 이유가 있다.

　　"하늘과 땅과 세상의 돌이나 풀이나 벌레나 모두가 한울님을 모시지 않는 것이 없다."(『나락 한알 속의 우주』) 장일순은 동학, 특히 제2대 교주 해월海月 최시형의 영향을 크게 받았다. 해월은 제1대 교주 수운水雲 최제우의 '시천주天主也' 사상을 만물로 확대했다. '천지만물 막비시천주天地萬物 莫非侍天主也.' 사람뿐 아니라 하늘과 땅의 모든 것 중에서 한울님을 모시지 않은 것이 없다. 그러므로 하늘과 사람뿐 아니라 사물까지 공경해야 한다. 바로 경천敬天, 경인敬人, 경물敬物의 '삼경사상三敬思想'이다. 하늘과 땅의 모든 것이 한울님을 모심으로써 서로 이어졌으니 밥을 먹는 것은 '이천식천以天食天', 곧 하늘이 하늘을 먹는 경이와 경외의 행위다. 밥 한 사발을 알면 모든 것을 아는 것이다.

"내 안에 아버지가 계시고 아버지 안에 내가 있다." 하느님과 예수님은 서로 구별되지만 분리되지 않는다. "사심 없는 자기 부정으로 겸허하게" 자신을 비운 예수님 앞에 남는 것은 "아버지 밖에" 없다. 하느님은 생명 자체이며 모든 생명의 원천이므로 예수님에게는 "생명밖에 없다." "일체의 사물은, 우주 일체는, 우리 모두는 거기에서 와서 도로 거기로 가는" 것이다(『나락 한알 속의 우주』). 생명에서 나와서 생명으로 돌아가니 모두가 하나다.

장일순은 생명사상의 근거로 불교와 동학과 성서의 가르침을 거침없이 인용한다. 종교 또한 근본적으로 하나이기 때문이다. "모든 종교의 말씀은 다 같아요. 어차피 삶의 영역은 우주적인데 왜 담을 쌓습니까? 그것은 종교의 제 모습이 아닙니다." 장일순은 '하나인 생명'에 참여하는 "길이 동학에도 있고, 예수님 말씀에도 있고, 부처님 말씀에도 있고, 노장에도" 있다고 서슴없이 말한다(『나락 한알 속의 우주』).

모든 것이 하나라는 생명 사상에 상응하는 삶의 기본 태도는 겸손이다. 겸손은 내가 다른 모든 것 덕분에 있다는 깨달음에서 비롯한다. 장일순은 '무위당'이라는 호에 걸맞게 "하는 일 없이 안 하는 일 없"이 살았다. 하지 않는 일이 없던 장일순을 하는 일 없이 보이게 만든 것이 바로 겸손이다. 교만하면 상대를 무시하고 자기를 내세우려 하고, 겸손하면 상대를 존중하고 자기를 감춘다. 교만은 불경을 낳고, 겸손은 공경을 낳는다.

장일순은 노자의 '불감위천하선不敢爲天下先'을 인용하며 겸손을 강조했다. 세상에서 다른 사람 앞에 서려고 하지 말라. 겸손은 자기를 내세우는 대신 "남을 도와서 남이 앞에 서게" 하는 마음, "꽃하나 벌레 하나 풀 하나를 (…) 하심下心으로" 섬기는 태도다. "밑으로 기어라." "개문류하開門流下라, 문을 활짝 열고 밑바닥 놈들과 하나가 되야 해. 그래야 개인이고 집단이고 오류가 없거든."(『나락한 알 속의 우주』) '기는 것'은 겸손의 표현일 뿐 아니라 진리의 길이다. 세계는 아래에서 볼 때 제대로 보인다. 틈만 나면 사람들에게 겸손을 강조했던 장일순 본인은 정작 어땠을까? "선생님은 남들 보고는 기어라, 기어라고 하면서 정작 선생님 자신은 기는 법이 없지 않습니까?"(최성현, 『좁쌀 한 알』) 길에서 우연히 만난 한지인이 이렇게 말하자 그는 바로 그 사람 앞에 엎드렸다. 포장도안 된 흙길이었다. 겸손humility은 흙humus에서 나온 사람human의 근원적 태도다. 기꺼이 땅에 엎드릴 수 있을 때 우리는 사람이 된다. 장일순은 우리에게 겸손으로 사람이 되라고 권유했다.

장일순은 자신의 '호'로 1970년대는 '무위당无爲堂'을, 1980년대부터는 '일속자一粟子'를 즐겨 썼다. "선생님은 어째서 '조 한 알'이라는 그런 가벼운 호를 쓰십니까?" 누가 이렇게 묻자 그는 이렇게 대답했다. "나도 인간이라 누가 뭐라 추어 주면 어깨가 으쓱할 때가 있어. 그럴 때 내 마음 지그시 눌러 주는 화두 같은 거야."(『좁쌀 한 알』) 그는 '조 한 알'이라는 호로 자기를 내세우려는 충동을 추슬렀다. 겸손은 근대 이후 인간이 세계의 주인으로 행세한 탓에 벌어진 오늘의 위기에서 벗어나는 데 절실한 태도, 생명사상에 함축된 삶의 이치에 부합하는 태도다. 모든 것이 하나를 이루는 세계에서 다른 모든 것 덕분에 사는 우리에게 겸손은 삶의 근본 원리이다.

생명사상은 세계 인식에서 행동 양식까지 대전환을 하자는 혁명적 발상이다. 장일순은 혁명의 '자발성'을 강조한다. 강제된 혁명은 결국 서로를 파괴할 뿐 진정한 변화를 이뤄낼 수 없다. "혁명이라고 하는 것은 때리는 것이 아니라 어루만지는 것이라고 생각합니다." 생명사상을 구현하는 혁명은 힘이 아니라 "보듬어 안는 것"으로만 가능하다. "새로운 삶은 폭력으로 상대를 없애는 것이 아니고, 닭이 병아리를 까내듯이 (…) '보듬어 안는' 정성이 없이는 안 되니까요." '줄탁동시啐啄同時', 병아리가 알 밖으로 나오려고 껍질을 쫄啐 때 어미 닭이 밖에서 함께 쪼아야啄 새로운 생명이 탄생한다. "상대를 변혁하려면 상대를 소중히" 여기고 기다려야 한다. 어루만지고 보듬어 안는 것은 딱딱함이 아니라 부드러움이다. 생명의 힘은 딱딱함이 아니라 부드러움에 있다. "모든 생명은 연하잖아. 그러니까 살아 있잖아. 그렇기 때문에 그 딱딱한 대지를 뚫고 나오는 거지." "정말로 강한 것은 부드럽고 착한 것이야. 봄볕이 얼음을 녹이는 이치와 같은 것이지."(『나락 한알 속의 우주』) 부드러움이 딱딱함을 이긴다.

　　장일순의 부드러운 혁명은 그러나 개량적이 아니라 근원

적이다. "주판도 잘못 놓게 되면 털고 다시 가야 하는데, (…) 근원적인 문제서부터 (…) 다시 들여다보면서."(『나락 한알 속의 우주』) 아무리 오래 해왔어도 잘못됐으면 처음부터 다시 해야 한다. 그렇지 않으면 열심히 할수록 잘못만 커진다. 생명운동은 산업문명과 자본주의가 잘못이라는 선언이다. 잘못된 길을 버리고 새로운 길, 가야 할 길로 가자는 제안이다. 서로를 죽이는 경쟁을 서로를 살리는 협동으로 바꿔야 한다는 각성이다.

"따지고 보면 내가 내가 아닌 것이지."(『나락 한알 속의 우주』) 협동은 '생명은 하나'라는 우주의 질서가 제시하는 삶의 이치다. 만물이 하나의 생명으로 연결된 세계가 움직이는 원리는 경쟁이 아니라 협동이다. 생명은 서로를 이기려는 경쟁보다 서로 보듬고 돌보는 협동에서 생겨나고 자란다. 자본주의에서 경쟁은 보편적 질서가 되었지만, 경쟁이 심해질수록 인간과 자연의 고통은 늘어난다. 세계의 질서, 삶의 이치에 어긋난 탓이다.

　　"경쟁에는 협동이 없어요." 장일순은 생명의 원리인 협동을 배격하는 경쟁을 단호히 거부했다. 우리는 승자독식의 경쟁 지상주의 세계에서 살지만, "이긴 자들을 있게끔 해 준 자들은 패자들이다." 패자가 없으면 승자도 없는 법이다. 삶은 함께 기대며 걸어가는 것이다. "경쟁이 수반되면 (…) 효율을 따지게 돼." 그러면 "일체가 (…) 적수가 돼." 선의의 경쟁은 필요하다지만 현실에서는 한계 없는 "악의의 경쟁"이 판을 친다(『나락 한알 속의 우주』).

우리가 자연에서 보는 경쟁은 한계가 있는 경쟁, 실은 경쟁의 얼굴을 한 공생이다. 경쟁에 익숙해진 우리가 자연을 경쟁의 세계로 볼 뿐이다. 우리의 모습을 자연에 투사한 셈이다. 필요가 아니라 승리를 목표로 하는 경쟁은 끝장을 보려고 한다. 경쟁의 극단적 형태인 전쟁이 보여주듯이 경쟁의 결과는 파괴적이다.

1985년 원주에서 발원한 한살림운동은 '생명은 하나'라는 생명사상을 땅과 농사에 적용한 협동운동, 곧 생명운동이다. "이 땅이 없으면 이 만물이 존재할 수가 있어요?" 무엇보다 만물의 근원인 땅이 건강해야 한다. "자기가 사는 게 뭐냐, 땅을 살려야지." 우리가 살려면 땅부터 살려야 한다. 생명은 하나이니 한살림운동은 "누구를 무시하고 누구를 홀대할 수"가 없다. "우리끼리만 몸에 해롭지 않은 것"을 먹는다고 될 일이 아니다. 함께 가려면 상대를 어루만지고 보듬고, 나아가 상대의 처지가 되어야 한다. "그러자면 말이지, 농약이 있는 농산물도 좀 먹어 줘야 되잖아?" 이렇듯 한살림운동은 "모두가 하나가 되자는 운동"이다(『나락 한알 속의 우주』). 분열과 대립이 아니라 일치와 화합의 운동이다. 장일순은 한살림운동으로 그저 몸에 좋은 농산물을 먹자고 한 게 아니라 생명의 근본적 존재 양식인 협동과 공생의 삶을 확산하고자 했다. 한살림운동은 우주의 질서에 맞는 삶의 양식으로 함께 번영하자는 운동이다.

"이 암이 시대의 병 아닙니까?" 1991년 위암 진단을 받은 장일순은 암이라는 질병도 모든 것이 근본에서 하나라는 생명사상에서 받아들였다. "자연 전체가 암을 앓고 있는데 사람도 자연의 하나인데 사람이라고 왜 암에 안 걸리겠어요." 큰 병에 걸리면 우리는 의례 '투병'을 말한다. "'투병'이라니? 뭐하고 싸운단 말인가? 암세포는 내 세포 아닌가? 잘 모시고 의논하면서 가야지."(『나락 한 알 속의 우주』) 생명사상으로 보면 내가 대상화하여 싸워야 할 상대는 없다. 내가 어루만지고 보듬을 상대, '너'라고 불리는 다른 '나'가 있을 뿐이다.

　암세포도 내 세포이므로 잘 모셔야 한다는 장일순의 태도는 우리에게 '건강'이 무엇인지 묻는다. 건강은 단지 몸에 병이 없는 상태를 뜻하는가? 몸에 생긴 병을 없애기만 하면 건강해지는가? 우리가 이렇게 생각할수록 건강은 의료 기술에 의한 몸의 통제를 뜻하게 되고 의료에 더 많이 의존하게 된다. 더 좋은 의료 서비스로 병을 예방하고 치료하려면 더 많은 돈이 든다. 건강은 상품이 되고 의료는 산업이 된다. 이것이 오늘 의료산업이 권장하는 건강이다.

　의료산업이 고도로 성장한 오늘, 장일순이 암을 대하는 방식은 우리에게 '좋은 삶'이 무엇인지 묻는다. 의료산업이 제안하듯이 오래 사는 게 좋은 삶인가? 질병 연구와 치료 기술의 놀라운 진전과 함께 의료산업은 노화를 포함한 모든 질병의 극복, 암묵적으로는 죽음의 극복을 궁극의 목표로 삼는다. 그러나 모든 질병과 죽음의 극복이 가져올 완벽한 건강은 몸에 대한 의료 기술의 완전한 통제를 뜻한다. 그때도 우리는 자유롭고 행복할까? 더구나 코로나19에서 보듯이 오늘날 최신 의료 기술이 다루는 질병 중 상당수는 산업화 이후에 생겨난 것이다. 의료 기술만으로는 온전한 건강도 좋은 삶도 보장되지 않는다.

건강은 단지 질병이 없는 상태나 질병을 없앤 상태가 아니다. 몸이 '나'와 뗄 수 없는, '나'의 일부라면, 진정한 건강은 '온전한 인간이 되는 힘'에 달렸다. 장일순은 '생명은 하나'라는 우주의 질서에 끝까지 충실할 힘이라고 말했을 것이다. 모두가 하나인 세상에서 사람만 건강할 수도, 나만 건강할 수도 없다. 사람의 건강과 세상의 안녕은 뗄 수 없다. 세상이 아프면 나도 아프다.

"문명 자체가 지금 종말을 고하는 세상이고, 지구가 죽느냐 사느냐 하는 그런 시대"다. 장일순은 당시 세계 현실을 누구보다 냉철히 직시했고 문제의 성격을 정확히 알았으며 그만큼 문제의 심각성을 깊이 느꼈다. 그러면서도 그는 미래에 대한 낙관과 희망을 잃지 않았다. "내일 지구가 망한다 해도 오늘 나는 사과나무를 심겠다고 한 사람이 있었지 않아요? 어차피 사람은 자기 나름의 사는 즐거움이 있고, 보람이 있어야 하니까. 그러면 내일 망한다 해도 그냥 밀고 가야 한다고 나는 그렇게 생각하지요. 또 한 가지는, 그렇게 하면 소망이 있다고 믿어요."(『나락 한알 속의 우주』) 자기 증식의 힘이 압도하는 현실에서 자기 제한의 삶으로 시도하는 대전환은 성공보다 실패할 가능성이 큰 것이 사실이다. 실패한다고 해도 대전환의 시도는 무의미하지 않다. 바로 그 실패가 미래의 변화를 끌어낼 원동력, 새로운 미래의 밑거름이 된다.

장일순은 한곳에 뿌리내린 토박이의 삶, 생명사상, 겸손과 혁명과 협동의 삶으로 우리를 초대한다. 이 초대는 즐거움과 보람 그리고 무엇보다 희망을 준다. 이 삶은 거창한 것이 아니다. "아낌없이 나누기 위하여 부지런히 일하고 겸손하며 사양하는 검소한 삶은 인간과 인간 사이에, 또한 인간과 자연과의 사이에서 기본이 되는 삶의 모습이라고 생각합니다. 이러한 삶에는 꾸밈이 없을 것입니다."(무위당을 기리는 모임, 『너를 보고 나는 부끄러웠네』) 그가 지향했던 삶은 새로운 것이 아니다. 그것은 경쟁과 효율을 강조하는 물질주의와 자본주의에서 잊힌 삶, 오늘 이 시대에 꼭 회복해야 할 삶이다. 우리가 장일순의 초대에 기꺼이 응답하는 삶을 살 때 이 세상은 파괴적 경쟁에서 차츰 벗어나 협동과 공생을 모색하는 우리 공동의 집으로 변해 갈 것이다. 절망하지 않는 한, 희망은 있다.

2024_06

참고문헌

- 고마쓰 히로시, 『참된 문명은 사람을 죽이지 아니하고: 나날이 의로움을 향해 나아간 사람, 다나카 쇼조의 삶과 사상 1841~1913』, 상추쌈출판사, 2019
- 기후변화에 관한 정부 간 협의체(IPCC), 「지구온난화 1.5도 특별보고서」, 2018
- 김종철, 『근대문명에서 생태문명으로: 에콜로지와 민주주의에 관한 에세이』, 녹색평론사, 2019
- 김종철, 『비판적 상상력을 위하여: 녹색평론 서문집』, 녹색평론사, 2008
- 나오미 클라인, 『이것이 모든 것을 바꾼다: 자본주의 대 기후』, 열린책들, 2016
- 다케다 하루히토, 『탈성장신화: 역사적 관점에서 본 일본 경제의 장래』, 해남, 2016
- 도넬라 메도즈 외, 『성장의 한계: 30주년 개정판』, 갈라파고스, 2012
- 라즈 파텔, 『경제학의 배신: 시장은 아무것도 주지 않는다』, 북돋움, 2011
- 라즈 파텔·제이슨 무어, 『저렴한 것들의 세계사: 자본주의에 숨겨진 위험한 역사, 자본세 600년』, 북돋움, 2020
- 레이첼 카슨, 『침묵의 봄』, 에코리브르, 2011
- 레이첼 카슨, 『바닷바람을 맞으며』, 에코리브르, 2017
- 레이첼 카슨, 『우리를 둘러싼 바다』, 에코리브르, 2018
- 레이첼 카슨, 『바다의 가장자리』, 에코리브르, 2018
- 레이첼 카슨, 『잃어버린 숲』, 에코리브르, 2018
- 루이스 멈퍼드, 『기술과 문명』, 책세상, 2013
- 리베카 솔닛, 『이것은 이름들의 전쟁이다』, 창비, 2018
- 마이클 왈저, 『출애굽과 혁명』, 대장간, 2017
- 무위당을 기리는 모임, 『너를 보고 나는 부끄러웠네: 무위당 장일순을 기리는 생명의 이야기』, 녹색평론사, 2004
- 『성장의 한계: 인류의 곤경에 관한 로마클럽 프로젝트 보고서』, Donella H. Meadows, *The Limits to growth: a report for the Club of Rome's project on the predicament of mankind*, Universe, 1972
- 세르주 라투슈, 『탈성장사회: 소비사회로부터의 탈출』, 오래된생각, 2014
- 신영복, 『담론: 신영복의 마지막 강의』, 돌베개, 2015
- 아마르티아 센, 『센코노믹스: 인간의 행복에 말을 거는 경제학』, 갈라파고스, 2008
- 아브라함 요수아 헤셸, 『안식』, 복있는사람, 2007

- 알피 콘, 『경쟁에 반대한다: 왜 우리는 이기기 위한 경주에 삶을 낭비하는가?』, 산눈, 2009
- 앙드레 고르스, 『에콜로지카: 붕괴 직전에 이른 자본주의의 대안을 찾아서』, 갈라파고스, 2015
- 에른스트 슈마허, 『작은 것이 아름답다: 인간 중심의 경제를 위하여』, 문예출판사, 2002
- 월터 브루그만, 『예언자적 상상력』, 복있는사람, 2009
- 웬델 베리, 『온 삶을 먹다: 대지의 청지기 웬델 베리의 먹거리, 농사, 땅에 대한 성찰』, 낮은산, 2011
- 웬델 베리, 『지식의 역습: 오만한 지식 사용이 초래하는 재앙에 대한 경고』, 청림, 2011
- 이반 일리치, 『행복은 자전거를 타고 온다』, 사월의책, 2018
- 장일순, 『나락 한알 속의 우주: 无爲堂 장일순의 이야기 모음』, 녹색평론사, 1997
- 제2차 바티칸공의회, 「기쁨과 희망: 현대 세계의 교회에 관한 사목헌장」
- 존 메이너드 케인스, 「우리 손주들을 위한 경제적 가능성」, 1930
- 지그문트 바우만, 『현대성과 홀로코스트』, 새물결, 2013
- 지학순, 『정의가 강물처럼: 강론집』, 형성사, 1983
- 지학순정의평화기금, 『그이는 나무를 심었다: 지학순 주교의 삶과 사랑』, 공동선, 2000
- 찰스 페로, 『무엇이 재앙을 만드는가?: '대형 사고'와 공존하는 현대인들에게 던지는 새로운 물음』, 알에이치코리아, 2013
- 최성현, 『좁쌀 한 알: 일화와 함께 보는 장일순의 글씨와 그림』, 도솔, 2004
- 칼 폴라니, 『거대한 전환: 우리시대의 정치·경제적 기원』, 길, 2009
- 케이트 레이워스, 『도넛 경제학: 폴 새뮤얼슨의 20세기 경제학을 박물관으로 보내버린 21세기 경제학 교과서』, 학고재, 2018
- 클레멘스 아르바이, 『우리는 더 잘할 수 있다: 어떻게 환경파괴가 코로나 팬데믹을 불러왔으며 왜 생태적 삶만이 세계인의 건강을 지킬 수 있는가』, 제르미날출판사, 2021
- 팀 잭슨, 『포스트 성장 시대는 이렇게 온다: 대전환과 새로운 번영을 위한 사유』, 산현재, 2022
- 표트르 크로포트킨, 『만물은 서로 돕는다: 크로포트킨의 상호부조론』, 르네상스, 2005
- 프란치스코 교종, 『렛 어스 드림: 더 나은 미래로 가는 길』, 21세기북스, 2020
- 프란치스코 교종, 「모든 형제들」
- 프란치스코 교종, 「찬미받으소서」
- 프란치스코 교종, 「하느님을 찬미하여라」
- 프레드 허쉬, 『경제성장의 사회적 한계』, 문우사, 1982
- 한강, 『소년이 온다: 한강 장편소설』, 창비, 2014
- 한국은행, 「초저출산 및 초고령사회: 극단적 인구구조의 원인, 영향, 대책」, 2023
- 허먼 데일리, 『성장을 넘어서: 지속 가능한 발전의 경제학』, 열린책들, 2016

모든 위기는 연결되어 있다

초판 1쇄 발행	2024년 12월 9일
초판 2쇄 발행	2025년 2월 14일
지은이	조현철
펴낸이	정해종
펴낸곳	(주)파람북
출판등록	2018년 4월 30일 제2018-000126호
주소	경기도 파주시 회동길 480 아트팩토리엔제이에프 B동 222호
전자우편	info@parambook.co.kr
인스타그램	@param.book
페이스북	www.facebook.com/parambook/
네이버 포스트	m.post.naver.com/parambook
대표전화	031-935-4049
편집	현종희
디자인	이승욱
ISBN	979-11-7274-024-5 03300